本书得到"中央高校基本科研业务费专项资金"资助

（supported by "Fundamental Research Funds for the Central Universities"）

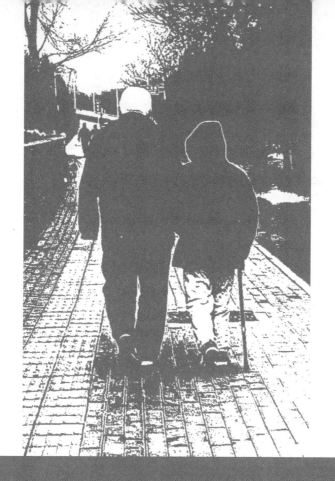

老龄法治建设研究

LAOLING FAZHI JIANSHE YANJIU

程 滔/编著

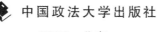

中国政法大学出版社

2023·北京

图书在版编目（ＣＩＰ）数据

老龄法治建设研究/程滔编著.—北京：中国政法大学出版社，2023.12
ISBN 978-7-5764-1388-5

Ⅰ.①老… Ⅱ.①程… Ⅲ.①老年人权益保障法－研究－中国 Ⅳ.①D922.74

中国国家版本馆 CIP 数据核字(2024)第 049935 号

出 版 者	中国政法大学出版社
责任编辑	刘晶晶
地　　址	北京市海淀区西土城路 25 号
邮　　箱	fadapress@163.com
网　　址	http://www.cuplpress.com (网络实名：中国政法大学出版社)
电　　话	010-58908524(第六编辑部) 58908334(邮购部)
承　　印	固安华明印业有限公司
开　　本	720mm×960mm　1/16
印　　张	18.25
字　　数	290 千字
版　　次	2023 年 12 月第 1 版
印　　次	2023 年 12 月第 1 次印刷
印　　数	1~1500 册
定　　价	89.00 元

作者简历

程滔，女，民主党派（九三学社），法学博士、中国政法大学教授，中国老年会和老年医学学会法律分会副主任委员、北京市老龄法律研究会"法律应对老龄化"专家智库副主任委员、美利坚大学华盛顿法学院、加州大学戴维斯分校访问学者，台湾东吴大学访问学者。1990年至今在中国政法大学法学院任教，2008年至2010年在中国社会科学院法学所做博士后研究。参编《传承法务》等著作，主持中国老年会和老年医学学会的项目："老龄法治建设研究"，主持北京市老龄委的项目："涉老侵权风险防范和干预路径研究报告"，发表涉老论文若干。

陈洪忠：北京合川律师事务所律师及管委会主任、北京老龄法律研究会副会长（第一任会长）、全国老龄法律论坛秘书长、法律应对老龄化专家智库执行主任、北京市律师协会老龄法律服务研究会主任。先后承担了全国老龄办、民政部、北京市法学会、北京市老龄协会、北京市残联等的老年人维权和社区公益法律服务项目，并承接了多项省部级相关课题研究。著有《老年人权益维护案例精选与解析》《老年人防骗维权攻略》《养老法律那些事儿》等著作，主编《全国老龄法律论坛》（2016）等。

徐妍：中国政法大学比较法学院副教授，法学博士，中国法学会社会法学会理事。主持北京市哲社科项目"北京市养老服务条例的法律完善"，主持司法部项目："养老服务模式社会化的法律完善"等。

李娟：中国政法大学民商法学院副教授，中国法学会社会法研究会理事，北京劳动与社会保障法学会理事。参编《社会法》《劳动法》等教材。参与老年会和老年医学学会的项目："老龄法治建设研究"。

序 言

　　截至 2023 年底，我国 60 岁及以上老年人口占全国人口的比例超过了 20%，中国已经实质步入了中度老龄化阶段，并在不久的将来呈现出高度老龄化的发展态势，预计到 2033 年 60 岁及以上老年人口将达到 4 亿人，到 2050 年将达到峰值 5 亿，占全国总人口的 35% 以上。我国将长期处于重度老龄化社会。习近平总书记高屋建瓴地概括了我国老龄化形势，指出：我国是世界上人口老龄化程度比较高的国家之一，老年人口数量最多，老龄化速度最快，应对人口老龄化任务最重。有效应对我国人口老龄化，事关国家发展全局，事关亿万百姓福祉，事关社会和谐稳定。

　　我国进入老龄化社会同时进入长寿时代，既是在中国共产党的领导下，经济社会快速发展、社会文明全面进步的重要成果和显著标志，也存在无法回避的严峻挑战。虽然我国进入老龄化社会在时间上晚于西方发达国家，但是，我们仍需思考："如何构建老龄社会的制度体系、治理体系，才能不重蹈一些国家进入老龄社会经济发展动能减弱、社会矛盾复杂多变的覆辙"的问题。保持我国进入老龄社会时仍有足够的经济发展动力，老龄社会法治能够与时俱进，为我国老龄社会健康持续发展提供支持和保障，这是当前我们要研究和解决的重大问题。而且，除了"老龄人口数量庞大""老龄化速度快"给我国应对老龄问题带来的巨大压力和挑战外，失能失职老人、失独老人、空巢老人、农村留守老人的物质和精神保障等问题也在不断对我国的老年人权益保护体系提出挑战。正是在这样的前提下，《老龄法治建设研究》这本专著的作者以老龄社会的国家顶层设计为视角，聚焦老龄法治体系建设和养老服务市场化发展的深入探究，包含老年人财产权益、人身权益，老龄健康和服务、保险、商业，以及老年人社会参与、社会救助与援助等多方面的立法建设，既有仰望星空的老龄社会顶层设计制度方案，也有脚踏实地对老年人立法的多方面摸索，是社会法研究领域的一次跨越性突破，凸显了理论价值和实践价值，是我国制定老龄社会发展战略和政策的有益参考。

中国老年学会和老年医学学会，是跨多学科、交叉学科的一个社会组织，集聚了社会老年学、老年医学一批批涉老领域的专家学者。在中国政法大学等单位的支持下，2020 年学会又成立了老龄法律分会，致力于在对老龄社会层出不穷的诸多问题总结后，探索出法律应对之策。学会作为民政部和全国老龄办、中国老龄协会领导下专门研究老龄问题的新型智库，有着专家荟萃、熟悉国情、了解政策、深耕学术、多学科宽视野研究老龄问题的独特优势，多年来高度关注和深入研究长寿时代背景下的社会发展问题，推出了诸多研究成果和立法建议，《老龄法治建设研究》一书就是成就之一。今后，我们将继续秉持初心和使命，勇于担当，切实肩负起服务社会的责任，聚焦老龄社会法治领域的重大问题，积极探索，为健全完善体系建设、构建老龄社会法治、构建有序的养老、孝老、敬老社会环境做出积极贡献。

是为序。

刘维林

中国老年会和老年医学学会会长

2024 年 3 月 3 日

目 录

绪 论

一、研究背景与目的

(一)"未富先老"的情势所迫

我国自 1999 年进入人口老龄化社会到 2019 年的 20 年间,老年人口净增了 1.2 亿多,几乎翻了一倍。2022 年起,又迎来第二个老龄人口增长高峰,截止 2023 年底,我国 60 岁以上老年人口 2.97 亿人占人口比重为 21.1%。[1]中国已经成为世界上老年人口规模最大的国家,并在不久的将来呈现出高度老龄化的发展态势,预计到 2050 年前后,我国老年人口数将达到峰值 4.87亿,占总人口的 34.9%。习总书记指出:"我国是世界上人口老龄化程度比较高的国家之一,老年人口数量最多,老龄化速度最快,应对人口老龄化任务最重。有效应对我国人口老龄化,事关国家发展全局,事关亿万百姓福祉"。

虽然我国进入老龄社会在时间上晚于西方一些国家,但是老年人口不仅基数大,而且老龄化速度快。用于老年人的社会保障支出将持续增长,农村实际居住人口老龄化程度进一步加深。除了"老龄人口数量庞大""老龄化速度快"给我国应对老龄问题带来的巨大压力和挑战外,失独老人、空巢老人、农村留守老人的物质和精神保障等问题也在不断对我国的老年人权益保护体系提出挑战。

同时,我国刚刚进入老龄化社会时的人均 GDP 仅 840 美元,远低于发达国家进入人口老龄化社会时的经济水平,而根据世界银行统计的人均 GDP 数

---

[1] 国家统计局:《中华人民共和国 2023 年国民经济和社会发展统计公报》,载国家统计局网,https://www.stats.gov.cn/sj/zxfb/202402/t20240228_1947915.html,最后访问日期:2023年 2 月 10 日。

据，按当期汇率换算成美元对比，至 2016 年，中国人均 GDP 才接近于 1970 年代末的美国、德国、法国、日本，1980 年代初的英国，以及 1990 年代初的韩国。[1]同社会经济发展水平相比，养老压力增长的程度和老年人口规模似乎更加早地达到"世界先进水平"。虽然现今我国已然在党的领导下取得了"脱贫攻坚"的圆满胜利，按计划实现了"全面小康"，但是经济水平同发达国家相比，仍旧有较大差距；且市场经济的自身发展仍不足以自然满足社会养老的需求，国家针对养老领域的投入也有限，容易引发许多的社会问题。

因此，想要应对这些问题，就需要建立健全有关老年人社会保障的有效法律规范，为老龄化社会的治理提供有力的法律支持。当前阶段，我国尚未制定出与老龄社会相配套的全方位的法律规定，老龄法律体系尚未建成。社会在向老龄化方向发展的同时，也面临着金融政策体系、社会保障制度的根本性调整，养老作为其中重要一环，是关系到全体国民切身利益和国家经济稳定的大事，也是涉及民政、财政、税收、国土、城建、卫生、质检等多个部门相互配合的综合性、系统性工程[2]。因此，需要建立科学、有效的养老制度对其加以协调、保障，发挥法律推动社会制度变革和维护社会稳定运行的作用。需要看到的是，一个国家在特定时期的制度调整和养老保障是靠法律来支撑的，老龄社会保障制度的完善也将得益于老龄法律制度的建立和相关政策的完善。

（二）适应政策发展的需要

自国家提出"计划生育"政策以来，截至"十五"规划期间，控制人口数量、防止人口爆炸性增长，一直是国家重要任务；人口老龄化虽显端倪，但并非国家五年规划的主要考量对象。但随着人口老龄化问题不断加重，及至"十一五"时期，应对人口老龄化正式进入国民经济和社会发展五年规划当中，且随着社会需求的发展不断完善；"十三五"以后，包括"十四五"规划和"2035 远期规划"在内，国家进一步对其进行筹划，强调形成包括"社会参与"在内的综合养老政策、注重"康养"、加强顶层设计与法治保障

---

[1] 天天讲真：《中国人均 GDP 接近 70 年代美国》，载搜狐网，https://www.sohu.com/a/197591754_490744，2024 年 3 月 7 日访问。

[2] 李青：《日本养老制度发展历程：从"国家福利"到"社会福利"》，载《行政管理改革》2019 年第 7 期。

的重要性[1]，将发展"银发经济"等作为未来国家经济发展的重要方向。

党的十九大报告中也指出："积极应对人口老龄化，构建养老、孝老、敬老政策体系和社会环境，推进医养结合，加快老龄事业和产业发展"。2019年11月中共中央、国务院印发了《国家积极应对人口老龄化中长期规划》，该规划是按照党的十九大决策部署而制定的法规，是我国积极应对人口老龄化的战略性、综合性、指导性文件。2019年12月24日中日韩《积极健康老龄化合作联合宣言》，宣布6方面措施，包括提高积极健康老龄化在国家战略中的地位、强调积极健康老龄化重要意义、强调多部门协作等。2019年12月28日我国颁布了《基本医疗卫生与健康促进法》[2]，这是我国卫生健康领域内的第一部基础性综合性的法律。接连发布的规划、法律以及宣言，为研究老龄社会和如何做好法律应对人口老龄化工作指明了方向，《国家积极应对人口老龄化中长期规划》中的"政策体系和社会环境"的构建，主要就是老龄社会法治的建设。宣言中的"加强应对积极老龄化"和"多部门协作"是在条约基础上开展的活动，是依法依约的有序协作；《基本医疗卫生与健康促进法》则是卫生健康领域里的"基本法"，这部法律搭起卫生健康领域制度体系的"四梁八柱"，其中涉及到老年人的规定包括推进医疗卫生与养老服务相结合，为老年人提供基本的健康促进、疾病预防、患病期治疗、康复期护理、稳定期生活照料、临终期安宁疗护一体化的综合服务；推动开展老年心理健康与关怀服务，加强老年痴呆症等的有效干预；提升老年人生活自主权，保护老年人的权利、自由、权益和尊严，反对年龄歧视；引导公众更加重视老龄化现象对所有年龄群体带来的问题和挑战。这些康养制度的基本原则亦应当根据老年人自身的具体特点，加以调整后纳入老龄法律中，使法律体系内部各法律更为协调，也使老年人可以得到更为良好的法律保障。

（三）促使老年法律体系的建立

老龄法律体系是以应对老龄化为目标，调整老龄社会所发生的各种关系

---

〔1〕　新华社：《中华人民共和国国民经济和社会发展第十三个五年规划纲要》，载中国政府网，https://www.gov.cn/xinwen/2016-03/17/content_5054992.htm，最后访问日期：2023年1月10日。

〔2〕　为了行文方便，本书中提及的我国法律规范文件均省略"中华人民共和国"字样，如《中华人民共和国基本医疗卫生与健康促进法》简称为《基本医疗卫生与健康促进法》。

的法律、法规等强制性规范的总称，是由有关老年人保护的方方面面法律制度构成的统一有机整体，是涉及老年人经济保障、健康保障、社会参与、医疗、教育、就业等方方面面的法律法规，其可以根据老年人群体的自身特点，做出有针对性的法律保障。

需要注意的是，虽然我国人口老龄化发展迅速，国家政策也根据其变化不断进行调整，但是我国有关老年人在"法律"层面的立法活动却相对迟缓，甚至裹足不前，缺乏同养老政策制度相配套的法律。目前，仅有一部有关老龄的专门法律即《老年人权益保障法》，其他与老龄有关的专门法律，如《社会救助法》等法律迟迟不能出台。

当前，我国对老年人群体的合法权益的保护是以《宪法》为原则，以《老年人权益保障法》为支撑，以国务院部委的涉老部门规章为实施细则进行的。在"法律"效力层级中，相关部门只能依靠部门法中的涉老条款对实务中出现的具体法律问题进行调整，缺乏针对老年人自身特点设计的专门条款。为了更好保护老年群体的合法利益，使其得到更为有力的法律保障，亟需建立起一套完整的适应社会主义市场经济和老龄事业发展客观要求的法律体系，在立法上推进老年法的出台将有利于敦促其他法律的陆续颁布。

立法先行，是国家推行的社会保障的政策、措施得以落地生根的首要条件，能够提供法律支持与法律保障，是法治社会开展各项活动的必然要求。想要有序解决我国人口老龄化问题，必须充分依靠法律对策，用法律制度构建起全方位的问题解决机制，依靠法律手段化解人口老龄化所带来的社会问题。因此，面对人口老龄化带来的问题与迅速发展的社会现实，想要在挑战当中抓住机遇，使得不断增加的老年人口继续为社会发展提供动力，当务之急是出台老年人的专门法律，如老年人福利法、老年人长期照护法、老年人健康法等，并使它们形成有效联动，在国家法律层面建立一定的标准，统一协调各界力量，为全国老龄事业的有序展开做出贡献。

二、老龄相关概念及我国老龄状况

（一）老龄化与老龄社会

老龄化，是指人口生育率降低和人均寿命延长导致的总人口中因年轻人口数量减少、年长人口数量增加而导致的老年人口比例相应增长的动态。包含了两层意思：一是指老年人口相对增多，在总人口中所占比例不断上升的过程；二是指社会人口结构呈现老年状态，进入老龄化社会。国际上通常看法是，当一个国家或地区 60 岁以上老年人口占人口总数的 10%，或 65 岁以上老年人口占人口总数的 7%，即意味着这个国家或地区的人口处于老龄化社会。1982 年维也纳老龄问题世界大会，确定 60 岁及以上老年人口占总人口比例超过 10%，意味着这个国家或地区进入严重老龄化。

老龄社会，是指老年人口占总人口达到或超过一定的比例的人口结构形式。目前，国内学术界有关老龄社会的人口比例主要有两种标准：一是指 60 岁及以上人口数量占比超过 20%。根据联合国规范文件的定义，当一个国家或地区 65 岁及以上人口数量占总人口比率超过 7%（或指 60 岁及以上人口数量占比超过 10%），该国家或地区就进入了"老龄化社会"；65 岁及以上人口数量占总人口比率超过了 14%（或指 60 岁及以上人口数量占比超过 20%）则进入"老龄社会"；65 岁及以上人口数量占总人口比率达到 20%（或指 60 岁及以上人口数量占比超过 30%）进入"超老龄社会"[1]。目前我国 60 岁及以上人口数量占比超过了 18%。除了西藏（截至 2018 年底，60 岁及以上人口数量占比为 8.7%）、新疆、云南、内蒙古等少数民族人数较多地区以外，大多数省份 60 岁及以上人口数量占比都超过了 20%，一些地区占比甚至已经突破了 25%（如北京、上海、黑龙江、辽宁、山东等地）。[2]按 60 岁及以上人口数量占比超过 20% 这一比例来说，我国基本上已经进入了老龄社会。本书中的"老龄社会"即采用 20% 标准。

二是指 60 岁及以上人口数量占比超过 10%。按照联合国的标准，一个地区 60 岁以上人口达到总人口的 10%，或是 65 岁以上人口占总人口的 7%，该地区即视为进入老龄化社会。截至 1999 年底，我国 60 岁以上老年人口比重达 10.3%，就达到了这个标准（有的文件以 2000 年人口普查为进入老龄化社会的起点）。有人将进入老龄化社会即称之为老龄社会。如果按这一标准，我国进入老龄社会已经 20 年了。

---

　　〔1〕《65 岁及以上老年人口占 13.6% 北京已进入老龄社会》，https://www.chcaprc.gov.cn/ttxw/635.jhtml，最后访问日期：2024 年 3 月 7 日。

　　〔2〕笔者 2019 年随民政部到拉萨为西藏自治区民政部门负责培训期间，民政厅汇报的数据。

（二）老年法

老年法一是指高位阶、基础性的法律，相对于老龄的基本法，对有关涉及老龄的法律起指导和高屋建瓴的作用；另一是指有关老龄的专门立法，如我国目前的《老年人权益保障法》。有学者把《老年人权益保障法》当作老年法，本书认为《老年人权益保障法》作为我国第一部针对老年人权益保障的专门性法律，往往被当作老年人领域的"基本法"，虽然我国对该法进行了几次修改，增加了一些老年人特有的权益，但没有涉及老龄事业发展等法治建设全局性问题；此外，老年人还享有诸如经济安全、健康照护、生活照顾和老年宜居等特有的权益，这些权益需要法律予以切实的、明确的保障，而该法抽象，宣示性的条文比较多，造成法律责任与义务不明，因此不能作为指导我国老龄事业发展的基础性规范。

（三）我国老龄化状况

根据国家统计局最新发布的数据：第七次人口普查统计中，我国人口情况从年龄构成上来看：16 周岁以上至 60 周岁以下（不含 60 周岁）的劳动年龄人口 89438 万人，占总人口的比重为 63.35%；60 周岁及以上人口 26402 万人，占 18.7%，其中有 13.5%的人年龄达到 65 周岁以上。2020 年出生人口比 2019 年减少 265 万人，2019 年出生人口比 2018 年减少 58 万人，2018 年出生人口比 2017 年减少 200 万，2017 年比 2016 年减少 63 万。较 2016 年末的统计数据相比，劳动年龄人口占比下降了 2.5%，60 周岁以上人口占比则增长2%。[1]从数据可以看出，我国老龄化程度正逐年加深，我国的养老压力也在不断攀升[2]。

此外，全国老龄工作委员会办公室在 2006 年发布的《中国人口老龄化发展趋势预测研究报告》[3]显示，我国即将进入人口老龄化发展的第二阶段，即从 2021 年到 2050 年的加速老龄化阶段。伴随着 20 世纪 60 年代到 70 年代中期新中国成立后第二次生育高峰人群进入老年，我国老年人口数量开始加

---

〔1〕 国家统计局：《2016 年国民经济和社会发展统计公报》，载国家统计局网，http://www.stats.gov.cn/sj/zxfb/202302/t20230203_1899428.html，最后访问日期 2023 年 1 月 15 日。

〔2〕 孙冰冰：《2019 年国民经济成绩单出炉 GDP 同比增长 6.1%》，载央广网，http://news.cnr.cn/dj/20200117/t20200117_524941800.shtml，最后访问日期 2023 年 1 月 15 日。

〔3〕 全国老龄工作委员会办公厅：《中国人口老龄化发展趋势预测研究报告》，载中国网，http://lianghui.china.com.cn/chinese/news/1134589.htm，最后访问日期：2023 年 12 月 7 日。

速增长；且由于总人口逐渐实现零增长甚至开始负增长，人口老龄化或将进一步加速。同时，国务院2016年印发的《国家人口发展规划（2016—2030年）》显示，我国生育率已较长时期处于更替水平以下，预计到2030年，0—14岁少儿人口将降至17%左右，这表明我国将在未来较长一段时期难以走出老龄社会。并且，预计到2050年，我国全国老年人口总量将超过4亿，老龄化水平推进到30%以上，其中80岁及以上老年人口或将达到9448万，占老年人口的21.78%，[1]社会人口结构向高龄化方向偏重。

因此，在今后的一段时间内，我国社会将面临着逐步深度老龄化给经济、社会等各方面带来的影响和压力，其中就包括如何回应庞大老年群体的养老、医疗、社会服务等方面需求。如何积极、妥善地在全社会范围内保障老有所养、老有所安等是社会向前发展亟需解决的问题。

1. 退休老人的养老金保障

长期以来，我国老年人经济来源主要包括家庭其他成员供养、养老金和劳动收入三大方面。随着近年来政府对养老政策的不断推进，以及对社会保障的大力支持，我国老年人经济独立性不断增强；2021年4月1日人力资源社会保障部、财政部印发的《人力资源社会保障部、财政部关于2021年调整退休人员基本养老金的通知》的逐步落实，将使得我国基本养老金实现自2005年以来的17连增，使退休人员的经济能力得到进一步加强，劳动负担则大大减轻。有学者根据2010年全国人口普查和2015年全国1%人口抽样调查的数据结果分析（详情见下表1），虽然老年人的经济来源结构随所在地区、城乡、其性别和年龄的差异而有所不同，但是总体发展呈现出劳动收入和家庭其他成员供养来源占比下降，而养老金来源占比提升的趋势。实际上，我国大部分省市地区的老年人对离退休金都有一定程度依赖，社会保障越完善、越全面的城市和地区，离退休老人的经济来源中养老金所占比例越大。同时，随着年龄增长，老年人继续劳动收入的可能性逐渐降低，其对家庭和社会的需求依赖程度提高；且由于家庭成员供养的来源随不同地区、家庭背景情况有所差异；而这一过程中，养老金的收入来源是稳定而持续的，因此养老金也是实现社会公平在社会养老保障方面的重要内涵。

---

〔1〕　工人日报：《压力已然显现 中国人口老龄化将伴随21世纪始终》，载中国新闻网，https://www.chinanews.com/gn/news/2007/10-31/1064321.shtml，最后访问日期：2024年3月7日。

表 1　老年人生活来源情况对比

老年人生活来源情况（单位:%）		
	2015 年 （N＝343 5864）	2010 年 （N＝17 658 702）
劳动收入	23.5	29.1
养老金	30.2	24.1
最低生活保障金	5.0	3.9
财产性收入	0.5	0.4
家庭其他成员供养	36.7	40.7
其他	4.1	1.8
合计	100.0	100.0

2. 高龄老人的社会保障

随着年龄的增长，老年群体对各类风险承担能力逐渐减弱，社会保障的功能凸显，年龄越高，保障能力越强。目前，我国已经建立起一套社保与福利救助制度，力图将老年人口基本上纳入该社会保障体系，以实现老有所养，病有所依，生活有所保障。然而除了覆盖率的目标外，社会保障的内容应当适合老龄人的基本需求，除现有的养老、基本医疗保障外，日常照料、心理疏导等社会服务也是保障老年人健康、快乐老化的重要内容。我国传统形式上注重老年人在家安度晚年，但随着传统的家庭规模与家庭结构发生显著变化，根据我国第七次人口普查的结果，平均每个家庭户的人口仅 2.62 人[1]，家庭小型化与规模核心化的发展趋势，老年人独居的情形增加，大幅削弱了家庭作为一个整体的责任能力与社会地位，养老完全依赖家庭的条件不再充分，随着老年人年龄增长自我照顾能力下降，对社会服务的需求度则大幅提高。

3. 失能老人的长期照护需求

伴随物质条件改善和医疗水平发达，人均寿命普遍延长。2020 年 6 月发

---

〔1〕　国家统计局：《第七次全国人口普查公报》，载中国政府网，https://www.gov.cn/guoqing/2021-05/13/content_ 5606149.htm，最后访问日期：2023 年 1 月 15 日。

布的《2019 年我国卫生健康事业发展统计公报》显示，居民人均预期寿命已经由 2018 年的 77.0 岁提高到 2019 年的 77.3 岁，然而在平均年龄不断增长的同时，作为慢性病多发群体，老年人的身体健康状况复杂，并且随着年龄逐渐增长，其自我照顾能力减弱、罹患急性或慢性疾病的风险显著增加。根据2016 年全国第四次中国城乡老年人生活状况抽样调查[1]，我国失能半失能老年群体达 4063 万（占老年群体比重的 18.3%），对于这类老人的医护问题尤其是疾病后的复健和护理需求将成为老龄社会普遍需要面对的问题。而且随着个体意识逐渐增强、对家庭价值与功能渐渐忽视，以及社会成本和经济压力提高，老年长期照护的风险已经很难为一般家庭所承受。家庭对失能半失能老人照护功能的减弱，需要相应养老保障的社会化趋向增强；传统家庭养老及家庭照护存在的医疗专业性短板，也加大了对社会保障的需求和依赖程度。

4. 特殊家庭养老

（1）"空巢老人"

伴随着国家现代化、人口城市化进程的加快，我国人口流动规模增大，出现了家庭的空巢化现象，越发普遍的家庭成员离散型居住模式更是加重了这一情况。根据全国第六次人口普查[2]数据显示，空巢老人家庭在我国全部家庭中的占比已达到 32.64%。随着年龄增长，自我照顾能力逐渐减弱，老年人长期独居生活不但存在健康风险，往往也伴随有心理问题的产生。"空巢"老人的养老问题一直是我国养老服务建设的难点，也是社会化养老保障建设要面对的核心问题之一。

（2）"失独"家庭

自 20 世纪 80 年代国家实施独生子女政策以来，计划生育已经开始作为我国一项基本国策；至本世纪初；独生子女已然成为社会主流。而随着人口老龄化日渐严重，独生子女必须要面对"四二一"的家庭结构，受到"上有老，下有小"的双重挤压。对于经济条件较差的家庭来说，多一个孩子就多

---

[1]　全国老龄工作委员会办公室编：《第四次中国城乡老年人生活状况抽样调查总数据集》，华龄出版社 2018 年版。

[2]　国家统计局：《2010 年第六次全国人口普查主要数据公报》，载中国政府网，https://www.gov.cn/guoqing/2012-04/20/content_2582698.htm，最后访问日期：2023 年 1 月 20 日。

了一份分担养老压力的力量；而对于社会上广泛存在的"四二一"家庭而言，一对夫妻可能要承担 4-6 个老人的照顾和赡养，这种情况下，我国传统的以家庭为中心的养老模式将难堪重担，建立有效的社会服务支援和保障显得极为重要。

三、研究的意义

自 1996 年颁布《老年人权益保障法》以来，我国在制度建设层面上，对于老年人这一特殊群体的保护做出了诸多努力。如我国《刑法》对于年龄已满 75 周岁的老年人犯罪，规定有许多类似"限制适用死刑"的特殊条款对其进行保护；而且该法第 261 条对"遗弃罪"的规定，更是要求对老年群体具有赡养义务的人妥善履行自身责任，否则其行为造成严重后果时，将受到刑罚的严厉惩戒。另外，如《民法典》《劳动法》等法律的涉老条款，对于老年人的人身、财产与劳动等领域的权益作出了一定规制，程序法律中，也给予了老年群体在立案登记、司法救助与先于执行方面的优待，而民政部等国务院行政部门更是发布了如《养老机构管理办法》等一系列部门规章，对老年服务机构等老年服务环节加强管理，方便对老年人权益进行一定程度的保障。

上述法律法规的制定并不意味着老龄法律领域的制度已然完备，实际上，面对当前诸多社会上存在的问题，现行法律对其的规制仍存在许多空白。"人口老龄化"速度的加快与"未富先老"的社会现实，不仅给政策制定制造了压力，同时也向立法工作与涉老法治体系的建设提出了新的社会需求，而且日新月异的社会变化与旧有的生活经历，使得数量愈发增加的老年人作为一个独立而庞大的群体，也存在有别于其他群体的特殊保护需求。所以，权力机关在构建老龄法律体系时，需要结合我国立法与社会实际情况，对其进行有针对性的调整。

（一）社会经济与科技发展的需求

近年来，我国的经济、社会与科技等各个领域都得到了迅速发展，虽然立法机关也积极推进老年法律体系的建设活动，但其进度已然滞后于经济社会发展水平，难以满足老年人口增长所带来的庞大养老需求，需要进一步推动立法建设，使之与社会发展与养老等方面的要求相匹配。我国《老年人权益保障法》自其颁布以来，经过 4 次修订，但是其中关于老年人的权益保护同国家财政与社会支持的关系仅在第 6 条第 1 款作出规定，即："各级人民政府应当将老龄事业纳入国民经济和社会发展规划，将老龄事业经费列入财政预算，建立稳定的经费保障机制，并鼓励社会各方面投入，使老龄事业与经济、社会协调发展。"该款内容过于宏观，导致包括养老在内的众多涉老服务的发展得不到规范与支撑[1]。同时，以社会保障为代表的老年人权益保护存在地区间的不平衡问题。国务院在 2014 年 2 月 21 日印发了《国务院关于建立统一的城乡居民基本养老保险制度的意见》，同年 2 月 24 日，人力资源和社会保障部、财政部又印发了《城乡养老保险制度衔接暂行办法》，力促城乡养老的统一，实现居民和农民养老保险制度的衔接，重点解决国内跨地区流动人口（外来务工人员）的跨区缴费和资金转移问题，但在实际操作时仍存在许多困难和问题。不仅如此，以户籍为依据的养老保险制度和资金流转，客观上也形成了对于流动人员（特别是一线城市外来务工人员）的不公平待遇：同本地户籍的劳动者相比，外地工人存在"做着相同的工作，拿着不同的保险"的情形。实践中，这一问题也容易同其他如用工协议等事项一道，在劳动者与用工单位之间产生纠纷[2]。

伴随着社会经济发展与主要矛盾的转变，人民对生活尊严的需求也不断增强；但我国还未正式建立起长期护理保险制度，老年人的教育问题未受到社会的重视，在就业过程中受歧视也是数见不鲜[3]。相关立法的缺乏，特别是可落实的法规细则的缺失，将会使老年人的合法权益长时间处于由失范行为所引发的法律风险当中，严重阻碍了老年群体对社会发展的认识活动，限制了该群体进行社会参与的能力。互联网平台等现代信息技术的发展，也敦促相关涉老规范的出台。例如，许多政府项目的服务方式随科技发展发生转变，"更新上网"的办理情形增多，其设立初衷固然是为了便于居民"少跑

---

〔1〕 李涛：《我国人口老龄化问题的法律应对研究》，武汉大学出版社 2017 年版，第 24 页。

〔2〕 在韩红英与北京市大兴区弘福达养老服务中心平等就业权纠纷一案中，原告系外来务工人员，户籍在河南某地，在北京缴纳社保申请积分落户。因达到法定退休年龄，用工单位与其解除劳动关系，其关系转回到户籍地，难以继续申请落户，按其户籍地标准享受养老保险待遇，故因自身退休年龄问题同用工单位发生纠纷。参见北京市大兴区人民法院（2020）京 0115 民初 865 号民事判决书。

〔3〕 张梦：《我国老年人权益保障立法研究》，湖南师范大学 2017 年硕士学位论文。

腿"，但也确实给不善使用智能手机与互联网的部分老年群众造成了障碍。当子女不在身旁时，缺乏互联网运用技能的老年人几乎被隔绝在外，在立法时应当对其予以考虑。

（二）涉老政策"法律化"整合需求

我国的养老法规高度政策化，虽然国家对于养老等涉及老年人群体权益的关键领域有所注意并加以调控，但其措施大多是通过政府文件的形式加以呈现，政策化程度高，法治化程度不足。而政策虽有相对明确目标，但其中倡导性内容偏多，规定更多为政治义务和道德责任，并不常将承担责任的主体和方式明确化，对于执行不力、效果不佳的问题较难处理。从法律效力上讲，政策文件并不具有法定的约束力，即法官在案件审理时并非必然适用政策，这使得公民在寻求救济时，依照政策可能缺乏有效程序支持。当然，采用政策式的规范方式是我国在制度改革时期的探索之举，国家可以充分依赖政策的灵活性与可调控性，对实践中出现的问题及时加以修正，使调控措施更加完善；但是灵活性的增强往往伴随着稳定性的减弱，变革的时代浪潮也时常使得某些措施缺乏持续性，其在短期内或许可以在某一领域取得一定成效，但长远来看，可能使得市场经济环境中主体的多元利益诉求较难表达或实现[1]。

当前，从中央到地方，通过发布红头文件，提出政策措施的方式，对包括养老保障、老年人智能技术运用在内的诸多领域进行试点、探索，留下了大量政策文件，如国务院办公厅印发的《国务院办公厅关于建立健全养老服务综合监管制度促进养老服务高质量发展的意见》《关于切实解决老年人运用智能技术困难的实施方案》、国家发展和改革委员会办公厅、民政部办公厅、国家卫生健康委员会办公厅印发的《关于建立积极应对人口老龄化重点联系城市机制的通知》、广东省人民政府印发的《广东省城乡居民基本养老保险实施办法》等等，有必要在合适的阶段推进其实现"法律化"，或同现有法律条文相融合，或制定新法，在国家层面以法律的形式将其固定下来，统领各项制度，做好中央与地方的有效衔接，使施政更加具有权威性与稳定性。

同时，专门涉及老年人权益保障的部门规章和地方性法规（部分甚至只是地方政府的文件）也出现数量众多、体系松散且彼此协调较为困难的情况，

---

〔1〕 李涛：《我国人口老龄化问题的法律应对研究》，武汉大学出版社 2017 年版，第 6 页。

导致有关部门在为老年人提供保护时存在权责不清的现象，产生"谁都能管，谁都可以不管"的尴尬情形，助长推诿风气，也不利于老年人权益的保护。因此，在对政策进行"法律化"整合的同时，有必要对部门规章与地方性法规进行梳理，协调彼此的关系。

（三）涉老法律的"特殊化"需求

大部分老年人虽然社会阅历丰富，具备许多处理事务的丰富经验，但随着年龄的增长，其思维方式容易产生固化，接受新鲜事物的能力也存在一定程度上的减弱。并且考虑到现在老年群体的大部分人生时光处于计划经济与行政命令直接调控的社会环境中，其对于现代法律中所强调的形式与程序存在理解上的困难，对其学习与运用方面更是可能出现诸多问题，并且自身依法维权的意识不强。针对这一情形，可能需要责任部门在一定法律事务中，采取更加主动的措施对其进行保护，或在相关条文中增加必要程序对老年人的法律决策作出进行"辅助"，做到"不同情况差别对待，不同人群权益分类保障"，而非一味地强调同等，将老年群体的法律行为与一般群体做同样规范。

如上文所述，在现行有效的法律体系中，我国专门涉老法律仅具有《老年人权益保障法》一部，且其内容多为倡导性、宣示性、原则性的条文，难以作为"基础性"法律进行落实运用；而其余涉及老年人权益保护的法律内容多为宪法条文所规定的原则、其他部门法中的涉老条款，这些条款在落实上，仍旧依赖该部门法中对于一般群体的规定，实际运用中缺乏针对老年群体的特殊保护。如在消费领域，消费者相对于经营者来说处于弱势地位，老年消费者又属于消费者中的弱势群体，理应受到更加完善的保护，而在《消费者权益保护法》中并未作出特殊规定[1]，使得老年人在高档保健品消费等活动中难以得到有效保护。

同时，落实权益保障也需要对原则性的一般规定进行法律条文的"特殊化"，即制定配套细则，增强法律条文的可操作性，改变旧有立法内容过于笼统、缺乏权利的具体化和保障、缺乏救济措施具体设定的模式，使得老年人所享有的权利真正与救济相对应[2]。

---

〔1〕　张婧毅：《论我国老年消费者权益的法律保障》载《河北农机》2020 年第 4 期。

〔2〕　杨海坤：《宪法平等权与弱者权利的立法保障———以老年人权益保护立法为例》，载《法学杂志》2013 年第 10 期。

第一章

养老保障概述

　　养老是老年人退休后的主要活动，是老年人生活的中心项目；老年群体的一切活动围绕养老展开，以之为活动目的而与其他主体形成各种关系，受到法律保护与调节。因此，对老年人法治进行研究，首先需要对养老活动及其相关社会制度有所了解。而养老保障作为养老活动的基础保障，为老年人活动提供支持，受到诸多政策、制度与机制的保障与配合，综合了公法、私法与社会法各领域的法律建设，故对老龄法治进行探究首先需要了解养老保障制度。

一、我国老龄制度与政策环境

　　面对人口老龄化程度不断加深、社会养老压力与日俱增的严峻形势，党和政府高度重视并积极应对人口老龄化给经济、社会、文化等方面带来的挑战，针对老龄问题出台一系列法规、政策，积极发展社会保障制度，推进养老社会化服务，回应老龄相关的医、食、住、行、乐等各方面需求。

　　（一）老龄政策体系

　　21世纪初，国务院办公厅转发民政部等11部委《关于加快实现社会福利社会化的意见》，直接指出我国已进入老龄社会，面临着迅速增长的社会化养老需求。党和政府始终高度重视人口老龄化问题，成立了全国老龄工作委员会，负责领导和协调全国老龄工作，并先后制定和出台《中共中央、国务院关于加强老龄工作的决定》《中国老龄事业发展"十五"计划纲要》《中国老龄事业发展"十一五"规划》《中国老龄事业发展"十二五"规划》等一系列阶段性、重要纲领性老龄政策文件，我国老龄政策呈现体系化快速发展。2017年国务院印发《"十三五"国家老龄事业发展和养老体系建设规划》，为提升我国新时期老龄事业发展水平、完善养老体系进行顶层制度设计。2019

年 11 月，中共中央、国务院印发的《国家积极应对人口老龄化中长期规划》，将积极应对人口老龄化提升为一项重大的国家战略，明确了近期至 2022 年、中期至 2035 年、远期展望至 2050 年的一系列战略目标，这是到本世纪中叶我国积极应对人口老龄化的战略性、综合性、指导性文件。2021 年国务院印发《"十四五"国家老龄事业发展和养老服务体系规划》，提出了"十四五"时期的发展目标，即养老服务供给不断扩大，老年健康支撑体系更加健全，为老服务多业态创新融合发展，要素保障能力持续增强，社会环境更加适老宜居；并明确了养老服务床位总量、养老机构护理型床位占比等 9 个主要指标，推动全社会积极应对人口老龄化格局初步形成，老年人获得感、幸福感、安全感显著提升。

（二）社会保障体系

《老年人权益保障法》第 5 条第 1 款规定"国家建立多层次的社会保障体系，逐步提高对老年人的保障水平。"我国现阶段多层次社会保障体系包括三大支柱：第一支柱为基本养老保险，包括社会统筹与个人账户相结合的职工基本养老保险制度，以及基础养老金与个人账户相结合的城乡居民基本养老保险制度，力图实现覆盖全部国民的全面性保障；第二支柱为补充养老保险，包括企业年金制度与职业年金制度，通过企业或单位实施；第三支柱则是个人储蓄性养老保险。三大支柱的相互协调与共同发展是我国切实实现老有所养、老有所安的坚实基础。

1. 基本养老保险

改革开放以来，随着经济社会的不断进步，我国基本养老保险有了快速发展，在增加覆盖面和提高保障水平等方面均取得了显著成就。2019 年，两类养老保险制度目前已覆盖 96754 万人，养老保险覆盖率超过 90%，基本做到了"应保尽保"。全国 60 岁以上建档享受城乡居民基本养老保险待遇的贫困老人为 2529.4 万人，为特困人员等贫困群体代缴城乡居民养老保险费近 42 亿元，为 2885.5 万贫困老人发放养老保险待遇，城乡居民基本养老保险使 6693.6 万贫困人员从中受益[1]。根据我国人力资源和社会保障部最新统计

---

[1] 人力资源和社会保障部：《2019 年度人力资源和社会保障事业发展统计公报》，载人力资源和社会保障部网，http://www.mohrss.gov.cn/SYrlzyhshbzb/zwgk/szrs/tjgb/202006/t20200608_375774.html，最后访问日期：2023 年 2 月 10 日。

数据[1]显示，截至 2020 年底我国职工基本养老保险制度已覆盖各类职工 45621 万人，比上年末增加 2133 万人；城乡居民基本养老保险制度覆盖城乡居民 54244 万人，比上年末增加 978 万人，受益人数不断增多。但从长期来看，我国基本养老保险制度依然面临着一系列挑战，特别是随着老龄化程度的不断加深，社会保险基金支出不断增加，养老金可能出现的资金缺口和结构不合理制约了养老金体系的可持续性。

2. 补充养老保险

第二支柱补充养老保险是与职业相关的养老金制度安排，又称职业养老金，通常是以雇主为主导，由劳动者所在单位发起，采用强制或自愿的方式建立。目前我国职业养老金具体包括，面向城镇企业职工的企业年金和面向机关事业单位职工的职业年金。其中，企业年金制度提出与发展较晚，自 2004 年正式发布《企业年金试行办法》开始实施。2017 年 12 月 18 日人力资源和社会保障部、财政部联合公布了《企业年金办法》，对企业年金的参与方式、税收和财务管理、缴费比例和上限以及企业年金缴费的归属、待遇领取方式等内容进行了明确，进一步完善了我国的企业年金制度。截至 2020 年末，全国共有 10.5 万户企业建立了企业年金，参加职工 2718 万人，年末企业年金基金累计结存 22497 亿元；启动职业年金基金市场化投资运营，年末投资规模 1.29 万亿元，全年累计收益额 1010.47 亿元[2]。

职业年金则是面向机关事业单位职工的补充养老金计划，2015 年国务院决定对机关事业单位养老保险制度进行社会化改革，出台了《国务院关于机关事业单位工作人员养老保险制度改革的决定》，国务院办公厅则印发了《机关事业单位职业年金办法》，以缓解人口老龄化问题给政府财政带来的压力，缩小企业与机关事业单位职工退休后养老待遇的差距，促进社会公平。改革的具体内容为，从 2014 年 10 月 1 日起，机关事业单位参加基本养老保险，同

---

〔1〕 人力资源和社会保障部：《2020 年度人力资源和社会保障事业发展统计公报》，载中国政府网，https://www.gov.cn/xinwen/2021-06/04/content_ 5615424.html，最后访问日期：2023 年 2 月 10 日。

〔2〕 人力资源和社会保障部：《2020 年度人力资源和社会保障事业发展统计公报》，载中国政府网，https://www.gov.cn/xinwen/2021-06/04/content_ 5615424.html，最后访问日期：2023 年 2 月 10 日。

时为其工作人员建立职业年金，作为机关事业单位退休制度并轨后，弥补其基本养老金待遇下降的手段，具有强制性，同样由单位和个人共同缴费，采取完全积累的方式，通过个人账户的方式进行管理。

表1 企业年金与职业年金的异同

	标准	补充养老保险	
		企业年金	职业年金
相同	筹资方式	单位和个人共同缴费	
	账户管理方式	个人账户管理	
不同	法律规范程度	自愿建立	强制建立
	筹资比例	单位：不超工资总额的8% 单位和个人：不超工资总额的12%	单位：工资总额8% 个人：缴费工资4%
	资金来源	企业经营成本	公共财政拨款
	领取方式	一次性或定期	按月领取

（三）社会养老服务供给

社会养老服务是在养老模式逐渐社会化过程中，为了满足老年人养老服务需求，提升老年人生活质量，由社会力量支持、开展的养老服务。我国目前养老服务的具体供给形式根据老年人身体健康状况、自主意愿、经济条件等多方面因素，主要包括"居家-社区"模式下的养老服务供给以及机构养老服务供给。

1."居家-社区"养老服务模式

立足我国国情及文化传统，"居家-社区"养老服务模式是以家庭养老为中心，利用社区服务网络资源与现代化的信息手段，将社区服务深入到老人家庭，为居家老人提供各种类型的养老服务，是社区服务和家庭养老相结合的现代养老方式，成为我国应对老龄化危机的实践热点。目前各地纷纷探索尝试，通过对社区服务供给模式的不断创新，涌现出诸如"嵌入式"养老服务模式、"老人之家"、"三位一体"社区养老服务模式、"互助型"养老服务模式、"时间银行"等多种形式。以上海的"嵌入式"社区养老模式为例，为了缓解社区养老服务设施资源紧缺的压力，上海市民政局在部分区镇开展"长者照护之家"嵌入式养老服务试点工作。将小型但专业化的养老机构"嵌入"老年人居住的社区，使老人在不离开熟悉的人际关系、社区环境背景下享受专业化的养老服务，开展医养结合的一体化综合服务。

2. 机构养老服务

养老机构在我国养老产业中占据重要地位，中国老龄科学研究中心在《中国养老机构发展研究报告》指出：养老机构为老年人提供集中居住、生活照料、康复护理、精神慰藉、文化娱乐等服务，主要服务对象应是失能、半失能老年人。我国的机构养老模式兴起于 20 世纪 50 年代，最初是具有国家性质的养老机构，随着我国社会经济的不断发展，近年来又兴起了以营利为目的的养老机构。而我国为了保障养老机构的有序发展，相继出台了《农村敬老院管理暂行办法》《社会福利机构管理暂行办法》《老年人社会福利机构基本规范》《养老机构设立许可办法》以及近些年民政部出台的《养老机构管理办法》等一系列的法律法规。近年来，我国的养老机构产业出现高速发展的态势，数据显示[1]，2020 年末全国共有各类提供住宿的社会服务机构 4.1 万个，其中养老服务机构 3.8 万个；社会服务床位总计 850.9 万张，其中养老服务床位有 823.8 万张；2020 年末全国共建设有社区服务中心 2.9 万个，社区服务站 39.3 万个。这些养老机构的高速发展在一定程度上分散了老人居家养老的风险，减轻了子女负担，并在很大程度上缓解了我国步入老龄社会之后所面临的养老压力。

目前，针对人口老龄化产生的一系列问题和需求，我国通过出台老龄政策，加快完善社会保障制度，落实社会服务供给等方式，为老年人提供切实的社会养老保障。但相对而言，我国老龄法治建设起步较晚，一些重要制度仍处于试点运行的阶段，在宏观政策落实的过程中还存在许多有待解决的问题。

---

〔1〕 国家统计局：《2020 年国民经济和社会发展统计公报》，载国家统计局网，http://www.stats.gov.cn/sj/zxfb/202302/t20230203_ 1901004.html，最后访问日期：2023 年 2 月 10 日

二、我国养老保障存在的问题

(一)社会养老金发展不可持续

1. 养老金缺口

随着人口老龄化深入,我国养老保障的负担日益沉重。2019 年全年基本养老保险基金总收入为 57026 亿元,总支出 52342 亿元,截至 2019 年末基本养老保险基金累计结存为 62873 亿元,其中城镇职工基本养老保险占主要部分,累计结余 54623 亿元。[1]从近八年养老保险结余情况来看,虽然结余总量不断提升,但是增长率却逐年下降。除了 2018 年政府通过大量财政支出缓解外,目前增长率随老龄化加速而放缓是不争的事实,2020 年三项社会保险基金(全国基本养老、失业、工伤保险)更是首次出现收不抵支。除养老金总量问题外,结构上,地区间养老金收支可持续性出现明显失衡,虽当期收不抵支省份从 2015 年的 7 个减至 2018 年的 4 个,但广东和北京两个省份几乎贡献了全国结余的一半。自 2018 年 7 月 1 日,我国建立实施企业职工基本养老保险基金中央调剂制度后,中央调剂比例连年增加,2018 年调剂比例为 3%,2019 年调剂比例上涨至 3.5%,2020 年更是达到了 4%,几乎以每年 0.5%的比例递增;受疫情等因素的影响,2020 年全年调剂基金的调剂规模将达到 7400 亿元,跨省调剂 1700 多亿元。另外,离休、退休、退职费用也呈现连年猛增的趋势,但制度赡养比却持续下降,至 2018 年已达到 2.55∶1。[2]政府、企业、社会都已经感到养老保障方面的压力正在显著加大。

表 2　我国城镇职工基本养老保险结余情况

年份	基本养老保险结余	增长率
2010	15365	
2011	19497	26.89%

---

〔1〕　人力资源和社会保障部:《2019 年度人力资源和社会保障事业发展统计公报》,载人力资源和社会保障部网,http://www.mohrss.gov.cn/SYrlzyhshbzb/zwgk/szrs/tjgb/202006/t20200608_375774.html,最后访问日期:2023 年 2 月 10 日。

〔2〕　郭金龙、朱晶晶、马云霄:《企业职工基本养老保险 全国统筹的现状、政策效果与展望》,载《金融时报》2023 年 6 月 5 日。

表 2 我国城镇职工基本养老保险结余情况　　　　　续表

年份	基本养老保险结余	增长率
2012	23941	22.79%
2013	28269	18%
2014	31800	12.49%
2015	35345	11.15%
2016	38580	9.15%
2017	41200	6.79%
2018	47800	16%
2019	62873	31.53%
2020	58075	−7.63%

2. 养老金替代率低

鉴于棘轮效应的因素，如果参保人员在退休前后收入落差太大，他们的幸福指数将受到较大影响，因此养老金替代率水平体现了一个国家和地区退休职工的福利水平。考虑到物价水平变化，老年人退休前后的生活水平用平均替代率衡量，计算方式为退休职工养老金平均水平/同期在职职工平均工资。根据国际劳工组织《社会保障最低标准公约》，养老金最低替代率为55%，而要保证退休后生活质量不降低，养老金替代率应达到 70%。然而根据统计，中国平均社会养老保险金占中国平均工资不到 50%，养老金的本质是通过建立社会保障体系，让参保职工退休后在经济上老有所依，如果是以大大降低其生活质量为前提的社会保障，则难以实现养老金的创设时的目标。

3. 养老金结构不均衡

需要看到的是，我国目前三大支柱养老模式的发展并不均衡，养老金供给结构上，过于倚重第一支柱社会统筹和个人账户基本养老金，而作为第二支柱的企业年金、职业年金和第三支柱的个人税优退休账户在退休金中所占比例很小，且发展不充分。而公共养老金的高缴费率对私人养老金制度也产生挤出效应，阻碍了三支柱的均衡发展。具体而言，我国企业年金覆盖范围较为狭窄，由于其并非强制参保，绝大多数企业，尤其是民营企业，还没有建立企业年金制度，许多企业将建立企业年金视为一种福利行为。据人力资源社会保障部公布的《2016 年度全国企业年金基金业务数据摘要》的数据显示，2016 年底全国仅有 7.63 万户企业建立了企业年金，参加职工人数为 2324.75 万人，覆盖面仅有 6.55%，虽然至 2020 年全国建立企业年金的企业达到 10.52 万户，参加职工人数也涨至 2717.53 万人，但其覆盖面仍旧处于一个较低水平；同时，我国企业年金发展呈现出结构性不均衡的情况，我国东部地区企业年金的发展要快于中西部地区，而且特定行业企业年金的发展也要快于其他行业。并且，我国的个人养老金与契约型保险不匹配，尚未真正建立起来。同世界各国的进行横向比较发现，目前经济合作与发展组织成员国家的私人养老基金资产占 GDP 的比重平均为 49.7%，而我国这一指标仅为 2.5%。

（二）长期照护保障制度亟需建设

长期照护制度是应对人口老龄化、降低参保人员长期照护服务负担的重要保障措施，同时也体现了国家和社会对民生的关怀，对人生的最后阶段的尊重和呵护。随着我国老龄化速度加快、高龄化程度加深，老龄人口的失能、失智风险显著提高，根据全国第六次人口普查统计，90 岁以上老年的失能比率高达 20%。然而市场化的照护服务成本较高，自付费模式下，极易使老人及其子女的家庭陷入照护和经济的困境中，客观上，需要建立相关费用的社会化分担机制及相应的制度保障。

表 3 我国第六次人口普查-失能率情况

年龄组	60-64 岁	65-69 岁	70-74 岁	75-79 岁	80-84 岁	85-89 岁	90-94 岁	95-99 岁	100 岁+	合计
失能率	0.9%	1.5%	2.7%	4.3%	8.0%	12.7%	21.0%	26.0%	29.2%	2.9%

目前，我国的长期照护保障体系还未建立，长期照护制度建设仍处在试点阶段。2016 年 6 月，人力资源和社会保障部办公厅印发《人力资源和社会保障部办公厅关于开展长期护理保险制度试点的指导意见》，在全国选取上海、青岛、上饶、安庆等 15 个地区开展长期护理保险制度试点工作，各试点地区结合当地经济发展水平和各方面承受能力积极探索长期护理保险的运行模式，均出台了相关文件，积累了一定的经验的同时，也暴露出许多问题。

表4 我国开展长期护理保险制度试点城市及相关文件

地区	名称	出台时间	简称
青岛市	《关于建立长期医疗护理保险制度的意见（试行）》《青岛市长期医疗护理保险管理办法》	2012.06 2014.12	长期医疗护理保险
长春市	长春市人民政府办公厅《关于建立失能人员医疗照护保险制度的意见》	2015.02	失能人员医疗照护保险
南通市	《关于建立基本照护保险制度的意见（试行）》	2015.10	基本照护保险
承德市	承德市人民政府《关于建立城镇职工长期护理保险制度的实施意见（试行）》	2016.11	长期护理保险
上饶市	《关于开展长期护理保险试点工作实施方案》	2016.12	长期护理保险
荆门市	《荆门市长期护理保险办法（试行）》	2016.11	长期护理保险
上海市	《上海市长期护理保险试点办法》	2016.12	长期护理保险
安庆市	安庆市人民政府办公室《关于安庆市城镇职工长期护理保险试点的实施意见》	2017.01	长期护理保险
成都市	《成都市长期照护保险制度试点方案》	2017.02	长期照护保险
石河子市	《关于建立长期护理保险制度的意见（试行）》	2017.03	长期护理保险
苏州市	《关于开展长期护理保险试点的实施意见》	2017.06	长期护理保险
齐齐哈尔市	《齐齐哈尔市长期护理保险实施方案（试行）》	2017.07	长期护理保险
广州市	《广州市长期护理保险试行办法》	2017.07	长期护理保险
海淀区	《海淀区居家养老失能护理互助保险试点办法》	2016.06	长期失能护理互助保险

1. 资金来源渠道单一

在各试点中，长期照护制度的运行通常归于医保部门管理，并且大多不进行单独筹资，而是采取直接从医保基金中划拨的形式。例如，上海市通过调剂医保缴费费率筹集资金；成都市、南通市和青岛市形式上是由个人、单位、财政补助多方筹集，然而个人缴费方式仍然是从医保个人账户划拨，单位缴费则从医保统筹基金中按比例划拨。因此除各城市给予财政补贴外，这些地区的长期照护基金的主要来源是医保基金，因此基金支付依赖于医保基金状况。这就对当地的经济发展水平和医疗基金可持续能力提出考验，一些医保基金本就收不抵支的地区难以采取此种方式对长期照护进行维持。

2. 保障范围的制度性差异

"失能判断标准"是保障对象范围确定的关键。绝大部分现行试点地区是借助《日常生活活动能力评定量表》作为判定工具，结合地区医保定点机构的判断和鉴定诊断进行确定；也有部分地区专门制定出台了地区性的失能评估标准或规范，例如，《上海市老年照护统一需求评估标准》根据生活自理能力和疾病轻重两个维度进行综合评判，《成都市长期照护保险成人失能综合评估技术规范》则是从日常生活活动能力、精神状态、感知觉与沟通、社会参与、年龄五个层面细分26个具体指标对成年人的失能等级进行综合评估。目前试点运行阶段的各地结合地区情况制定了不同的判断标准，导致不同地区对老年群体的保障存在差异，减损了社会保障的公平性，也增加了今后国家统一标准的成本。

3. 长期照护服务力量不足

一定数量的专业化长期照护服务人员和机构是长期照护制度功能发挥的重要条件和保障；照护人员和机构自身的专业化和规范化水平，也影响着长期照护服务的质量。现阶段，我国长期照护服务的供给情况并不乐观，具体表现为专业性的人员与机构仍显不足，医护和照料服务的融合度较低，服务的可及性较差。长期照护服务人员构成主要有两大类：一是医疗机构的医生、护士及医学技术人员等医务人员；二是康复师、社工等各类社会人员。由于集生活照料、医疗康复护理服务于一身，长期照护服务定价中的技术回报率不高，使得许多靠技术吃饭的专业医护人员并不愿意从事相关服务，特别是不愿做居家护理的服务；而具备专业技能的护理人员目前又较为稀缺，市场成本较高；在机构护理服务之外，在居家、社区层面从事长期照护服务的队伍也极不稳定，护理机构较难留住护理人才，而志愿者服务队伍也具有极大的流动性。

4. 责任主体不明确

长期照护制度包含养老和医疗康复护理服务供给、资金筹集与费用分担等多方面内容，相应地，主管部门也涉及民政、卫生、人社等多个部门。长期照护制度由哪个部门牵头、各部门之间如何协作分工，需要在制度设计中进一步明确化。否则，多部门管理极易出现衔接不当、管理断层、责任推诿的现象，阻碍长期照护制度发展进程。如 2014 年国家卫生和计划生育委员会办公厅印发的《养老机构医务室基本标准（试行）》和《养老机构护理站基本标准（试行）》中对养老机构内配置医务室或护理站的标准和条件进行了规范，但养老机构对这种"标配"却感到压力：如果医务室发生医疗事故，养老机构作为提供医养结合型长期照护服务的主动方存在较大的风险。同时，由于不同管理部门存在目标和利益上的分歧，机构内养老服务和医疗服务责任划分又缺乏相应的政策指引，导致各责任主体作用力方向不一，相互掣肘，使机构长期照护服务能力增长缓慢。

5. 责任划分不明确

家庭养老以外的照护工作多由养老院等服务机构承担，其服务标准与责任划分方式由双方通过订立住养合同的形式进行约定，缺乏法律上的硬性要求，易出现约定不明、合法利益遭受损害的情形。虽然相对于养老机构而言，受服务的老年人个体处于相对弱势的地位，权益容易受到侵害；但在司法实践中，养老机构受责喊冤，因意外事故发生而败诉倒闭的情形也不在少数。双方之间事前约定不明，缺乏遵循条款；事后互推责任，陷入缠讼或其他纷争，不仅可能使得老年人难以得到及时有效的照料，也可能使服务机构承担本不该承担的责任，难以有效维护自身权益，使其成为"弱势行当"，使得社会力量进入该行业受阻或转而对于服务对象的范围进行限制（如许多高龄老人容易被拒之门外）。长远来看，不利于长期照护服务的发展。

（三）养老社会服务体系有待健全

1. 家庭养老支持力度不够

长期以来，家庭养老中的照顾者承担着绝大部分的照顾与护理职能，尽管"居家—社区"养老模式的推广一定程度上缓解了家庭内部的养老压力，但社区提供的养老服务仍是居于辅助地位，家庭成员对老人的供养和照料始终并且在将来仍然是养老的主要方面。然而，我国对于家庭养老、家庭照护的关注和支持力度始终不足，这种关注的欠缺于政策层面长期存在，家庭照顾者未受到应有的重视。家庭照护者通常以家庭成员为主，兼有友邻，其中家庭成员具有配偶居先、女性居先、无正式工作者居先的显著特点。对家庭照护者的支持涉及对其照顾工作的价值认定、需求的考虑、补偿鼓励以及能力建设等问题；对于老年长期照护者而言，配偶同样老化的局限、女儿或儿媳照护中对女性的关心与理解不足等问题亦不可忽略。

2. 农村地区养老服务供给不足

养老服务地区间发展不平衡是我国养老服务体系的一个较为明显的特征与问题，特别对于农村地区而言，供给尤其薄弱。虽然国家实现了"脱贫攻坚"的胜利，法律也明确规定村集体可以利用其未被承包的"山、水、土、滩"作为养老基地，收益供养老所用，但对于愈发"空心化"的部分山村而言，人口流失、交通相对不便等因素却也阻碍了外来资金的注入，收益增长动力相对不足，购买养老服务能力相对较低。同时部分乡村人口的大量外流，导致常住人口多为高龄老年人且人口较少，难以满足"村村配医"，甚至出现数个山区村落共同由一名医生或一个较小的医疗服务机构提供服务的情况，其提供服务的及时性方面存在一定问题。虽然地方政府部门也采取"合村并居"等方式推动星散的农村人口集中居住，以期解决上述问题；但老年人群"落叶归根"的思想以及对楼房生活的不适应，使得部分人群存在"回迁"现象，还需探索更多方式加以应对。

3. 社会养老服务供给不规范

社会养老供给的问题，主要体现在养老地点的硬件设施不完善、养老服务的供给质量得不到保障、相应监管的法律法规也未健全。以北京为例，养老社区的硬件设施建设良莠不齐，既有住宅小区的适老性与宜老性条件不足，老年人的安全问题存在隐患；一些社区仅设立健身器材、老年活动场所等，难以支撑居家养老的真正需求。通过对北京市各个城区定向投放的抽样调查问卷显示，有56%的受访者表示"不清楚或不知道"社区提供的养老服务，剩下的44%表示社区养老服务内容为"知识讲座""休闲娱乐"和"健身保健"等。社区养老服务流于形式、活动单一；服务递送上，把居家养老服务简单化为供餐与上门的医疗服务，也无法满足老年人最迫切的养老需求，即老年人的生活安全保障问题。总体而言，"对社区提供居家养老服务满意"的受访者比例仅仅为3%。

机构养老照护服务的标准和水平受到资金、场地、人员限制，目前我国的养老机构条件好的收费不低，条件差的收费低，但是起不到养老效果。机构养老能减轻子女人力的负担，但是赡养人的经济压力可能增大；同时，养老机构床位数有限、设施和设备条件有限，也难以满足大多数失能老人的需求。《养老蓝皮书：中国养老产业和人才发展报告（2014—2015）》显示，2013年北京市养老机构中301家在五环之外，约占全市养老机构总数的79.63%；其中，六环以外就有216家，五环到六环之间85家。而二环之内仅仅20余家，二三环之间15家，三四环之间10家，四五环之间26家。这种空间距离家庭较远、费用较高、亲人不便探望的养老机构，在一定程度上造成了机构养老的困局。

（四）老龄法治体系建设仍在进行

目前，我国老龄法治建设经过多年的发展和积淀，已初步取得成果。立法上，除《老年人权益保障法》这种专门立法外，还有国务院及其部委以及地方制定的行政法规、部门规章、地方性法规及其他一系列规范性文件；制度建设上，除基本社会保障外，还建立了"最低生活保障"制度、"五保户集中供养"制度、高龄补贴制度、养老服务补贴制度等诸多优待政策，但是部门立法和地方立法的频繁出台，国家政策性文件的不断颁布，也使得老龄立法呈现出波动性与分散性的特点，造成对老年人保护的体系化与科学性不足。

1. 基础性法律体系欠缺

我国于1996年颁布了《老年人权益保障法》，并与时俱进不断修改完善，但该法主要强调的是对老年人基本权利的保障，并没有具体涉及老龄社会事业发展等问题，相对于老龄化社会问题的广泛性，其依然只是老龄法治体系众多分散法律法规中的一个。我国虽然出台了一系列规范性文件，但总体来看政策占据主导作用、发挥实际功能，而我国现有关于老年人权益保护的制度则分散单一，权益保障的着眼点仅在于对老年人权利和利益的保护，而没有针对人口老龄化社会提出保障制度和对策，高位阶、基础性的老龄法律规范体系仍然缺位。在此背景下，通过分析现有法制资源，建立健全适合我国的老龄法律制度体系迫在眉睫。

2. 老龄法治体系性不足

我国老龄法治的内容散见于众多的法律法规、规章等规范性文件当中，据学者统计，我国老龄相关现有老龄专门性法律1件；其他涉老法律23件；

行政法规、规章及其他规范性文件约 394 件；其中法规和规章 12 件，其余为国务院及其部委关于老龄问题的指导意见、通知、复函、批复等政策性规范性文件。这些数量庞大的涉老文件在执法和司法的使用过程中，常常因法律文件的立法时间、空间、对象、位阶效力不统一，造成我国老年人权益保障法律体系的混乱与冲突。例如，在社会保险领域，国务院分别针对城镇职工养老保险、医疗保险和农村养老保险、医疗保险等，先后制定了一系列行政法规；而由于这些法规又将大量具体措施的规定权授予地方，使得老龄法律制度的内容体系变得极为庞杂，缺乏体系性。

三、域外养老保障的发展变化

（一）养老保障责任的承担从最初的家庭，走向国家保障与社会保障相结合的方式

究竟谁应该承担养老的责任，家庭、社会还是国家，各国在责任的承担主体上都经历了变迁，从家庭到国家（政府），再由国家、社会与个人共同分担。家庭结构的改变，使得养老从最初的家庭道德义务逐步成为国家（政府）责任。如战前的日本，无论农村还是城市，基本是世代同居的家长制家庭形态。近亲、邻里的相互扶助是道德律的第一要义，这种尊老养老基于伦理、道德规范的传统。战后农村年轻人都到城市打工，只剩下孩子和老年人；而在城市孩子也不与老人共同居住，出现大量空巢家庭。二战后的日本，始终注意经济发展与社会福利同步进行，特别是 1963 年《老年人福利法》的颁布，极大推进了社会福利在老年人保护领域发挥的作用。日本老年社会的福利从发展初期就是一种国家主导的、自上而下的福利制度，但是随着老龄人口的迅速上升，国家财政也是杯水车薪，1959 年日本诞生了《国民年金法》，以国家、行业、个人共同分担的办法，开始由"福利国家"走向"福利社会"。

德国早在 1889 年颁布的《老年残疾保险法》，不仅是世界上第一部老年法，而且是第一批社会保险法。其背景是养老逐步成为普遍的社会风险，个人和家庭无法应对，客观上要求国家和社会提供养老保障。该法的制定契合了国家、社会、个人关系变迁的要求，适应了工业社会的要求。进入 20 世纪后，1967 年国际劳工组织制定了《残疾、老年和遗属津贴公约》，为国家设定

了保障个人老年生存的义务，国家逐渐更多地承担以前家庭承担的职责。[1]德国国家补贴最多，但后来领取养老金的人越来越多，就业人口减少，政府难以承受支付养老金的压力。因此，德国从 20 世纪 90 年代至今，一直在进行养老保险制度改革，目标是增加企业和个人的责任，减少民众对国家的依赖。预计在 2030 年实现法定养老保险、企业养老保险、个人养老保险三个支柱均衡发展；并提高个人缴费比例，延迟退休年龄。

同样，英国的社会保障制度实行国家、雇主及个人共同分担的原则，但是英国更强调国家和政府的责任，即养老保险由国家承担绝大部分，雇主及个人承担的比例小。英国的保障体系已经逐渐代替了家庭的保障功能，特别是非缴型养老金的出现。

（二）对老年人保障的范围从经济救助到健康的保障，从给予老年人到其遗属

对老人的社会保障从最初的经济救助，即仅对贫困老年人在经济上进行帮扶，到享受福利，再到全方位的照顾。各国考虑到特殊人群的需要，对老年人的保障还包括病残补助和伤残补助等，以及遗属的年金制度。

世界卫生组织对健康的定义为：健康不仅单是身体上的，举凡身体、心理、社会适应、经济支持都是处于最佳的情形，而享有健康是每一个人的权利。1984 年世界卫生组织在健康要素中加了"心灵"一项。真正的生命健康包括身、心、灵的内在环境。2015 年世界卫生组织提出的以生理健康、心理健康和良好社会适应能力为核心理念的积极健康老龄化倡议。老年人不仅活得长寿，而且要活得有尊严。

日本最早制定的《救护法》《生活保护法》，是以贫困为先决条件，直到 1963 年《老年人福利法》的颁布，开始保障更多老年人整体生活利益。伴随着老年人的社会福利需求的增多，其范围也远远超出日本原来的针对低收入人阶层的范围。日本介护保险不是单纯的照护行为，而是从保护老年人的尊严出发，使之自立生活，在各地方政府的支持下提供介护服务，这也是介护保险的基本理念，即重视人的尊严、关心人的生活品质。无论是介护服务设计还是设施产品的研发，均秉持尊重老年人意愿、保障老年人尊严的理念。

---

[1] 郑尚元等：《养老保障的法律机制研究》，清华大学出版社 2019 年版，第 67 页。

譬如，日本生产的适合手抖虚弱的老人使用的筷子、勺子、碗，适合老年人的桌椅、护理床、指甲刀，根据老年人身体功能设计的洗手池、卫生间、浴缸等，都是为了帮助老人，无不体现了对老年人尊严的维护。

在加拿大，早期老年人都是由家庭供养和支持，某些没有家庭成员供养和支持的加拿大人会面临走投无路的困境，他们中的许多人会向当地慈善机构或向公共"贫困救助"组织寻求救济。1927 年加拿大通过的第一部《养老金法案》，规定养老金只限于年收入低于 $365 的老年人（土著印第安人被排除在外），虽然适格人员属于极少数人，但是该法案开创了全国范围内为最贫穷老年人提供福利的制度开端。1952 年推行的加拿大第一部普遍适用的老年金计划，可以不再通过"经济状况领取养老金"。1970 年代出台限额老年保障金，以供给不能满足全额老年保障金居住时间要求的人。1988 年，原住民首次被允许向加拿大养老金计划缴款，并从中获得和享受福利。

在美国，1930 年代的大萧条为美国社会政策大规模扩张提供了动力，经济危机使现有的州和地方减贫计划不堪重负，并刺激为了扩大社会利益而进行的社会运动。富兰克林·罗斯福（Franklin Roosevelt）政府以 1935 年出台的《社会保障法》对公民及社会的呼吁做出了回应，其中包括两个针对老年人的计划：老年保险（Old Age Insurance OAI）和老年援助（Old Age Assistance OAA）。OAI 老年保险仅向接受者提供微薄的收入，而 OAA 老年援助计划最初比 OAI 更大规模，也更受欢迎，因为它没有经过事先的缴费测试，因此可以立即开始支付福利。1939 年，政府为退休工人的家属和已故工人的遗属增加了福利。《社会保障法》最初颁布时，保障的仅是工商业职工，其他行业都被排除在外；之后覆盖面不断扩大，到 1983 年，各行各业绝大多数就业者被纳入社会保障体系。

（三）养老金从单一走向多元化

为保障国民养老，许多国家实行多元化的养老金制度，如日本养老保险制度中国民年金占主要地位，厚生年金和共济年金则作为养老金制度的补充形式，厚生年金以企业在职人员为对象，共济年金则是以公务员为对象，形成年金的多样化。

在日本，随着国民的养老金制度和医疗养老金制度逐步完善，建立了"国民皆保险·国民皆年金"的框架组合，年金和介护都是强制性的交纳，只要支付社会保险费，就可以得到相应的养老金，使每个国民不受经济条件和家庭状况的限制，平等地接受社会救济。在"国民皆保险·国民皆年金"的社会保障体制下，日本也正在构筑"国民皆介护"的制度。

英国的养老金可分为三大类，其中细分为七个小类：国家养老金（State Pension）包含基本国家养老金（Basic State Pension BSP）、国家第二养老金 State Second Pension S2P）；职业养老金（Occupational Pensions）包括定额养恤金（固定收益）（Defined Benefit Pension DB）、定额养恤金（固定缴费）（Defined Contribution Pension DC）；个体/个人养老金（Individual/Personal Pensions）分为：利益相关者养老金（Stakeholder Pensions PS）、团体个人养老金（Group Personal Pensions GPPS）、自投资个人养老金（Self-Invested Personal Pensions PPS）。在英国，法定的国家养老金体系包括基本国家养老金和与收入相关的额外退休金，称为国家第二养老金。这些养老金通过与收入相关的国民保险金（NIC）来提供资金，国民参加国家养老金制度是强制性的。目前，男性可以从65岁起领取国家退休金，而女性的国家退休年龄（State Pension Age）从60岁增加到2018年的65岁，与男性国家退休年龄相等。1988年创建的个人养老金，为那些没有职业计划或经常更换工作的人提供了一种退休储蓄的私人手段。政府对私人养老金的缴纳提供税收减免（最高限额），当他们退休时，个人可以选择将基金的25%作为免税一次性付款金。

美国的养老金有很多种，也较为复杂，但其中主要有三部分：一部分是国家层面的社会保险金，相当于我国的养老保险，保证就业者退休之后的基本的养老生活；另一部分是企业的养老金计划，还有一部分是私人年金计划。社会安全福利养老金（Social Security）是美国2/3退休人员的收入来源的50%，每一位在工作期间缴纳社会安全税达到一定额度的工作者，都会在退休时从政府那得到社会安全福利养老金（社安金）。美国的社会保障税由雇员和雇主各自缴纳50%，基本实现对就业人员的全覆盖；养老金的领取通常是在65岁退休以后。领取社会安全福利养老金的资格主要有两方面，一个是积累的社会安全养老金的点数，另一个是年龄。那些没有积累过任何社会安全养老金点数的人，如果确实是穷人，没有任何其他收入且个人资产极少的话，养老则是国家买单，可以申请一个名为"补充社会安全金"的社安项目（Supplemental Social Security），它专门为没有或极低收入的人群设立，也包括没有收入的盲人和残疾人，后者领取社会安全金没有年龄上的限制。此外，美国设立有企业年金（401K）。1980 年代初，由一种由雇员、雇主共同缴费建立起来的完全基金式的养老保险制度，逐渐取代传统的社会保障体系，适用于私人营利性公司。美国社会保险金仍是大多数美国人退休后的最主要收入来源，而 401k 退休计划也起到了相当大的辅助作用。再有，公务员的养老金。公务员在领工资时要扣除 8% 养老摊派金和 1.45% 的医疗保险，55 岁退休时可领全额养老金。

（四）形成三个支柱的保险体系或风险分担制度

在日本，形成了年金、医疗和介护"三位一体"的保险体系。年金就是养老金，国民年金是日本社会保障制度的基础，也是覆盖面最大的公共养老保障制度。如前所述，1959 年日本颁布的《国民年金法》规定，所有参加国民年金保险的公民，都必须缴纳保险费，并在缴纳一定年限的保险费后，才能够受领保险金。"介护"是看护、照顾的意思，即以照顾日常生活起居为基础，如为老人做饭、洗衣、洗澡，陪老人聊天、看病等，提高被介护者的生活质量，为独立生活有困难的人提供帮助。介护保险制度的设计原理是以保费和税金各 50% 的比例作为保险的财源，介护保险的缴纳额度因个人收入的不同而有所差异。在医疗制度上，迫于经济压力，日本 1983 年废除了"免费"医疗制度，建立了老年人的保健制度，费用 70% 左右由各大医疗保险组织承担，其余由国家补贴。日本的医疗保险分为职业保险和地域保险两大类，前者适用于一般的劳动者和特殊的人员，如私立学校教师、公务员等，加入自己组织的互助保险；后者是以市町村为保险者、居住在该市町村又没有加入其他保险的居民为被保险者。

美国的社会保障体系则是由社会保险体系和福利补助体系所组成。美国联邦法规主要通过税法中的规定来规范退休金计划，这些规定通过建立规范计划运作的标准框架，确定了获得优惠的税收待遇必须接受的标准。美国社会安全金同时也具备人寿保险功能：其不仅保障工薪族在退休后能有基本的收入，也兼顾保障那些因受伤或生病而无法工作的人，他们可从社会安全金中的残疾者项目领取一些收入；另外，如果一家之主过世了，他留下的孤儿寡母也可以通过领取社会安全金来渡过难关。

英国的养老保险分为三个层面，即将国家基本养老金等作为第一保障，政府是第二保障，企业与个人是第三保障。前两者属于公共支柱，是强制性的。第一保障是英国联邦政府提供的，最基本的养老保障，其通过国家保险和税收进行运作，以现收现付为基础，使所有人能够获得最低水平的退休收入保障。第二保障以雇员的收入所得情况作为依据，按照收入所得的比例进行缴纳，并设定上限和下限。第三是私人养老金计划，公民自愿加入，个人定期缴纳或专项缴纳，积累的资金可以用来购买年金产品。英国的养老保险基本上涵盖了所有的人群，并且针对不同人群的特点提供了不同的保障，除了为健全的人群提供保障外，还考虑到残疾、工商以及遗属的养老保障问题。

（五）具备专业资格及设立监管机构

如今失能、失智老人正不断增多，介护主要是针对失能、失智的老人，照顾他们的日常生活起居，如为老人做饭、洗衣、洗澡，陪老人聊天、看病等，为独立生活有困难的人提供帮助。这些照护由于时间长、需求高、身心照顾负荷重，都需要专业人员来完成。要保障照护的服务质量，就需要具有对专业资格的要求，以及对长照机构的监督与管理，从而保障长照品质。

在日本，介护人员虽然隶属于保险公司，但都在专门护理学校学习了至少三年。从事介护服务的机构也需要满足法律规定的条件、具有专业资质，所有护理人员都必须拥有国家颁发的专业资格证书，所有服务人员都由专业公司管理，对介护人员也有专门的培训和考核体系。介护人员应当能够为需要介护的老人提供包括移动、进食、排泄、洗浴、穿脱衣、视听力修复、记忆力、情绪、行为工具使用等 10 项内容标准的介护服务。日本的《社会福祉士及介护福祉士法》就是专门针对培养各种服务等级护理人才的法律。

英国通过 1995 年的《养老金法案》建立了职业退休金监管局（OPRA）作为退休金行业的监管机构。它由对养老金计划的年度征税提供资金。监管局接管了根据 1986 年《社会保障法》设立的职业养老金委员会（OPB）的大部分职责，该委员会负责监督有关保护提前退休者的福利、平等准入和外包要求的计划规则。美国则在 20 世纪 70 年代颁布了《雇员退休收入保障法》，该法规赋予联邦政府对私人养老金计划进行监管的权限，联邦政府可以监管保险业务，但保险公司的基本活动和资产仍处于州政府的管辖之下。

（六）平等接受社会的救济

在日本，年金和介护都是强制性的交纳，只要支付社会保险费，就可以得到相应的养老金，使每个国民有能够不受经济条件和家庭状况的限制，平等地接受社会救济。此外，日本受到社会保障的对象也在不断扩大，社会保障制度正在惠及更多的人。40 岁以上的国民，包括居住在日本的外国人都必须加入，并缴纳介护保险金，65 岁以后可以享受介护服务。对于参加介护保险，如患有癌症、早期痴呆、脑血管疾病等 15 种疾病，即使不满 65 岁，也可以享受介护保险的服务。

英国养老保障制度在覆盖范围和享受条件上实行普遍主义，即只要是英国公民，无论贫富贵贱都平等地享受定额保险待遇，其国民保险待遇与收入、缴费情况是脱钩的。因此，英国国家养老金尽管在形式上是社会保险，但实质上是一种福利。[1]

新西兰实行的是人人平等的养老金制度，不管贫富，不论退休前从事什么职业，一视同仁，都要从工收局领取养老金。如果是参加过战争的复员军人、残疾人和高龄老人，则具有特殊待遇，其养老金会稍微高一些。

四、我国养老保障体系完善的建议

（一）完善多层次养老社会保障体系

1. 协调发展养老保障三大支柱

人口老龄化的不断加深，给我国现收现付模式的第一支柱基本养老金带来了沉重负担和巨大风险。如前文所述，2018 年，我国建立实施职工基本养老保险的中央调剂制度以应对养老金的地区间结构性失衡；然而，我国基本养老金仍具有潜在缺口，并将伴随老龄化的不断深入逐渐显现。鉴于我国养老金替代率已经低于最低标准，因此将很难通过降低养老金替代率的方式弥补缺口；另外，随着老龄化程度不断深入，制度赡养比仍将连续下滑；经济压力下，养老金缴费率亦不能保证。通过对国际经验的横向比较分析发现，或可通过协调我国养老保障三大支柱的关系，大力发展第二支柱企业/职业年金，并鼓励私人建立商业养老金加以应对。当前我国职业年金制度具有强制性，并已形成一定规模，但我国企业年金还存在制度覆盖率偏低、筹资效果不明显等问题，制约着第二支柱企业/职业年金的整体发展，同时可能造成机

---

〔1〕　王莉莉主编：《英国老年社会保障制度》，中国社会出版社 2010 年版，第 105 页。

关事业工作人员与企业职工在退休时享受待遇的不平等。

（1）企业年金建立"自动加入机制"，加大税收优惠措施

对比国际经验，可尝试借鉴英国、美国的"自动加入机制"，提高国家对企业设立企业年金要求的强制性，规定对于符合一定条件的雇员，其雇主必须为其提供年金计划，并在制度构建基础上，进一步明确实现"自动加入机制"的具体路径，即谁负有自动加入的义务。企业是否仍是自愿设立年金计划，设立年金计划的企业里的所有员工是否均自动加入该计划、自动加入的条件、工资提高时是否需要自动提升缴纳比例、转换工作时如何自动加入、默认选择投资产品等。同时，应加大税收优惠力度，改变征税模式，从而鼓励企业建立年金计划。目前，我国的税收优惠政策并没有成为民营企业建立企业年金制度的动力，尤其是实务中的前端（缴纳时）征税模式。因此，在避免税源流失的前提下，应考虑提高企业年金的税收优惠比例，设置不同阶段（缴纳时、基金运营时、领取时）的税收优惠，并逐渐朝后端征税模式发展。

（2）协调三支柱关系，改变职业养老金定位

在探讨通过建立自动加入机制，以提高企业年金的覆盖率之前，应首先改变三大支柱之间的地位和关系。三支柱养老金制度结构最早提出之时，1994年世界银行在《防止老龄化危机——保护老年人及促进经济增长的政策》报告中建议，强制公共养老金计划用于克服贫困；并实行强制性和自愿性私人养老金计划，用于改善老年生活。横向对比同为三支柱养老金体系的美国，其规模最大的第二支柱职业养老金占总资产的比重为54.69%，第三支柱个人养老金占35.69%，最后才是公共养老金，仅占9.62%。与此相反的是，我国养老金体系中，第一支柱养老金负担绝大部分养老责任，占整个养老金资产的近80%，第二支柱仅占20%，第三支柱几乎为零，养老金总量也远远不及。考虑到我国第一支柱基本养老保险的现有负担，建议应通过职业养老金和个人养老金转移第一支柱的财务风险，否则，如果只是单方面通过加大企业的负担来完成提高企业年金覆盖率的目标，将会适得其反[1]。

（3）鼓励私人养老金发展

我国应通过税收优惠等一系列政策，支持私人养老金制度建设，可以将

---

〔1〕 刘广君：《养老金制度结构调整：从"三支柱"到"两账户"》，载《第一财经日报》2019年12月25日，第A11版。

各类以个人账户形式存在的养老金通过转移方式合并成国民个人养老金账户。我国个人养老金的主要资金来源包括以下几类：一是通过加大财政投入、划转国有资本等多种渠道，做实基本养老保险制度统账分离后的个人账户基金；二是强制性的职业年金基金、自愿性的企业年金基金；三是城乡居民基本养老保险的个人账户基金；四是为大量的灵活就业人员建立的，由个人缴费形成的个人账户基金，尽快建立个人主导的税延优惠的私人养老金计划。同时，由于私人养老金大都是通过完全积累的方式筹集，因此还需要进一步完善养老金运行中的产品设计和投资机制，引导更多的金融机构加入养老金管理行业。

2. 建设落实长期照护保障制度

（1）应加紧制定国家层面的失能判断与需求评估标准

失能判断标准用于决定适用长期照护保障的范围，关乎未来长期照护保障制度受益群体规模大小的问题；长期照护服务需求评估标准则是确定保障支付标准的基本依据。保障对象的识别应有明确的范围和精确的识别工具，然而目前各试点采行的判断标准不一，造成制度地区分割严重；同时，对不同失能状态下的老年人所需长期照护服务内容与形式也没有统一的标准。因此，为更好推进长期照护服务的有序发展，在国家层面，应结合国际失能判断标准，综合各试点经验，尽快形成一套指导性的失能判断标准和长期照护服务需求评估制度。

（2）积极拓展长期照护服务市场，培养长期照护服务资源

长期照护人力和服务能力供给不足，是目前各地区甚至全国建立长期照护保险制度遇到的最大桎梏。照护资源分为人力资源和机构资源两大方面。人力资源培育上，我国相关部门应当尽快明确养老护理从业人员的职业资质，建立相应的职业准入、职业培育和考核机制，以提高服务质量及社会对照护职业的认同度；同时，积极引导护理机构提高职工的待遇以及社会保险的参保率，减少长期照护人员离职率高带来的人员波动性大等问题，延长其从业时间。在机构资源方面，可以加大对建设护理型养老机构的资金和政策支持，满足老年人长期照护服务的刚性需求；同时大力开发长期照护服务市场，给予其税收、补贴、公用物品等方面的优惠政策，积极引导民间资本进入。通过增加和提高老年长期照护机构的数量和质量，以增加老年照护服务资源。

（3）完善长期照护制度体系构建，加强照护服务品质监管

目前，我国在中央层面尚无直接规范老年长期照护服务保障的法案出台，仅有各省、市依照各自地区发展情况制定了一系列相关政策法规，如南通市于2014年就已经开始组织相关部门研究制定《南通市区基本照护保险定点照护服务机构协议管理试行办法》。目前，全国范围内选取的长期照护保障试点也已试运行三年，积累了一定的经验。我国应在参考各地经验的基础上，加快研议长期照护保障体系建设的顶层设计和中国方案。同时，还应加强对长期照护服务品质的监督管理，政府有效规范的介入必不可少。为此，政府应加强服务质量标准和规范、服务监督考核与辅导机制建设，也要加强照护服务人才培训、服务规划设计及相关专业信息公布等等。

（二）健全多层次社会养老服务体系

国务院办公厅印发的《社会养老服务体系建设规划（2011—2015年）》中指出，社会养老服务体系应与经济社会发展水平相适应，以满足老年人养老服务需求，提升老年人生活质量为目标。[1]

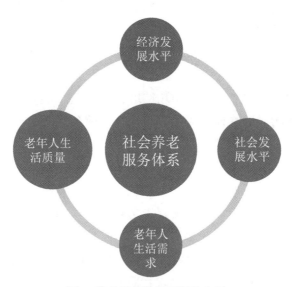

图1 养老服务体系运行动态图

---

〔1〕 国务院办公厅：《社会养老服务体系建设规划（2011—2015年）》，载中国政府网，https://www.gov.cn/zwgk/2011-12/27/content_2030503.htm，最后访问日期：2023年3月15日。

1. 居家–社区养老服务的完善

（1）对家庭养老的支持

"居家–社区"养老服务模式仍应以家庭养老为中心，由社会养老服务提供辅助，因此在社区建设和服务供给上，要充分考虑对家庭养老的支持。随着老年人年龄增长，家庭养老工作需要付出的时间和精力通常也随之提高；同时，老年人罹患失能失智风险的提升也使养老工作负担更为沉重，往往到后期家庭成员自身的正常生活也会受到一定程度影响。因此在发展社区养老的同时，应注重引进"日间照料"、"托顾和喘息"等服务，以缓解家庭成员所承担的日常养老压力，促进家庭养老的持续良性发展；并加强对社区老年人其他家庭成员医疗、护理等方面的能力建设，增加应急措施培训。

（2）引进市场的专业化服务

由社区提供的老年人居家照护服务应在有效管理前提下，充分调动市场资源充实支持。落实居家养老政策的一个重要方面就是居家照护服务的良好发展，辅助资源质量高且充足。一方面，如果仅依赖国家单方面进行供给，既不利于养老服务产业的自我革新，同时推进速度慢、供应能力有限，也难以满足大量的照护需求。另一方面，在引进民间资源协力发展的同时，国家也必须制定基本的服务标准以保证服务质量。养老服务不能完全产业化，因为涉老产业在实质上具有公益性质。当然，在初期阶段，在管控质量标准的同时，应当注意不能设置过高的门槛，以促进市场发展。

（3）发展老年人互助养老

依托社区养老的蓬勃兴起，各地纷纷开始探索尝试互助养老的各种模式，涌现出老年志愿服务、"时间银行"等养老模式；或者以社区为基点，联络社区内老人结对子，采取"一帮一"或"一帮多"的互助形式；发展社区内具有专业特长、热心公益活动的健康老人组织起来成立老年互助社等。发展互助型养老既充实了我国养老服务资源，也是积极老龄化的重要表现，是老年人参与社会的重要途径。通过以老帮老、以老养老，形成"我为人人，人人为我"，助别人就是关怀自己的社会长效激励机制。

2. 机构养老模式的完善

（1）加大对于养老机构的扶持力度

虽然政府已经出台了一系列扶持养老机构的政策文件，由于无论养老设施的建设还是更高质量养老床位的引进都需要资金，而目前政府对于养老机构的补贴还比较少，预期效果并不明显。政府可以考虑通过出台对于养老机构设施建设的补贴政策，鼓励养老机构设施的完善，从而解决养老床位空缺的问题；还可以考虑通过制定一系列的优惠政策等方式鼓励各方资金融资入养老机构，从而使得养老机构能够获得充足的资金来源；抑或者是从政策层面上制定有利于养老机构贷款、融资的一系列政策，使得养老机构在发展的过程中不必因受到资金限制而处于运营不良的状态。

（2）提升养老机构中工作人员专业化水平

目前，我国养老机构中较为专业护理人员的缺乏已经成为阻碍我国机构养老服务发展的一个重要的原因。因此，加快养老机构的专业化建设是解决我国当前机构养老服务水平较为低下的重要途径之一。提升机构养老人员的专业水平需要各方的共同合作与努力，政府应该寻找较为有效的途径来加快服务队伍专业化水准的建设步伐，比如建立专业人才资格规范，利用现有资源进行统一的管理；通过实施类似的专门培养或者是职业培训，增强养老机构护理人员专业知识水平；并建立起一套职业资格认证制度和职称评聘体系。养老机构服务队伍的服务人员自身也应当树立正确的养老服务意识，绝对排除虐待老人或者是与养老服务者本职工作不相符合的行为，时刻保持警惕，从而不断提升养老服务体系的整体素质与水平。

（3）完善我国关于发展机构养老的政策法规

我国机构养老服务行业的法律法规体系尚不健全，缺乏全国性的专门用于规范机构养老服务事业的单项行政法规，主要依靠部门规章、地方规章和规范性文件，这就造成了一些长期性、根本性、全局性的问题无法得到解决。政府应当大力推进机构养老事业的法治化建设，出台专门的规制机构养老的法律法规，使得机构养老服务业发展在经济社会发展规划中进一步明确、使其具有系统的发展规划、明确的发展方向和相应的保障经费；同时应当重视通过现实存在的问题所反映出来的法律缺失与漏洞，通过立法填补现有的法律空白；尤其是在养老机构内发生事故的责任判定标准以及养老机构的行业规范制定方面，应当加快建立健全相应的法律法规以及政策，通过不断完善机构养老服务产业的法律体系，从而为机构养老服务产业的高速发展提供保障。

（4）推进关于养老机构的商业保险建设

我国养老机构发展尚处于探索阶段，诸多行业内行为尚未达成共识，日常服务容易存在不规范之处，在给受服务老人造成损害的同时，也使得自身陷入许多纠纷当中。短时间内，养老机构的运营仍然可能面对许多意外所带来的赔偿风险，陷入经济困境；在一定程度上，可能对社会资金进入养老服务领域造成阻碍。面对此种情形，仅依赖政府补贴的支持很难对其发展形成有效刺激，并且可能会对财政资金造成压力或浪费。因此，除了财政补贴外，鼓励发展相关商业保险，引入保险为养老机构的经营做风险分担也是一项激励途径，在降低养老机构经营风险、增强其理赔能力的同时，可以引入第三方对养老机构日常服务经营行为进行规范，利用社会力量对其进行监督，促使其服务更加合理，也可以为国家制定专门行业规范时提供经验参考。

（三）建设健全老龄法治体系

1. 立法的科学性与体系性

《老年人权益保障法》是依据宪法制定的一部保障老年人权益的专门法律，也是我国目前老年人权益保障的基本法。老龄法治体系的构建应在完善《老年人权益保障法》的基础上，拓展到老龄社会问题的其他方面。首先，应当具体化《老年人权益保障法》的原则性条款，加强其可操作性；完善老年人权益保护规范不足的方面，具体列举老年人的权利范围；减少规范重叠和冲突现象。其次，老龄法治体系还应当涉及养老、医疗、服务、住房、文化、就业等多个领域，现存的许多社会保障的法律法规仅是针对一般民众，出台时没有考虑到老龄社会的特殊情况，对于老年人的特殊规定和保护不足，应当结合我国经济和社会发展现状以及人口老龄化的特点，在分析现有法治资源的基础上，健全这些领域的老龄制度，建构科学的老龄法治体系。

2. 法律救济制度的完善

目前老年人权益受到侵害而无法寻求救济的现象比较突出，较多是由于我国法律救济制度设立之时并未特别考虑到老年人权益受损的情况，尤其是涉及家庭领域有很多道德层面的规范尚未被法律化，救济机制尚处于空白状态，致使侵害人的责任无法进行追究。如子女对老年人进行虐待、遗弃时，由于我国刑法中虐待罪与遗弃罪属于"不告不理"案件，情节严重时才由公安机关立案处理，老年人的人身权无法受到有效保护。另外在老人入住养老院、照护机构、临终关怀机构后，由于养老产业涉及的公益属性、老年人健康风险较大等特殊因素，发生纠纷后的救济处理不能依照一般合同规定，而要做出特殊判断。为了涉老纠纷处理能有法可依，应当尽快完善老龄法律救济制度，有救济才有权利，切实保障老年人利益。

3. 法律援助制度的加强

除了需要对涉老法律法规中老年人的特殊权益进行更加具体化的保护、加强对其受到侵害时的救济力度以外，老年人法律援助的加强也是需要予以重视的一方面。正如权利无法得到救济，就不能被称为权利，救济程序若无法获得启动，救济本身也往往容易沦为一句空洞的口号。当前社会中，绝大多数老年人的人生时光大多处于"熟人社会"当中，其对法律的使用频率极低，甚至对使用法律本身还心存忌惮，很难主动适用法律法规来对自身权益进行维护。同时，现代法律体系中对于形式外观和程序的强调，也使得抱有传统法律观念的老年群体无所适从，缺乏运用法律维护自身权益的能力。这种情况下，需要更多法律专业从业人员或法律机构介入道养老服务的建设当中，通过为老年群体提供法律服务，帮助其维护正当法律权益，使得法律赋予老年人的优先立案、先予执行等特殊保障能够真正落到实处，帮助老年群体学法、守法、遵法、用法。

五、社会活动保障建设

除了对关乎老年人群体基本生活的经济、身体健康问题及相关权利进行关注与保护之外，老年人的精神需求与自我价值的实现也是养老领域需要关注的重要问题；但基本的社会保障体系可能难以对此起到有效作用，需要在"三大支柱"和养老服务体系以外进行制度和机制建设，丰富养老保障体系的内涵，在保障老年群体基本生活的同时，丰富老年群体的精神生活，保障其更好地适应社会发展，实现自身价值，度过有尊严的、快乐的晚年。

（一）推进老年教育的建设

1. 推进老年大学建设

老年大学作为老年教育集中授课的场所，是普及老年知识、增进老年人对社会发展的认识的理想场地，在我国许多地区均有建设，其课程的开展与活动的举办对于老年人生活品质提升具有积极意义。同时，其为老年人群提供了退休后可供参与集体活动的场所，满足老年人一定的社交需求；也为退休老年人适应退休生活提供缓冲，使其可以有计划地分阶段退休，避免其不适应突然进入的退休生活而产生心理上的问题。并且，通过推进对老年大学的建设，可以由点及面地带动老年人学习服务设施的建设，在经济条件允许的地区，逐渐铺开社区老年教育，推进"学习型"社区的建设。

2. 改善老年教育内容

老年教育的建设是在"积极老龄化[1]"视角下，希望老年群体在得到社会保障支持的基础上，通过课程等形式更好地发挥自身经验，继续为社会创造贡献，实现自身价值。但是，我国当前老年教育的课程内容与老年群体的需求存在很大的不协调，更多的是基于老年人身体机能逐渐衰退、难以融入现代社会等问题而开设相关课程，缺乏积极、健康、全面的态度看待老龄化过程[2]，需要对其进行调整，扩展其涉及的领域和范围。《老年教育发展规划（2016—2020年）》中，明确规定了当前发展老年教育以积极应对人口老龄化为基本价值追求和目的指向[3]。所以，老年教育内容应更多地帮助老年人在树立正确的老龄观念、形成健康生活方式的基础上，为老年人提供社会参与的机会与平台，从"休闲娱乐"的百科全书式知识普及到加入一定内容量的技能教育，让参与课程的老年群体从"座中客"变为"戏里人"，使退休不再仅仅是"退职居家而休"的活动，而是在更加充足的时间和经济保障中追求自身的人生价值实现的过程。

同时，老年教育的内容改革也是加强老年人自身保障的重要途径。如在老年教育中，进一步强调法治的重要性，树立法治意识，为老年群体说明与其生活息息相关的法律法规及如何运用，或采取怎样的方式获取法律帮助，使其权利不再停留在纸面上，使其作为养老保障的主体能够更加活跃地参与其中。而且，老年教育也需要注重时代性，特别应当加强智能设备与信息技术运用方面的教学活动。在电子设备与信息技术愈加发达的今天，对其运用

---

〔1〕　积极老龄化是指人到老年阶段可通过借助自身力量、发挥最大效用、实现个人生活质量极大提升，身体健康和心理健康得到双向发展，精神世界获得极大满足的过程。

〔2〕　王鹭、杨阳：《准公共产品属性：多中心治理视域下老年教育供给模式的优化》，载《老龄科学研究》2021年第1期。

〔3〕　韩娟：《积极老龄化理念下的老年教育课程建设策略》，载《广州城市职业学院学报》2021年第1期。

不善的老年群体被许多活动排除在外，难以及时有效地采取行动保障自身权利。

（二）促进老年人社会参与

当老年人以社区活动等形式直接或间接参与到社会、经济及政治等活动中，并在参与活动中发挥自身主体性，可对其生理、心理、社会健康水平的维护与提高起到积极的推动意义[1]。因此，促进老年人社会参与，为老年人参加社会活动提供保障与支持，帮助其实现自身价值，将有利于实现对老年人群的健康保护，可以同基本社会保障形成联动，有效减轻其压力。

1. 完善老年人参加工作的保障

老年群体虽然在身体机能、精神状态等方面存在一定的衰退与弱化，但作为一个具有丰富社会经验与技能积累的群体，其所能够为社会创造的价值仍旧可观；特别是在"人口老龄化"问题加重的当前社会，老年人人力资源的开发是将"老年负担"转化为"老年红利"的重要方式。但当前劳动市场中，老年人参与劳动的情况并不乐观，存在一定程度上的年龄歧视问题；且根据我国当前的劳动法律法规的内容，退休后的老年人参加劳动无法再受到劳动关系的约束和保护，仅可适用劳务关系，通过合同约定规范双方权利义务。虽然这使得老年人参与工作更加灵活，但其能够得到的保护程度降低，存在许多权益受到侵害的风险。特别是对于法律意识薄弱的部分人群，可能存在的不合理约定将使其处于显著弱势的地位；且若其不善于运用法律手段保护自身权益，这一不合理态势将难获救济。因此，有必要加强对于老年人继续参加工作保障的制度探索，针对老年人自身特点，对其参与劳动时的权利义务在国家层面进行规制，加强监督。同时，鼓励老年人或雇用老年人的单位购买相关保险，对可能发生的风险进行分担。

2. 推进老年人社会管理的参与

随着社会经济发展，年轻人工作压力与生活压力不断增大，其直接参与社会管理的意愿有所降低，特别是在居（村）委会的基层群众自治组织中，几乎难以看到年轻人的身影。而退休后的老年人群体获得了大量的空闲时间和稳定的经济来源，较长的居家时间也使其对于管理身边事务更感兴趣。但

---

[1] 段莉等：《社会参与度与老年人心理健康关系的现状分析》，载《文存阅刊》2021年第17期。

传统上老年人在家中安享天伦的观念在一定程度上降低了其出外管理的积极性，且老年人进行管理时也缺乏有效信息，不利于其工作的展开。因此，有必要组织多种形式的老年人社会管理，针对老年群体自身特点规划参与方式，充分利用其自身长处，在社会管理各个领域中发光发热。

老龄法治建设概述

一、我国老龄法治建设基本概况

新中国成立后特别是改革开放以来，我国颁布实施了一系列维护老年人权益的法律法规和政策。已有政策根据是否属于老年权益专项政策可以分为两大类，一类是在内容中与老年权益相关，另一类是老年权益专项政策。

目前，我国以宪法为核心，以老年人权益保障法为主体，包括有关法律、行政法规、地方性法规、规章和有关政策在内的老年维权法律法规政策体系基本形成，为维护老年人权益提供了制度保障。

1996年8月29日，第八届全国人民代表大会常务委员会第二十一次会议通过《老年人权益保障法》。这是中国第一部保护老年人合法权益和发展老龄事业相结合的专门法律，自1996年10月1日起施行。在目前最新版（2018年修正）中，第8章法律责任主要规定了老年维权相关内容。

自2003年全国老龄工作委员会办公室、司法部、公安部联合下发《全国老龄工作委员会办公室、司法部、公安部关于加强维护老年人合法权益工作的意见》（全国老工办发〔2003〕4号）后，我国陆续印发了多项老年维权专项政策。根据国家颁布实施的一系列维护老年人权益的法律法规和政策，各省市也出台了相应的法规政策，形成了各级、各有关部门互相衔接配套的比较完善的老年人权益保障法规政策体系，为维护老年人的合法权益提供了重要依据，推动了老年维权工作的深入开展。2021年1月1日起施行的《民法典》对老年人的婚姻、财产、包括老年人在内的成年人监护等做出了规定。

（一）《老年人权益保障法》

1. 《老年人权益保障法》的制定与修改

我国于1996年颁布实施的《老年人权益保障法》是迄今为止我国制定的

第一部有关老年人权益保护的法律，该法颁布的初衷与落脚点更多在于提升对老年人权益的保障程度，也是我国历史上第一部专门保护老年人特殊权益的法律，其制定在体现实际国情的同时又强调和突出了中国敬老养老的历史传统。该法自颁布后，共经历了 2009 年、2012 年、2015 年、2018 年的四次修改，其中 2012 年十一届全国人民代表大会常务委员会对该法的修订是该法自颁布后最大的修改，现行版本是 2018 年 12 月 29 日第十三届全国人民代表大会常务委员会第七次会议修正。具体修改内容与亮点可参见下述图表。

表 1　《老年人权益保障法》的颁布与修改

法律	年份	内容与亮点
《老年人权益保障法》	1996	我国制定的第一步有关老年人权益保护的法律
《老年人权益保障法》（2009 年修正）	2009	对 1996 年相关条文里的立法瑕疵进行了修改
《老年人权益保障法》（2012 年修订）	2012	从原来的 6 章 50 条扩展到了 9 章 85 条 新增 37 条，修改 38 条 新增社会服务、社会优待、宜居环境
《老年人权益保障法》（2015 年修正）	2015	对该法关于公益性养老机构和经营性养老机构的行政管理制度进行了修正
《老年人权益保障法》（2018 年修正）	2018	取消了养老机构设立的行政许可要求，将许可制更改为登记制

在该法颁布后的第 3 年，我国于 1999 年正式进入了老龄化社会。2012年，在人口日益老龄化的背景下，十一届全国人大常委会表决通过了该法的修订草案，此次修改幅度很大，从原来的 6 章 50 条扩展到了 9 章 85 条，新增37 条，修改 38 条，新增了社会服务、社会优待、宜居环境 4、5、6 章。该法修订重点在于通过第 18、24 条强化了赡养人的赡养责任，并于第 26 条规定了意定监护人制度，而第 4 章一方面明确了政府支持发展养老服务事业的责任，另一方面细化规定了老年人可获得的养老服务，第 5 章则通过对养老金事宜、财产户口事宜和基础设施免费、优惠普及的规定使老年人获得了更多的社会优待，第 6 章立法首次提出建设老年宜居环境，并明确了政府在建设老年宜居环境中应承担的责任。

2015 年，全国人大常委会对该法关于公益性养老机构和经营性养老机构的行政管理制度进行了修正。2018 年第 4 次修正体现了较大的变更和亮点，取消了养老机构设立的行政许可要求，将许可制更改为登记制，并强调养老机构在登记后即可开展相关服务活动，仅需向县级以上人民政府民政部门进行备案即可；同时增加了对地方各级人民政府建立养老机构综合监管制度的要求，体现了立法机关和执法机关在养老机构行政管理制度上对社会发展要求的适应与相应调整，更好地体现了与《行政强制法》《行政许可法》等部门法的衔接。

2.《老年人权益保障法》的不足与完善

《老年人权益保障法》作为一部保障老年人权益的基本法，对保障老年人的权益具有极为重要的作用。2018 年修订的《老年人权益保障法》虽然有诸多亮点，但仍有以下缺陷，有待未来修法时进一步完善。

（1）在《老年人权益保障法》中体现"政府主导、社会参与、全民关怀"的立法指导思想。现行《老年人权益保障法》总则的规定强调了政府和社会在保障老年人权益中的责任，而分则却在首章大篇幅规定了家庭对于老年人人身和财产权保障的义务。实际上，《老年人权益保障法》总则中规定的老年人权益保障由政府和社会承担主要责任，其本意仍是将以家庭养老为主的思想作为本法的主要思想。由于经济社会的巨大变革，传统的家庭养老模式已经无法满足老年人的生存需求，而老年人的发展需求则更需要政府和社会作出更多的努力。因此，未来在修改《老年人权益保障法》时，家庭的养老义务应该弱化，政府和社会的责任条款必须充实，以体现"政府主导、社会参与、全民关怀"的立法指导思想。[1]

（2）增强条款的可操作性。减少"国家鼓励""国家支持""提倡""发展"等宣言式的表述，减少指导性和原则性的条款。如《老年人权益保障法》第 34 条第 2 款规定："国家根据经济发展以及职工平均工资增长、物价上涨等情况，适时提高养老保障水平。"仅是一个原则性的规定，在实践中有很大的弹性，没有具体的标准。在未来修法的过程中，应逐步确立具有可操作性的法律制度，并通过政策、实施细则进行补充。

（3）积极应对人口老龄化应提升为国家战略。《老年人权益保障法》第 4 条第 1 款规定："积极应对人口老龄化是国家的一项长期战略任务。"中共中

---

〔1〕 汪地彻：《中国老龄法体系构建论》，载《辽宁大学学报（哲学社会科学版）》2012 年第 6 期。

央、国务院印发了《国家积极应对人口老龄化中长期规划》，将积极应对人口老龄化提升到了国家战略地位。我国在未来一段时间内，老龄化程度将持续加深。国家发展改革委负责人在解读《国家积极应对人口老龄化中长期规划》的出台背景时指出，人口结构持续老龄化，既不利于保持代际和谐与社会活力，也不利于维护国家人口安全和增强国际竞争力。因此，《老年人权益保障法》应明确积极应对人口老龄化的重大国家战略地位。

（4）完善老年人精神赡养制度。新修订的《老年人权益保障法》第18条规定，"家庭成员应当关心老年人的精神需求，不得忽视、冷落老年人。与老年人分开居住的家庭成员，应当经常看望或者问候老年人。用人单位应当按照国家有关规定保障赡养人探亲休假的权利。"该条也被称作"常回家看看"条款，确立了对老年人精神赡养的义务。但该条款存在表述不清、实效性不强的问题，履行探亲义务的主体是家庭成员还是赡养人，家庭成员包括哪些，都需要进一步明确。就实效性问题而言，若不主动履行探望和问候义务，诉至法院，生效判决该如何执行？制定该法条的初衷并不是希望孝心被法律所绑架，通过法律强制执行的亲情无法给予老人温暖；然而该法中并没有规定相应的责任条款，也没有相应的配套制度，给案件的判决和执行带来困难。

完善老年人的精神赡养条款，可以从确立老年人精神损害赔偿和家庭成员精神赡养义务的法律责任两方面来进行。《老年人权益保障法》中对于义务人不履行物质上赡养义务的法律责任进行了规定，尚欠缺有关精神赡养的责任条款。其一，可参照精神损害赔偿的有关规定，在"赡养人不履行赡养义务，老年人有要求赡养人付给赡养费的权利"后增加"有要求提出精神损害赔偿的权利"的规定。据此，老年人在诉讼请求中就可以提出精神损害赔偿的要求，人民法院也可判决不尽精神赡养义务的子女支付一定的精神损害费用，以弥补老年人因没有受到精神赡养而受到的伤害。其二，应在该法律中增加未尽赡养义务的民事责任与行政责任。如，子女对父母的赡养应尽连带责任，对不尽赡养义务的子女可采取警告、罚款甚至拘留的行政处罚措施；也可以参照经济法上的"声誉罚"，建立未尽赡养义务人名单，与社会信用体系结合起来，通过有关媒体进行曝光。这样一来，父母的精神赡养就有了法律上强有力的保障。

（5）完善老年人意定监护制度。《老年人权益保障法》第26条规定了老年人意定监护制度："具备完全民事行为能力的老年人，可以在近亲属或者其他与自己关系密切，愿意承担监护责任的个人、组织中协商确定自己的监护人。监护人在老年人丧失或者部分丧失民事行为能力时，依法承担监护责任。老年人未事先确定监护人的，其丧失或者部分丧失民事行为能力时，依照有关法律的规定确定监护人。"该项规定存在监护制度之间适用顺序不明，缺乏监护监督机制的问题。对于法定监护与意定监护同时存在时，二者的效力如何，哪种制度优先适用，并没有相应的规定；当意定监护协议生效后，老年人的权益保障与意定监护人的认真履行息息相关，如果意定监护人违反约定不认真履行职责、恶意侵犯老年人的利益，老年人就得不到保护，这显然有悖于该制度的设立初衷。因此，监护监督机制是必不可缺的。[1]

有必要补充"对自我决定权的尊重"的理念，明确"意定监护制度优先"的原则，形成意定、法定、指定监护次序和体系，以有效保障老年人尤其是高龄老年人的合法权益。同时明确规定相关行政组织及社会组织等机构来作为监督机构。

（6）将"社会保障"中的社会救助内容独立成章。目前，在"社会保障"一章中规定了老年人的社会保险、社会救助制度。从国际立法的惯例看，社会保险是社会保障的主要内容，是社会保障的核心。新修订的《老年人权益保障法》中"社会保障"一章仍然涵盖社会保险、社会救助、社会福利等内容，没能突出社会保险的核心地位，不利于构建完善的老年人权益保障制度体系。"社会保障"一章就应当主要规定职工基本养老保险制度、城镇居民社会养老保险制度、新型农村社会养老保险制度，职工基本医疗保险制度、新型农村合作医疗保险制度、城镇居民基本医疗保险制度，长期护理保险制度，以及资金保障制度，等等。社会救助单独成章，具体内容应包括社会救助体系、生活救助制度、住房救助制度、医疗救助制度、费用减免制度。强调社会救助的相对独立性，也能够推动社会救助法的立法进程。[2]

（二）《社会保险法》

1. 立法背景

在《社会保险法》出台之前很长的一段时间内，尽管各领域的部分社会

〔1〕 邹晓颖：《浅析我国老年人意定监护制度》，载《法制博览》2019年第21期。
〔2〕 肖金明主编：《老年法制研究：老年人权益保障立法研究》，山东大学出版社2013年版，第5页。

保险制度已成型并实施多年，但在立法层面却缺乏一部专门的综合性法律对社会保险制度加以规范。在此背景下，国内急需一部统筹各领域社会保险制度并提供指导原则的综合性法律，而《社会保险法》的应时出台，对于充实和完善中国的社会领域立法具有指向标的作用。

与此同时，人口老龄化对社会保障制度的发展也提出了不可避免的现实挑战，人口老龄比例的不断提升造成劳动力人口抚养比值的急速上升，传统的家庭养老模式已愈加无法适应工业化、城市化发展速度的提升。因此，像许多已进入社会养老保障模式的发达国家一样，我国面临着从家庭养老向社会养老模式转变的必然发展趋势。

在此背景下，2010 年 10 月，《社会保险法》正式出台，2018 年 12 月，全国人民代表大会常务委员会对《社会保险法》进行了第一次修正，修改了以下三处：

（1）将第 57 条中的"工商行政管理部门"修改为"市场监督管理部门"。

（2）将第 64 条第 1 款中的"……各项社会保险基金按照社会保险险种分别建账，分账核算，执行国家统一的会计制度"修改为"……除基本医疗保险基金与生育保险基金合并建账及核算外，其他各项社会保险基金按照社会保险险种分别建账，分账核算。社会保险基金执行国家统一的会计制度"。

（3）将第 66 条中的"……社会保险基金预算按照社会保险项目分别编制。"修改为"……除基本医疗保险基金与生育保险基金预算合并编制外，其他社会保险基金预算按照社会保险项目分别编制。"

2. 基本养老保险的内容

《社会保险法》中关于基本养老保险制度的规定主要体现在第 1 章总则和第 2 章对于基本养老保险的专门规定之中，此外，第 7 章至第 11 章还分别规定了社会保险的费用征缴、基金规定、经办流程、监督机制以及各方的法律责任。

总则第 2 条明确了基本养老保险是与基本医疗保险、工伤保险、失业保险、生育保险等并行的社会保险制度之一。同时，总则还规定了中央与地方政府、社会保险经办机构、工会在社会保险制度工作中的分工。第 2 章第 16 条明确了基本养老保险制度主要指的是在缴纳基本养老保险费达到一定的法定期限额度之后，如果公民按照法律规定，达到了法定退休年龄，国家和社会将会提供一定的物质保障，保障老年人稳定的生活来源。这一规定为基本养老保险制度奠定了法律基础。

第 2 章基本养老保险第 10 条将基本养老保险制度划分为三种不同的基本养老保险费缴纳模式，分别为用人单位职工、灵活就业人员和公务员提供了不同的保障模式。这一条同时也明确了基本养老保险的三大覆盖范围，企业职工的基本养老保险费用需要由相关企业以及个人共同承担（该条同时明确了职工参加基本养老保险的强制义务与权利），灵活就业人员的基本养老保险费用由个人缴纳（非强制权利与义务），公务员的基本养老保险费用则由政府全部承担，第 11 条进一步规定了基本养老保险在管理上实行社会统筹与个人账户结合的形式，并由政府提供基金支付不足情况下的相应补贴。

除此之外，《社会保险法》第 2 章还规定了基本养老保险制度之外的两大制度，即城镇居民养老保险制度和新型农村社会养老保险制度。不同于英美等国，这两大制度是我国依据固定性户籍制度的国情所做的特殊设计。

3.《社会保险法》的不足与完善

（1）覆盖范围仍不够大。新《社会保险法》对于具体受益的社会群体没有非常明确的规定。《社会保险法》第 10 条指出：公务员和参照公务员法管理的工作人员养老保险的办法由国务院规定。这样相当于让公务员独立于社会保险法体系之外，违背了社保制度应有的公平性，新近筹划的养老金并轨方案有望解决这一问题。此外，对于军人、农民等人群的社会保险缺乏法律的明确规定，对无雇工的个体工商户、未在用人单位参加基本养老保险的非全日制从业人员以及其他灵活就业人员的保护力度还不够，覆盖范围比较狭小。另外，《社会保险法》中规定政府补贴城镇居民医疗保险基金，并未说明会补贴农村居民医疗保险基金，可能拉大各群体间社会保险待遇的差距。

（2）授权条款过多。《社会保险法》的授权性条款约占总条文数量的 1/4。授权对象主要有：国务院，国务院社会保险行政部门，省、自治区、直辖市人民政府，社会保险行政部门和卫生行政部门，社会保险的经办机构等；授权内容主要涉及缴费标准和享受待遇。《社会保险法》采取了授权立法的策略对其中的部分问题进行了回避，其结果可能会制造新的矛盾，影响法律的严肃性和权威性。因此，应在《社会保险法》的实施过程中逐步修正原有法律条文并制定配套法律法规，以促进《社会保险法》的健康有序实施。[1]

（3）处罚措施有限。在今后对《社会保险法》进行修改完善并出台配套法规时，对于违法用人单位的处罚应予以强化和改进。当前，《社会保险法》仅规定了罚款的处罚形式，其惩戒效应极为有限。应当本着比例原则的理念，设置阶梯化、体系化的惩戒机制。首先，明确并落实对拒绝检查和谎报、瞒报的市场主体给予行政处罚。其次，强化发生拒绝检查和谎报、瞒报时的行政强制措施，规定查封、扣押、冻结等必要的行政强制措施。[2]

（三）行政法规与部门规章

国务院、民政部、人力资源和社会保障部、国家卫生健康委员会等有关机关、部门加快了老龄规章的制定。

表 2　国务院等部门颁布的老龄规章

颁布年份	颁布部门	名称
1999 年	国务院	《城市居民最低生活保障条例》
2006 年	国务院	《农村五保供养工作条例》
2014 年	人力资源和社会保障部、财政部	《城乡养老保险制度衔接暂行办法》
2014 年	国务院	《社会救助暂行办法》
2015 年	国务院	《基本养老保险基金投资管理办法》
2016 年	国务院	《全国社会保障基金条例》
2020 年	民政部	《养老机构管理办法》

（四）《老年人权益保障法》配套条例

目前，31 个省份均已完成《老年人权益保障法》的地方配套条例、办法或若干规定的发布或修订。各省份现行的相关地方性法规中，北京现行条例

---

〔1〕　沈国彤：《试论我国〈社会保险法〉及相关法律制度建设》，载《法制与社会》2017年第 3 期。

〔2〕　栗燕杰：《制裁机制视角下社会保险法的实施与完善》，载《中国社会保障》2018 年第 7 期。

为 1995 年 9 月 22 日公布的《北京市老年人权益保障条例》，早于《老年人权益保障法》首次发布日期，且未做过修订；西藏、青海、新疆、天津 4 个省份的现行政策发布于 1998 年之后，即《老年人权益保障法》发布之后；浙江、江苏现行政策发布于《老年人权益保障法》2009 年修正之后；陕西、山东发布于《老年人权益保障法》2012 年修订之后；宁夏、内蒙古、河北、河南等 18 个省份发布于《老年人权益保障法》2015 年修正之后；云南、广西、辽宁、湖北 4 个省份发布于 2019 年，即《老年人权益保障法》2018 年修正之后。

表 3 各省份现行地方性法规列表

序号	省份	名称	发布日期（现行）
1	北京	《北京市老年人权益保障条例》	1995 年 09 月 22 日
2	天津	《天津市实施〈老年人权益保障法〉办法》	1998 年 11 月 24 日
3	新疆	《新疆维吾尔自治区老年人权益保障条例》	2022 年 08 月 12 日
4	青海	《青海省老年人权益保障条例》	2020 年 07 月 22 日（修正）
5	西藏	《西藏自治区实施〈老年人权益保障法〉办法》	2005 年 09 月 28 日
6	浙江	《浙江省实施〈老年人权益保障法〉办法》	2020 年 11 月 27 日（修正）
7	江苏	《江苏省老年人权益保障条例》	2021 年 05 月 27 日（修正）
8	山东	《山东省老年人权益保障条例》	2014 年 09 月 26 日（修订）
9	陕西	《陕西省实施〈老年人权益保障法〉办法》	2019 年 07 月 31 日（修正）
10	湖南	《湖南省实施〈老年人权益保障法〉办法》	2021 年 03 月 31 日（修正）
11	吉林	《吉林省老年人权益保障条例》	2015 年 11 月 20 日
12	甘肃	《甘肃省老年人权益保障条例》	2022 年 07 月 29 日（修订）

表 3 各省份现行地方性法规列表 续表

序号	省份	名称	发布日期（现行）
13	安徽	《安徽省实施〈老年人权益保障法〉办法》	2016 年 01 月 15 日（修订）
14	上海	《上海市老年人权益保障条例》	2016 年 01 月 29 日
15	江西	《江西省实施〈老年人权益保障法〉办法》	2016 年 09 月 22 日（修订）
16	山西	《山西省实施〈老年人权益保障法〉办法》	2021 年 05 月 28 日（修正）
17	贵州	《贵州省老年人权益保障条例》	2016 年 11 月 24 日
18	福建	《福建省老年人权益保障条例》	2017 年 01 月 22 日
19	海南	《海南省实施〈老年人权益保障法〉若干规定》	2017 年 07 月 21 日（修正）
20	广东	《广东省老年人权益保障条例》	2020 年 09 月 29 日（修正）
21	黑龙江	《黑龙江省老年人权益保障条例》	2017 年 10 月 13 日
22	重庆	《重庆市老年人权益保障条例》	2017 年 11 月 30 日
23	四川	《四川省老年人权益保障条例》	2018 年 07 月 26 日
24	河南	《河南省老年人权益保障条例》	2018 年 07 月 30 日
25	河北	《河北省老年人权益保障条例》	2018 年 09 月 20 日
26	内蒙古	《内蒙古自治区老年人权益保障条例》	2018 年 10 月 13 日
27	宁夏	《宁夏回族自治区老年人权益保障条例》	2018 年 11 月 29 日（修订）
28	云南	《云南省老年人权益保障条例》	2019 年 03 月 26 日
29	广西	《广西壮族自治区实施〈老年人权益保障法〉办法》	2019 年 07 月 25 日（修正）
30	辽宁	《辽宁省老年人权益保障条例》	2020 年 11 月 25 日（修正）
31	湖北	《湖北省实施〈老年人权益保障法〉办法》	2022 年 05 月 26 日（修正）

厦门市人民代表大会常务委员会社会建设委员会主任委员叶勇义建议在

《厦门经济特区老年人权益保障若干规定（草案）》中增设"对于使用信息化手段提供服务的，应当考虑老年人的特殊情况，同时提供相应的人工服务"条款。"我们在调研中发现，越来越多的老年人因为数字鸿沟的存在，加速与社会脱节。作为立法机关，我们有必要在法制建设上保障老年人享受公共服务的同等权利。"

（五）涉老地方性法规或规范性文件

现阶段我国养老还是主要以政策推进为主，虽然政策缺乏权威性和约束力，但是由于养老问题法治化程度不高，各个地方仍以政策规定为主。老龄相关地方性法规主要涉及养老服务、居家养老服务、社会养老服务、养老机构、老年教育五个方面。各养老相关地方性法规如下表4所示。

表4 养老相关地方性法规或规范文件列表

序号	省份	地级市	类别	名称	实施日期
1	江苏			《江苏省养老服务条例》	2022 年 12 月 01 日
2	广东			《广东省养老服务条例》	2019 年 01 月 01 日
3	山东	德州市		《德州市养老服务条例》	2020 年 01 月 01 日
4	山东			《山东省养老服务条例》	2020 年 05 月 01 日
5	江苏	南京市		《南京市养老服务条例》	2020 年 07 月 01 日
6	甘肃		养老服务	《甘肃省养老服务条例》	2020 年 07 月 01 日
7	天津			《天津市养老服务促进条例》	2021 年 01 月 01 日
8	宁夏			《宁夏回族自治区养老服务促进条例》	2017 年 01 月 01 日
9	四川	成都市		《成都市养老服务促进条例》	2022 年 10 月 09 日
10	山东	青岛市		《青岛市养老服务促进条例》	2018 年 11 月 30 日
11	陕西	西安市		《西安市养老服务促进条例》	2020 年 05 月 01 日
12	北京			《北京市居家养老服务条例》	2015 年 05 月 01 日
13	江苏	苏州市	居家养老服务	《苏州市居家养老服务条例》	2016 年 01 月 01 日
14	安徽	合肥市		《合肥市居家养老服务条例》	2017 年 01 月 01 日
15	新疆	乌鲁木齐市		《乌鲁木齐市居家养老服务条例》	2017 年 01 月 01 日

表4　养老相关地方性法规或规范文件列表　　　　　续表

序号	省份	地级市	类别	名称	实施日期
16	河北			《河北省居家养老服务条例》	2017 年 01 月 01 日
17	山东	威海市		《威海市居民养老服务保障条例》	2022 年 01 月 17 日
18	浙江	宁波市		《宁波市居家养老服务条例》	2018 年 10 月 01 日
19	辽宁	沈阳市		《沈阳市居家养老服务条例》	2019 年 10 月 01 日
20	安徽	铜陵市		《铜陵市居家养老服务促进条例》	2019 年 10 月 01 日
21	江西	南昌市		《南昌市居家养老服务条例》	2020 年 01 月 01 日
22	安徽	芜湖市		《芜湖市居家养老服务条例》	2020 年 03 月 01 日
23	浙江		社会养老服务促进	《浙江省社会养老服务促进条例》	2021 年 09 月 30 日
24	江苏	无锡市	养老机构	《无锡市养老机构条例》	2020 年 08 月 11 日
25	山西	太原市	养老机构	《太原市养老机构条例》	2020 年 12 月 01 日
26	海南			《海南省养老机构管理条例》	2014 年 08 月 01 日
27	天津		老年教育	《天津市老年人教育条例》	2002 年 09 月 01 日
28	江苏	徐州市		《徐州市老年教育条例》	2007 年 10 月 01 日

二、我国老龄法治建设主要问题

（一）立法的系统性不强

我国的老年立法尚处在由行政法规向国家立法过渡的初始阶段和由国家分散立法向集中立法的过渡时期，对老龄社会的法律制度体系需全面构建的认识明显不足。目前的老龄法律和法规政策，只是搭建起了一个基本、低层次的政策体系框架，既不能完全满足社会主义市场经济和老龄事业发展的客观要求，也不能适应人口老龄化发展的需要。

（二）专门法律体系不足

我国涉老法律体系中既缺乏针对老龄社会的全局性问题，规定老龄立法理论基础、指导原则的高阶老年法；亦缺少针对老年人看护、医疗、养老保障及老年人再就业等方面的专门性法律体系对老年人权益进行全方面保障。仅有的一部《老年人权益保障法》虽然无所不包，但针对老年人基本生活的照料、康复护理、精神慰藉、社会福利、紧急救援、法律服务、社会参与、基本养老服务均等化等方面养老专项法律法规依然处于空白状态。

高阶指导性规范缺失。老龄制度与规范的制定应遵循一致的立法理念，经过充分论证和遵循严格程序；但在现实中往往是具体社会矛盾倒逼法规政策的出台，缺乏宏观全面的协调布局与引领，并没有建立起完善的老龄立法理论体系。老龄社会的责任主导与分配等原则性问题，群体划分、养老基础、政府职责、社会责任等关键性的问题仍模糊不清。其根本原因在于高位阶、基础性的老龄法律规范体系仍然缺位。1996 年颁布的《老年人权益保障法》是我国第一部针对老年人权益保护的专门性的法律，其颁布和实施被认为标志着中国老年人权益保障工作从此走上法制化的轨道；但该法主要强调的是对老年人基本权利的保障，并没有具体涉及老龄社会事业发展等许多全局性问题，也没有明确老龄立法理论基础、指导原则等老龄法治建设过程中的关键性问题，不能作为指导与统筹我国老龄事业发展的基础性规范。

涉老全方位保障不足。我国涉老专门性法律数量少且覆盖内容不全面，保障老年人各方面权益的制度规范分散于各一般性法律，缺乏针对性的同时，亦不能适应我国已经进入老龄社会并逐渐深入老龄化的国情现状。我国虽然出台了一系列规范性文件，但总体来看政策占据主导作用、发挥实际功能，而全方位的涉老法律保障则远远不足。以《老年人权益保障法》为例，作为老龄法治应有体系众多分散法律法规中的一个，其着眼点仅在于对老年人基本权利和利益的保护；而《人口与计划生育法》则仅是针对人口环境提出人口结构问题的应对策略。但步入老龄化社会后的新的问题具有广泛性，如老龄事业产业的发展、老龄金融产品的规范、社会企业和个人的责任义务分配、社会保障与医疗保健、社会养老服务、劳动与再教育等方面的问题仍有待具体规范，需要根据新时代老龄社会发展的国情现状，按照指导方针进一步规定落实。

（三）涉老规范存在矛盾

"有法"要求一方面要有健全的法律体系，消除不同规范间内容上与适用上的矛盾；另一方面要注意使法律真正符合客观实践要求，适应社会与时代发展的国情等。

规范间的内部矛盾。我国涉老规范散见于众多的法律法规、规章等规范性文件当中，据学者统计，我国老龄相关现有专门性法律1件；其他涉老法律23件；行政法规、规章及其规范性文件约394件；其中法规和规章12件，其余均为国务院及其部委关于老龄问题的指导意见、通知、复函、批复等政策性规范性文件。可以看出政策性文件和地方性法规在老龄规范体系中占据重要地位，但部门立法和地方立法的频繁出台，国家政策性文件的不断颁布，也使得老龄立法的体系性较弱。一方面，许多法规出台都带有明显的应急性、临时性色彩，权威性不高、科学性不强；另一方面，由于法规文件的层层授权，使得老龄法律制度的内容体系极为庞杂，缺乏体系性。这些数量庞大的涉老文件在执法和司法的适用过程中，常常因法律文件的立法时间、空间、对象、位阶效力等方面的矛盾，导致适用过程中的混乱与冲突。

规范滞后于社会发展。随着我国人口老龄化速度加快，涉老问题愈加广泛并受到普遍重视，我国在如社会保险、社会救助、社会服务、福利设施和社会优待等方面已经出台的一系列制度与规范，也逐渐面临新的问题的挑战。以年金制度为例，随着老年退休职工人数不断上涨，缴费群体总量不断下降，并且养老时间由于平均寿命延长而大幅度增加，国家的负担越来越重，现行的养老保障制度受到巨大挑战。因此，立法滞后于老龄化发展给现有制度带来的一系列问题有待重新审视解决，不再符合客观实践要求的既有规范应当加以整理与修正，以适应社会发展的要求。

（四）配套制度尚未落实

如果仅有法律而没有配套制度，法律就会成为一纸空文，或者缺乏可操作性。目前，我国建立了基本社会保障制度，"最低生活保障"制度、"五保户集中供养"制度、高龄补贴制度、养老服务补贴制度等诸多老年人优待政策。既有的制度已针对性地解决了一些问题，但随着社会情况的变化需要进一步修订和完善；同时，对于时代发展产生的新的社会问题和需求，也应与时俱进探索和引进新的制度予以回应。

（五）法律救济机制薄弱

无救济则无权利，有效的救济机制是老年人权益保障的最后一道防线。老年群体受限于身体及各方面原因，在一般的司法救济程序中常常处于弱势地位；而一些对于老年人的特殊的权益保护，在司法实践中往往由于规范的可操作性等原因不能得到相应的落实。

一般性案件的特别救济不足。目前老年人权益受到侵害而无法寻求救济的现象比较突出，较多是由于我国法律救济制度设立之时并未特别考虑到老年人的特殊情况。在程序上，老年群体的法律咨询、法律事务代理并没有专门的保障体系；但老年人由于身体和精力限制，自己维权的难度很大。比如我国刑法中虐待罪与遗弃罪属于"不告不理"案件，子女对老年人虐待、遗弃时，部分基层政府部门把这类案件当作一般家庭纠纷来处理或者调解，老年人的人身权不能受到有效保护。在具体权利保障上，涉老案件同样适用一般的司法救济程序，在事实认定和举证责任分配上并没有考虑到老年群体的特殊性，在一些案件中不利于落实对老年人的权益保护。例如诈骗罪的受骗对象中有大部分是老年人，他们的人身权与财产权需要保护的紧迫性较大，但是在事实认定和定罪量刑上并没有对老年受害者采取特殊考量。另外，在老人入住养老院、照护机构、临终关怀机构后，由于养老产业涉及公益属性、老年人健康风险较大等特殊因素，发生纠纷后的救济处理不应依照一般合同规定，但是目前尚未出台专门的规范依据予以确认。

《老年人权益保障法》的司法困境。首先，除了同普通公民所共有的权利外，老年人还享有因其自身的特点所享有的特殊权益，目前多规定于《老年人权益保障法》中，但是该法并没有对老年人所享有的特殊权益做出明确和充分的规定，只是泛泛地提出"老有所养、老有所医、老有所为、老有所学、老有所乐"，缺乏明确界定将直接影响老年群体依据该法向司法部门起诉或者向其他部门和组织寻求法律救济，维护自身权益。其次，该法虽于第八章规定了法律责任，但多为原则性规定，在实践中可操作性较差，并且涉及家庭领域有很多道德层面的规范的救济机制尚处于空白状态，致使侵害人的责任无法被追究。例如该法第21条规定，老年人的婚姻自由受法律保护。子女或者其他亲属不得干涉老年人离婚、再婚及婚后的生活。赡养人的赡养义务不因老年人的婚姻关系变化而消除。但现实生活中仍有部分子女以不再赡养老人或其他方式威胁、干涉老年人的婚姻自由，老年人对此却难以寻求法律的直接保护。

三、域外老龄法治建设特点

一个国家的养老保障是靠法律来支撑的，养老保障制度的完善得益于养老法律制度的建立和相关政策的完善。美国是判例法的国家，也制定了众多的有关老年人权益保护的法律，如《社会保障法》（1935 年）、《医疗照顾法案》（1965 年）、《美国老年人法》（1965 年）、《雇员退休收入保障法》（1974 年）、《就业年龄歧视法案》（1967 年）、《退休金平等法》（1984 年）、《家庭和医疗休假法》（1993 年）等，这些法律互相统筹协调，构成了完备的养老法律体系。

（一）形成完善的养老法律体系

无论是大陆法系国家还是与英美法系国家都有关于健全的养老法律。英美法系国家采用的是分散立法模式，如美国养老法律规定散见于《社会保障法》《雇员退休收入保障法》《就业年龄歧视法案》《美国残疾人法案》；英国有关老年人的法律散见于《养老金法案》《国民保险法》。

日本有着相对完备的养老法律，既有高位阶、起指导作用的法律，如1995 年颁布的《老龄化社会对策基本法》，提出"每个国民都能终生享受幸福的老龄化社会"，又有涉及看护、医疗、养老保障及老年人就业再就业等方面的法律。既有对贫困老年人救助的《恤救规则》（1874 年颁布），《救助法》（1929 年颁布），前者是针对极度贫困且独身的废疾者，或者 70 岁以上的重症老人；后者是针对因贫困导致无法生活的 65 岁以上的老人，又有对老年人面临诉讼后获得法律服务的《综合法律援助法》（2004 年颁布）。

日本关于老年人福利的法律有：1950 年颁布的《生活保护法》，该法与1947 年的《儿童福利法》、1949 年的《残疾人福利法》，确立福利法的三体制，推动社会保障制度的发展；1963 年颁布的《老年人福利法》，保障老年人整体生活利益，推行社会化养老，实施老年人免费医疗。2000 年颁布《社会福祉法》，扩大社会福利事业的范围，加强了对各事业主体的管理。2002 年颁布《社会福祉士及介护福祉士法》，致力于培养社会福祉各种服务等级的护理人才。

涉及老年人保险、介护、医疗的法律有：1959 年颁布的《国民年金法》，以国家、行业、个人共同分担的方式，强制 20 岁至 60 岁的国民加入国民年金体系；对于特殊的对象，如无收入的老人、单亲家庭、残疾者、5 人以下小企业的被雇佣者等，则采用非缴费型福利年金制度。1997 年颁布了《介护保险法》（2000 年实施，2005 年修订），建立了政府、地区、企业和家庭都要参与其中的另一个独立的社会保障制度。介护保险制度的设计原理是以保费和税金各 50% 的比例作为保险的财源，其中保费的缴纳额度因个人收入而异。有关医疗、健康方面，日本早在 1922 年便制定了《健康保险法》，这是最早的社会保险立法；1983 年日本颁布了《老年人保健法》（1985 年生效），推广老人保健设施，使日本福利政策的重心开始向居家养老、居家看护的方向转移。2002 年又出台了《健康增进法》，对老年人的健康保障作出相应的法律规定。

日本还有涉及老年人就业、居住、无障碍的法律，1986 年颁布的《高龄者雇佣安定法》，旨在为老年人就业提供政策支持。2004 年，日本修改了《高龄者雇佣安定法》，要求雇主在 2013 年 3 月 31 日前逐步将职工退休年龄从 60 岁提高到 65 岁，并采取措施促进中老年人再就业，以达到既确保劳动力，又推迟退休金支付年龄，节约社会保障费用的目的。从 2014 年 4 月起将目前为 5% 的消费税提高到 8%，到 2015 年 10 月起提高到 10%，增税部分全部用于医疗、养老、育儿等社会保障事业。2001 年颁布《高龄者居住法》，方便高龄老人的生活、居住和出入。2006 年又颁布《无障碍法》，保障高龄者及残疾人无障碍移动。

日本有关养老的法律（按法律颁布的时间顺序）：

表 5　日本有关养老的法律

年份	名称	内容
1874 年 （明治 7 年）	《恤救规则》	为极度贫困且独身的废疾者，或者 70 岁以上的重症老人提供保障
1929 年 （昭和初期）颁布， 1932 年实施	《救护法》	为因贫困导致无法生活的 65 岁以上的老人提供保障

表 5　日本有关养老的法律　　　　　　　　　续表

年份	名称	内容
1950 年 （昭和 25 年）	《生活保护法》	该法与 1947 年的《儿童福利法》、1949 年的《残疾人福利法》，共同确立福利法的三体制，推动社会保障制度的发展。
1959 年 多次修改，最近的一次修改是在 2004 年。	《国民年金法》	以国家、行业、个人共同分担的办法，强制 20 岁至 60 岁的国民加入国民年金体系；对于特殊的对象，如无收入的老人、单亲家庭、残疾者、五人以下小企业的被雇佣者等，则采用非缴费型福利年金制度。
1963 年 1972 年、1990 年修订	《老年人福利法》	保障老年人整体生活利益，推行社会化养老，实施老年人免费医疗。
1983 年 （1985 年生效） 1986 年、1990 年两次修订	《老年人保健法》	推广老人保健设施，使日本福利政策的重心开始向居家养老、居家看护的方向转移。
1986 年 2004 年修改	《高龄者雇佣安定法》	旨在为老年人就业提供政策支持。2004 年，日本修改了《高龄者雇佣安定法》，要求雇主在 2013 年 3 月 31 日前逐步将职工退休年龄从 60 岁提高到 65 岁，并采取措施促进中老年人再就业，以达到既确保劳动力，又推迟退休金支付年龄，节约社会保障费用的目的。从 2014 年 4 月起将目前为 5% 的消费税提高到 8%，到 2015 年 10 月起提高到 10%，增税部分全部用于医疗、养老、育儿等社会保障事业。
1995 年	《老龄化社会对策基本法》	建立"每个国民都能终生享受幸福的老龄化社会"。
1997 年颁布 2000 实施 2005 年修订	《介护保险法》	建立了政府、地区、企业和家庭都要参与其中的另一个独立的社会保障制度。介护保险制度的设计原理是以保费和税金各 50% 的比例作为保险的财源，其中保费的缴纳额度因个人收入而异。

表5 日本有关养老的法律　　　　　　　　　　　　续表

年份	名称	内容
2000 年	《社会福祉法》	扩大社会福利事业的范围，加强了对各事业主体的管理。
2001 年	《高龄者居住法》	方便高龄老人的生活、居住和出入。
2002 年	《社会福祉士及介护福祉士法》	致力于培养社会福祉各种服务等级的护理人才
2002 年	《健康增进法》	对老年人的健康保障作出相应的法律规定
2006 年	《无障碍法》	保障高龄者及残疾人无障碍移动

（二）养老保障法律不断修正

为应对养老保障现实情况变化，不得不做出重大改革，不断对法律进行修正，以适应未来发展的要求。日本进行的最大改革莫过于年金制度一体化，即把原来分散的年金制度统一为全国划一的年金制度；另一项重大改革属于失业保险制度的改革，从侧重失业善后活动改为预防失业与善后活动并重，医疗保障政策向高龄老人倾斜。

英美法系国家老年保障制度的改革呈现出以下四个趋势：保障机制多重化、社会保障私营化、年金保险储蓄化、退休年龄后移化。英国在1948年实施《国民保险法》之后，几乎每十年都要根据其经济发展对养老保障制度做调整。前述的美国1935年制定的《社会保障法》，经过六次修正：1939年修正的《社会保障法》，在1935年法令授权的退休金中增加了子女，配偶和遗属抚恤金，且从1940年开始提供每月福利；1977年的修改更改了计算社会保障福利金额的公式，变更对1979年或之后年满62岁（首次获得社会保障退休金的年龄）的个人生效；1983年的修改则提高了工资税税率，增加体系覆盖雇员，延长全额退休年龄，超过一半的社会保障福利变成了潜在的应纳税收入。

加拿大1966年实施的《养老金计划》，一直不断修改，1997年对该计划作出的修改包括：加拿大养老金计划缴款费率有所提高；设立加拿大养老金计划投资委员会，将暂时不需要用于支付福利的资金进行投资管理以扩大资金规模；养老金福利的管理和计算方式发生了变化。这些变化使得加拿大养老金计划（CPP）有了坚实的财务基础。尽管加拿大人口老龄化的状况仍在持续，但经首席精算师确认，加拿大老年保障金和养老金计划仍能继续为以后的代际服务而不至于枯竭。再如，加拿大 1986 年颁布的《就业平等法》（Employment Equity Act），该法案虽然是针对妇女、土著人、残疾人和少数民族，但是 1995 年加拿大对该法进行修改时，注意到人口老龄化的问题，并在修订时考虑老龄问题。

（三）细则和配套法律齐全

如果仅有法律没有配套制度，法律会成为一纸空文，或者缺乏可操作性。为了保障养老法律的实施，各国还规定了实施细则。如我国台湾地区的"长期照顾服务法""老年人福利法"都规定了实施细则。日本 2002 年颁布实施的《社会福祉士及介护福祉士法》就是《介护保险法》的配套法律，如前所述，介护人员必须是专业人员，该法致力于培养社会福祉各种服务等级的护理人才。

（四）颁布救助法和援助法

老年人的社会保障除包含养老金、医疗、护理、保险、福利等，还包括经济的救助与法律的援助，因此绝大多数国家都制定了《社会救助法》与《法律援助法》。这两部法律主要是对弱势群体的经济救助和法律的扶助，其中老年群体是主要的保障对象。社会救助与社会福利、社会保险共同组成社会保障体系，是社会保障的"最后一道防线"，在社会生活中起到兜底作用，维持受助人员的基本生活。此外，当老年人的权益受到侵害，在诉讼中，现代法律体系中对于形式外观和程序的强调，使得老年群体无所适从，缺乏运用法律维护自身权益的能力。各国一方面为老年人打官司提供便利，如赋予老年人优先立案、先予执行等方面的特殊保障；另一方面，当老年人身陷诉讼，可以得到律师等法律专业人士提供的免费法律服务。

四、老龄法治体系构建

（一）老龄法治体系与法律体系

1. 老龄法治体系

法治是与人治相对的概念，是法律统治和治理的简称，是一种治国原则和方法，是治理老龄社会的基本遵循和永恒话题。老龄法治旨在针对人口老龄化所导致的社会关系的变化，通过老年法的制定与实施，实现老龄事务治理结构的变革。一方面运用法律手段管理各项老龄事务，维护和保障老年人的正当权益；另一方面，维持老龄社会的良好秩序状态。

老龄法治体系属于社会法治体系的组成范畴。老龄法治体系是一个形式概念，老龄法治体系构建是在老年人群体扩大、老年人社会权益易受侵害的社会背景下提出的，它要求为老年人的各项基本生活权利乃至发展权提供更多的法律保障。

全面推进老龄法治建设是考验政府在涉老事务治理的法治化能力，全国老龄委各成员单位的履职能力及协同共治能力以及风险的应对能力。全面推进老龄法治建设将成为提高国家治理能力现代化必须面对的重大课题，对积极应对人口老龄化、保护老年人合法权益、完善老龄工作体制机制、全面推进老龄事业和产业可持续发展都具有重要意义。

2. 老龄法律体系

老龄法律体系是国家有关老年人权益保护方方面面的法律制度构成的统一整体，是老龄社会背景下国家、社会各种法律关系产生、变化和终止的综合性法律表现。它不是有关老龄社会法律条文的机械堆积，而是具有内在逻辑结构的有机整体：其一，它与常态法律体系一样，以宪法为统领和指导，体系内各种法律、法规与规章都要服从、统一于宪法，不得与宪法相抵触；其二，法律制度和规范之间，也应相互统一、照应，不相抵触，体现出国家法制的连续性和一致性；其三，老龄法律体系体现出一定的层次性，是由观念和制度以及各级、各类法律构成的和谐统一有机体。

3. 老龄法律体系的划分

老龄法律体系的建构涉及养老、医疗、服务、住房、教育、就业、文化等多个领域。老龄问题不仅是道德问题、社会问题，更是法律问题。构建一个符合我国经济发展水平和老龄人口现状的老龄法律体系，以应对老龄化带来的诸多问题，是立法工作亟待解决的重大课题。

（1）依据与老年法关联紧密程度来划分，老龄法律体系分为四类：一是专门的老龄立法，即以老年人为保障对象的法律，如《老年人权益保障法》《老年人福利法》等；二是与老龄关联的基本法：《宪法》；三是与老龄关联的法律，即这些法律与老龄有关，且关联度较高，如《社会保险法》等；四是与老龄关联的法条，即这些法律与老龄的关联紧密度低，但有少数的法条与老年有关，如《刑法》《民法典》《行政法》《劳动法》《反家庭暴力法》等等。

（2）按照法律的类别进行划分，老龄法律体系分为三类：一是属于社会法范畴，主要包括《老年人权益保障法》《妇女权益保障法》《残疾人保障法》《社会保障法》《社会保险法》等等；二是公法领域内，有关老龄的法律有《宪法》《行政法》《刑法》等；三是私法领域内，有关老龄的法律有《民法典》等。

（3）按照调整身份还是行为的法律规范，老龄法律体系分为两类：调整身份的法律规范有《老年人权益保障法》《老年人福利法》等；调整行为的法律规范有《刑法》《民法典》《行政法》《劳动法》等。

（4）按照涉及的领域，老龄法律体系大致分为以下六类：一是家庭保护方面的法律，通常《民法》《刑法》都会有这方面的规定；二是社会保障方面的法律，如《老年人权益保障法》《社会保险法》等；三是养老医疗保障的法律，如《老年人保健法》，四是老年人优待方面的法律，如《老年人福利法》《社会福祉法》；五是老年人宜居环境方面的法律，如《高龄者居住法》《无障碍法》；六是老年人社会参与方面的立法，如《高龄者雇佣安定法》等等。

（二）老龄立法模式

1. 分散立法模式

分散立法模式，是指涉及老年人的法律法条分散在其他的法律中。例如英国有关老年人的法律散见于《养老金法案》《国家援助法》《社会保障缴费福利法》等。老年人享有的经济、健康和社会参与的权利分散规定在社会保障制度与立法中。

分散立法模式优点在于国家的社会保障和社会福利法律制度体系相对清晰，减少了专门法的存在可能给总体社会保障法律体系带来的内容重复性、结构复杂性和法律之间的冲突性；然而缺点是不易照顾到老年人这个群体的特殊需要，因此如果缺乏相应的配套制度，将不利于老年人权益的保护。

2. 专门立法模式

专门立法模式是以专门法单独存在的单一立法模式。德国开创了老龄法律专门立法的先河，早在 1889 年，就颁布了世界上第一部老年法——《老年残疾保险法》。日本由看护、医疗、养老保障及老年人再就业等方面法律构成相对完善的法律体系，包括《救护法》（1929 年）《生活保护法》（1950 年）《国民年金法》（1959 年）《老年人福利法》（1963 年）《老年人保健法》（1983 年）《高龄者雇佣安定法》（1986 年）《老龄化社会对策法》（1995 年）《介护保险法》（1997 年）《社会福祉法》（2000 年）《高龄者居住法》（2001 年）《社会福祉士及介护福祉法》（2002 年）。这些专门法律涉及老年人的方方面面。

专门立法模式能够针对老年人的特殊需要，其法律的操作性和权利义务关系的明确性相对较强。但是由于其内容的特定性，对于国家整体的社会保障制度体系来讲容易造成结构的松散，而且不同法律之间的冲突也较难协调。

3. 混合立法模式

混合立法模式是指通过专门法规来保护老年人这一特殊群体的权益，从而形成一般法与特别法、普通法和特殊法相结合的保障方式的一种立法模式，最大限度地保障老年人权益。

我国应建立以单独立法模式为核心、其他法律也涵盖老年人权益保障条款的老龄法律体系。通过兼采两种立法模式之长，创建具有中国特色的"混合立法模式"。我国既要制定《老年人权益保障法》这一起指导性、统领作用的法律，也要制定保障老年人的专门的法律，例如老年人福利法、老年人长期照护法等，并在《民法典》《刑法》《社会保险法》等法律中规定涉及老年人的条款。

（三）我国老龄法治建设原则

1. 国家责任与社会自治相结合

我国对老年人的保障存在事先预防与事后补救不足的问题，因此国家义务体现为国家应当在立法、行政、司法三个义务层面指引和开展有关工作。

首先，立法机关健全和完善老年人法律制度。老龄法治建设需要立法机关和有关部门进行科学立法，加强顶层制度设计，不断健全老龄政策法规体系。我国目前是以《宪法》和中共中央、国务院《国家积极应对人口老龄化中长期规划》为原则，以《老年人权益保障法》及部门法中的涉老条款为支撑，但是这些远远不够。已有的法律操作性差，且没有规定相应的责任。因此，有必要在完善原有法律的基础上，制定老年人福利法、医疗保障法、护理保险法等法律。此外，立法机关还要审议和通过政府在这一领域的财政投入，并对与老年人相关的法规、政策和行政行为进行审查。

其次，各涉老部门依法行政，切实提高老龄社会的治理能力和水平。行政机关如人社部、民政部和下属各级政府中的相应部门，以及国家发展和改革委员会、住房和城乡建设部、财政部、审计署等对应的责任部门行使相应职能，但由于各部门职能重叠、体系繁杂，造成各部门之间出现相互推诿的现象，这就需要通过立法明确各部门具体职责及其责任承担。

再次，司法行政机关通过行政给付给老年人提供法律援助等。我国的法律援助制度在不断地完善中，但是《法律援助法》和《老年人权益保障法》并未对老年人法律援助的经济困难标准作出详细规定，而是由省级人民政府根据本行政区域的经济发展状况和法律援助事业的实际需要进行规定。在实践中，许多需要法律援助的老人有一定的经济基础，并且往往是因为这些财产的分配而产生纠纷，如果因为他们不符合经济困难的标准而将他们拒于法律援助的大门之外，无疑会对老人的境况雪上加霜。《法律援助法》第 32 条规定，对于遭受虐待、遗弃或者家庭暴力的受害人主张相关权益，申请法律援助不受经济困难条件限制，但是对于申请给付赡养费、给予社会保险待遇或者社会救助等，仍需要经济困难的条件。本书认为对于前述事项，70 岁以上老人申请法律援助，应当不设法律援助事项范围限制，免予经济状况审查。再有，公证处、司法鉴定机构对于 70 岁以上的老年人做遗嘱公证、司法鉴定等应当免费。另外人民调解组织和人民调解员应当有针对性地开展涉及老年人矛盾纠纷排查化解工作，重点排查涉及老年人的婚姻、继承、赡养等常见多发的矛盾纠纷，采取便民利民、灵活多样的方式及时就地化解。

最后，司法机关的救济职能。对于侵犯老年人权益的案件，司法机关在审理时基层法院可以设立老年人法庭。我国有少年法庭，对老年人的案件也可以专门设立老年人法庭，解决老年人诉讼难的问题。另一方面，考虑到老年人权益的特殊性，可以针对老年人贫困、高龄、失独、空巢等特点对老年人诉讼案件给予特殊保障，如从便利老年人出发，程序上简化，且缩短时间、高效地执行。我国有些法院设有家事法庭，老年人纠纷多数属于家事案件，针对这种案件裁判容易事难了的特点，法院可采用灵活性和弹性更佳的调解方式来解决。

我国"未富先老"的社会现实，没有充足的财力提供全部国家供养，需要社会力量的参与。因此，我国需要强调国家责任，并在此基础上平衡政府责任、社会团体责任与家庭责任。

2. 强核心与多层次立法相结合

以《宪法》为核心开展老年立法。一方面在宪法中设立有关老年人的条款，完善老年人权利体系，把老年人这一特殊群体的权益提高至宪法的高度予以保护；另一方面，无论是在立法还是修法过程中，都要以《宪法》为宗旨，以实质的平等权作为立法理念，并落实到具体的法律制度和措施层面上。特别是对弱势群体，平等权是首要的，平等权应该是宪法统帅下由具体立法加以保障的所有公民享有的制度性权利。伴随着民主与法治的发展，各国的立法对权利的保障都是逐渐从形式平等走向实质平等，实质平等需要体现个人的差异性，更加关注每一个主体因而也包括他们所组成的群体的实际利益，致力于使同类的每一个主体的利益都能平等地得到保障。

我国养老保障的城乡差别大，而且养老金双轨制、医疗保障低覆盖、缺乏弹性的退休年龄，都在一定程度拉开了强弱势群体的差距，如又老又残的老年人是弱者中的弱者。因此，不但要使所有老年人平等地享有养老的法律保障，还要关注不同弱势群体需求的差异予以保障，如岁数不同、城乡差别、男女差异、家庭组成以及身体健康差异等方面，进行区别对待、不同保护。即对特殊的不同状态的老年人进行进一步的分类，实行特殊和倾斜保护，使得老年人保障立法在平等保护老年人的基础上实行有针对性的"差别对待"。

3. 配套法律与实施细则相结合

仅有法律没有配套制度，法律就会成为一纸空文。我国缺乏相关配套的法律法规，严重影响法律的实施效果，很难使老年人权益保障落到实处。我国台湾地区的"长期照顾服务法""老年人福利法"都制定了实施细则。日本2002年颁布实施的《社会福祉士及介护福祉士法》就是《介护保险法》的配套法律，因为介护人员必须是专业人员，后者的颁布致力于培养社会福祉各种服务等级的护理人才。

（四）我国老龄法治建设框架

1. 制定老年法作为基本法

有学者认为《老年人权益保障法》是我国的老年人基本法，但本书认为

《老年人权益保障法》没有能够涵盖现代老龄社会的方方面面，老年人除了享有基本权益外，还享有诸如社会经济金融安全顺畅、人口数量质量、健康生活照护和老年宜居等特有的制度保障需要，这些权益都需要法律予以切实的、明确的保障。虽然《老年人权益保障法》增加了一些老年人特有权益和社会规制，但是还是较抽象、宣示性的条文比较多，造成法律责任与义务不明。我国目前没有统一高位的法律制度来保护老年人权益和调整老龄社会特有经济秩序，因此，在我国有必要参照日本《老龄化社会对策基本法》制定我国的老年法，作为新时代老龄社会的基本法。

日本1995年颁布的《高龄社会对策基本法》是日本政府为应对日趋严重的人口高龄化现象而制定的重要国家大法，它是日本国家中统括老龄社会事务管理最具有权威性的法律。包含总则、基本性对策、高龄社会对策决议三章。其中总则包含基本理念、国家职责、地方职责、国民的努力等，基本性对策包括就业所得、健康及福利、学习及社会参加、生活环境、调查研究等推进、国民意见的反映。

本书认为，养老是系统工程，需要对雇佣、养老金、医疗、福利、教育、社会活动、生活环境等相关的社会体制进行适应高龄社会需求的调整，国家、政府、地方各部门、社会团体、事业单位、企业以及个人都要发挥作用。因此，老年法作为一种宣示性、纲领性的法律，旨在调动全社会的力量，尽责任、尽义务。《老年人权益保障法》中的一些宣示性的条款，如该法总则中强调的"积极应对老龄化是国家的一项长期战略任务"，及法律责任一章规定的"不履行保护老年人合法权益职责的部门或者组织，其上级主管部门应当给予批评教育，责令改正"等条文可以放到老年法中。

2. 制定与完善有关老年人的专门法律

有关老年人保障涉及方方面面，有经济保障、健康保障、社会参与、医疗、教育、就业等等，我国亟待制定有关老年人的一系列法律。

首先，立法覆盖老年人所有方面权利，包括老年人生存权、健康权、财产权、就业权等，并制定养老保险、老年人福利、老年人医疗、老年人健康、老年人的社会参与等方面。我国目前集中在养老方面的规范多以行政法规、规章以及地方条例的形式出现，因此我国应该尽快出台养老服务法，推进养老事业和产业的持续健康发展；并制定老年人社会保障法，统筹全国社保机构，建立老年人社会权益救济的专门渠道，以此来规范老年人社会保障方面国家义务的确认及落实，维护和实现老年人社会保障权。

其次，立法循序渐进。虽然我国立法建设远远落后于发达国家，但是法律体系的调整和完善不是一蹴而就的，需要循序渐进。我国的老龄立法本着与时俱进的原则，与不同时期的经济、社会发展状况相适应，采取有重点、渐进式的立法方式，当前阶段重点进行养老、医疗和为老服务领域的立法。

最后，立法结合我国的国情。一国法律的发展同本国的经济社会发展状况和文化传统是紧密相连的。我国更应借鉴日本、韩国，包括我国台湾地区的立法，虽然随着社会的发展，养老观念发生变化，特别是从家庭养老转向社会养老；但是由于传统家庭观念的束缚，日本老年法中还是非常注重家庭对老年人的赡养责任，养老立法也是围绕着居家养老展开的。我国应因地制宜，制定适合我国国情的法律。

3. 制定与完善与老龄有关的其他部门法

许多法律虽然不属于老年人的专门法，但是有的与老年人密切相关，如《社会保险法》等；有的法律专门针对社会弱势群体，当然包括老年人，如《反家庭暴力法》，包括迟迟没有出台的社会救助法、正在制定中的反就业年龄歧视法等法律，虽然不只是针对老年人，但老年人也是法律保护的主体之一。

4. 配套法律与实施细则的制定

我国《老年人权益保障法》出台后，该法本身抽象、概括，但始终没有实施细则出台，使该法的实施效果大打折扣。虽然地方出台了一些条例或者实施办法，但是反而将照料、扶养、教育、医疗等内容分散于一些地方政府的规范性文件，增加了法律的执行难度，立法效果很难实现，且中央与地方的立法衔接存在问题。

此外还有配套与监管的制度，很多法律的实施不是依靠单一的制度，需要有其他制度辅助才能实施。如英国通过 1995 年的《养老金法案》建立了职业退休金监管局（OPRA）作为退休金行业的监管机构。它由对养老金计划的年度征税提供资金。监管局接管了根据 1986 年《社会保障法》设立的职业养老金委员会（OPB）的大部分职责，该委员会负责监督有关保护提前退休者

的福利、平等准入和外包要求的计划规则。美国则在 20 世纪 70 年代颁布了
《雇员退休收入保障法》，该法规赋予联邦政府对私人养老金计划进行监管的
权限，国家监管保险业务，但保险公司的基本活动和资产仍处于州政府的管
辖之下。

第三章

老龄财产权益的立法

老龄财产，是指用于养老准备的财产、社会福利支持的财产以及老年人用于传承的个人财产的总称。老龄财产权益是指老年人对合法拥有的财产及收益，有权用于支持养老消费、有计划地传承给后人、赠与给他人或者支持社会公益的权利；即老年人有权按照自己的意愿，将其财产用于自身、留给家人、赠与他人的财产处分权利，及这些权利受非法侵害时有权依法请求保护的权利。为了保障公民财产的合法权益，需要发挥法律的保护作用，给予不同财产不同主体以同样的法律保护。公民的财产权益，从获得时开始拥有，于丧失持有时终止，或者在丧失民事权利能力时进行传承。法律本身不能创造社会财富，但可以通过对私有财产的各项保护措施，保障和促进市场经济中的个体经济发展，对维持良好的社会生产生活秩序具有重要意义。传承法务中的财产权益不仅事关传者生存质量和生活的改善，更重要的是让财富的传承能按照传者的意愿依法实现，所以财产权益的保护与处分是传承法务的核心内容之一。

随着经济的不断发展，财产权益也有了更多类型，包括物权、债权、继承权，也包括知识产权中的财产权益、经营收益、虚拟资产收益等几大类。这些都是与公民经济利益相关的民事权利，不同的社会有不同形式的财产权利。老年人的财产权的保护范围也在不断地 扩大，这些权利都属于我国法律保护的范畴。

一、《民法典》中有关老龄财产保护的内容

继承权是老年人依法享有的重要民事权益之一，既是继承人依法取得被继承人遗产的权利，也涉及到老年人去世后财产的安全与秩序，1985 年颁布

的原《继承法》为保障老年人的继承权提供了法律依据与保障，《民法典》继承编对继承法律规范有了较大完善。

（一）《民法典》对继承的规定

近些年老百姓的生活水平获得大幅提升，其私有财产越来越多，同时老年人的寿命也普遍延长，因此，依法保护老年人的合法继承权十分重要。《民法典》对法定继承、遗嘱、遗赠和遗产都做了明确的规定。

1. 《民法典》中对法定继承的规定

《民法典》第1126条至第1132条对法定继承人的范围及继承顺序、代位继承、遗产分配的原则、遗产分割的原则与程序做了规定，并对以前《继承法》进行了修改和完善：

（1）《民法典》对法定继承范围的扩大

原《继承法》第10条确定了老年人有依法继承父母、配偶、子女或者其他亲属遗产的权利，第13条进一步规定老年人不仅有权继承财产份额，同时在具体财产分割的过程中，其他同一顺位的继承人也应当优先照顾老年人的利益。

《民法典》第1127条规定了遗产按照下列顺序继承：（1）第一顺序：配偶、子女、父母（所称子女，包括婚生子女、非婚生子女、养子女和有扶养关系的继子女；所称父母，包括生父母、养父母和有扶养关系的继父母）；（2）第二顺序：兄弟姐妹、祖父母、外祖父母（所称兄弟姐妹，包括同父母的兄弟姐妹、同父异母或者同母异父的兄弟姐妹、养兄弟姐妹、有扶养关系的继兄弟姐妹）；继承开始后，由第一顺序继承人继承，第二顺序继承人不继承；没有第一顺序继承人继承的，由第二顺序继承人继承。民法通过继承顺序的规定保障了老年人的法定继承权。

《民法典》第1128条规定，被继承人的子女先于被继承人死亡的，由被继承人的子女的直系晚辈血亲代位继承；被继承人的兄弟姐妹先于被继承人死亡的，由被继承人的兄弟姐妹的子女代位继承；代位继承人一般只能继承被代位继承人有权继承的遗产份额。也就是说，《民法典》将被继承人的侄、甥也纳入了代位继承人的范围。

《民法典》延续了原《继承法》对赡养人配偶孝老的"奖励"制度，《民法典》第1129条规定，丧偶儿媳对公婆，丧偶女婿对岳父母，尽了主要赡养义务的，作为第一顺序继承人。

（2）《民法典》对丧失继承权行为的完善

原《继承法》规定已被纳入了 2021 年 1 月 1 日起生效的《民法典》继承编之中，《民法典》第 1125 条规定："继承人有下列行为之一的，丧失继承权：（1）故意杀害被继承人；（2）为争夺遗产而杀害其他继承人；（3）遗弃被继承人，或者虐待被继承人情节严重；（4）伪造、篡改、隐匿或者销毁遗嘱，情节严重；（5）以欺诈、胁迫手段迫使或者妨碍被继承人设立、变更或者撤回遗嘱，情节严重。继承人有前款第 3 项至第 5 项行为，确有悔改表现，被继承人表示宽恕或者事后在遗嘱中将其列为继承人的，该继承人不丧失继承权。受遗赠人有本条第 1 款规定行为的，丧失受遗赠权"。

第一，《民法典》规定了丧失继承权的法定情形

《民法典》在原《继承法》第 7 条规定的基础上，增补了丧失继承权的法定情形。首先，《民法典》第 1125 条第 1 款第 4 项增加了"隐匿"遗嘱的情形；其次，《民法典》增加了第 5 项情形，即"以欺诈、胁迫手段迫使或者妨碍被继承人设立、变更或者撤回遗嘱，情节严重"。

第二，《民法典》规定了丧失继承权的绝对和相对情形。

《民法典》第 1125 条明确了丧失继承权的绝对事由与相对事由。即"（1）故意杀害被继承人；（2）为争夺遗产而杀害其他继承人"，为绝对丧失继承权的事由；其余 3、4、5 项，则为相对丧失继承权的事由，即在被继承人表示宽宥或者在事后将其指定为遗嘱继承人的，不丧失继承权[1]。

原《继承法》只规定了继承权被剥夺的相关情形，《民法典》之所以增设了丧失继承权的宽宥制度，是对被继承人处理遗产权利和处理私有财产权利的尊重。除了杀害被继承人或杀害其他继承人的情形，其他法定丧失继承权的行为发生的，被继承人都可以对确有悔改表现的继承人表示宽恕，恢复其继承权利。这一方面是尊重被继承人处理自身财产的权利，另一方面也是为了实现鼓励继承人悔改，促进亲情和家庭关系和睦的立法目的。

第三，《民法典》规定了丧失受遗赠权的法定情形。

《民法典》规定了丧失受遗赠权的法定情形。《民法典》第 1125 条第 3 款

---

〔1〕 王歌雅：《〈民法典·继承编〉：制度补益与规范精进》，载《求是学刊》2020 年第 1 期。

规定，受遗赠人有本条第 1 款规定行为的，即"（1）故意杀害被继承人；（2）为争夺遗产而杀害其他继承人；（3）遗弃被继承人，或者虐待被继承人情节严重；（4）伪造、篡改、隐匿或者销毁遗嘱，情节严重；（5）以欺诈、胁迫手段迫使或者妨碍被继承人设立、变更或者撤回遗嘱，情节严重"的，丧失受遗赠权。

继承权丧失制度的完善与拓展，有助于整肃继承秩序、维护公平正义；有助于维护被继承人、继承人的人身权益和财产权益，彰显了人伦风范与诚信理念，完善了老龄财产的保护。

（3）《民法典》扩大了遗产的范围

《民法典》在原《继承法》的基础上扩大了遗产的范围，原《继承法》第 3 条"遗产范围"规定，遗产是公民死亡时遗留的个人合法财产，包括：（1）公民的收入；（2）公民的房屋、储蓄和生活用品；（3）公民的林木、牲畜和家禽；（4）公民的文物、图书资料；（5）法律允许公民所有的生产资料；（6）公民的著作权、专利权中的财产权利；（7）公民的其他合法财产。《民法典》改变了原《继承法》——列举式规定，《民法典》第 1122 条规定，遗产是自然人死亡时遗留的个人合法财产；依照法律规定或者根据其性质不得继承的遗产，不得继承。立法上采取了概括的方式，只要是自然人合法取得的财产，都属于遗产，如网络财产、虚拟货币等都能概括其中、可以被继承，从而扩大了遗产范围，最大限度地保障老年人私有财产继承的需要。

2. 《民法典》对遗嘱的规定

《民法典》第 1133 条至第 1144 条对遗嘱继承和遗赠做了明确规定：

（1）最后遗嘱为准、公证优先取消，见证类型扩大。《民法典》第 1134 条、第 1135 条、第 1136 条、第 1137 条、第 1138 条、第 1139 条、第 1142 条共规定了自书、口头、代书、打印、录音录像及公证六类遗嘱形式，立有数份遗嘱、内容相抵触的，以最后的遗嘱为准。新规定适应科技的发展增加了打印及录像遗嘱，确认对人脸识别、录像、云储存、区块链的应用，优化了遗嘱的形式，让科技赋能保障其真实性、关联性及有效性。

（2）首次明确遗嘱信托。《民法典》第 1133 条规定的遗嘱信托与我国《信托法》规定信托的内容及范围有区别，也有联系。《民法典》规定的信托比依据《信托法》的合同约定的信托财产范围宽广，可以视为对所有遗产事务的处理安排，是一种概括的托付处理，实际中要注意区别，不能将两者等同。

（3）遗赠扶养协议范围扩大。《民法典》第1158条扩大了遗赠扶养协议范围，遗赠扶养协议的签订人，由原来的扶养人扩大到继承人以外的组织或者个人。

3.《民法典》对遗产处理的规定

《民法典》第1145条至第1163条对遗产处理做了明确规定，新增了遗嘱执行人和遗嘱管理人制度。《民法典》第1133条、第1145条、第1146条、第1147条、第1148条、第1149条对遗嘱执行人和遗嘱管理人作出规定，这意味着新的遗嘱管理人制度的出台，有助于规范解决与继承相关的财产分配、身份权益安排、债权债务处理、相关主体权利义务、处理流程等，避免家庭争产纠纷，切实促进自主意愿实现。

（二）《民法典》增加遗产管理人

随着人民生活日益富足，个人资产的表现形式也呈现出多样化的趋势，遗产能否得到妥善、有效的传承和管理，关系着继承人、遗产债权人等利害关系人的利益以及社会交易秩序的稳定。在这一背景下，《民法典》新增遗产管理人成为了一大亮点，应对复杂的遗产继承问题，有利于保护公民的个人财产权益。

1. 遗产管理人的概念

遗产管理是指对死者遗产的保存、管理和处理。自继承开始到遗产的最终分割、处理，为了保护遗产尽可能不被毁损或散失，一般需要确定遗产管理人，对被继承人的遗产进行管理。

遗产管理人，是指依法产生的个人或组织，目的是在自然人死亡后，对其遗留的个人合法财产进行有效的清查、保管、计划，对受遗赠人、继承人和债权人进行组织、领导、协调，最终达到依法、公平、合理分配遗产的目的。

2. 遗产管理人的产生方式

遗产管理人的产生，应遵循传者指定、承者自治的顺序和申请法院介入的保障程序。

（1）遗嘱执行人为遗产管理人。当被继承人在遗嘱中指定了遗嘱执行人，但未另行指定遗产管理人时，继承开始后，应当由遗嘱执行人行使遗产管理人的职责。

如果遗嘱只处分了部分遗产，或者遗嘱只有部分有效，那么遗嘱执行人是否当然是全部遗产的管理人？甚至有的遗嘱人对不同遗产设立了多份遗嘱，指定了多名遗嘱执行人，如何确定遗产管理人？目前都尚无明确的立法或者司法解释。基于遗嘱人的信任，根据"遗嘱执行人为遗产管理人"的概括性规定，遗嘱执行人可以被认为对全部遗产具有管理权。但是，在这种情况下，如果遗嘱执行人坚持只执行和管理遗嘱涉及的遗产而明确不理其他遗产时，就应当由遗产继承人担任遗嘱继承范围以外的遗产管理人；如果因此形成了争议，人民法院应当根据遗嘱人的真实意思表示和遗产继承人的主张依法确定遗产管理人和遗产管理的范围。

（2）被继承人指定遗产管理人。被继承人在遗嘱中明确指定了遗产管理人的，或者被继承人与他人有指定遗产管理人约定的，属于被继承人根据自己的意志对遗产管理事项作出的安排，法律自应尊重，继承人也应服从。

值得注意的是，虽然在遗嘱人去世的一瞬间，财产所有权就转移给了继承人，这时的继承人如何处分遗产？是否继续聘用遗产管理人？似乎只有继承人有决定权，遗产管理人好像没有任何自主权利的空间，所以有专家敲黑板指出："有继承人不需要遗产管理人！"但是，与律师事务所等机构或个人签订的关于遗产管理人的法律服务协议内容一般依法可以视为遗愿，按自书遗嘱遗赠处理，优先于法定继承分得遗产，从而获得遗产管理人的法律服务报酬，法律上并无障碍；况且，管理和分割遗产权利也有继承编的专章特别支持。

我国老年人空巢率超过了80%，且发展趋势难以逆转。以美国为代表的持续性代理和日本的任意监护的市场化服务覆盖率都已超过了80%，专业法律服务从生前延续到身后，身后服务主要依靠遗产管理人。客观上大多数继承人都不掌握遗产的种类、数量、方位、避税策略及财产管理经验，尤其对财产复杂的高净值老人，遗产管理人是必不可少的一项社会支持。

被继承人指定遗嘱执行人，或者通过协议确定遗产管理人，目前是律师担任遗产管理人的唯一途径。因为如果没有被继承人的有效指定，要么由遗产承继人担任遗产管理人，要么由人民法院裁判确定；而法院是否可以指定遗产承继人以外的人担任遗产管理人，应当通过立法或者司法解释予以确定。同时，遗产管理人的专业与资格、与继承人的争议解决、与遗嘱执行人的关系等，都需要法律服务先行先试推动遗产管理人制度不断完善，保障遗嘱人的权利，保障好继承秩序。

（3）继承人担任遗产管理人。被继承人生前没有指定遗产管理人的，继承人应当及时推选遗产管理人。在继承开始后，由于我国采取当然继承主义，遗产的权利应当归属于各继承人。继承人为一人的，则遗产直接转化为该继承人的个人财产，其进行的管理就是所有权人的管理；继承人为多人的，各继承人皆可为遗产管理人，但为了遗产管理更好地进行，全体继承人可以共同推选一人或数人作为遗产管理人，由其进行遗产的管理活动。如果继承人未推选出遗产管理人，应由全体继承人共同担任遗产管理人，行使遗产管理人的职责。为维护家庭亲属关系和谐，在被继承人未留有遗嘱时，法律鼓励由继承人担任遗产管理人，以避免遗产外流损失，从而尽可能保障继承人的继承利益。

如果没有遗嘱人的指定，律师提供遗产管理法律服务的主要途径就是接受遗产管理人或者遗产继承人的聘请，这时律师的权利外观不是遗产管理人，而是受托管理遗产的人。

（4）民政部门或者村民委员会担任遗产管理人。没有继承人或者继承人均放弃继承的，由被继承人生前住所地的民政部门或者村民委员会担任遗产管理人。法定继承人、村民委员会担任遗产管理人的，不得辞任，但继承人放弃继承权的除外。

值得注意的是，遗产管理人不能由居民委员会担任，而只能是由被继承人生前住所地的民政部门担任。也就是说，无人继承又无人受遗赠的遗产归国家或集体所有制组织所有，由民政部门或村民委员会代表国家或集体所有制组织行使权利。

（5）法院指定遗产管理人。对遗产管理人的确定有争议的，利害关系人可以向人民法院申请指定遗产管理人。如继承人对遗产管理人的选任有争议、没有继承人或者继承人下落不明等情况。法院指定遗产管理人应当遵循遗嘱人指定、继承人自治的原则，即首先要满足遗嘱人的真实意愿，其次要契合遗产承继人的合理主张。

3. 遗产管理人未依法履职的责任

遗产管理人应当依法、忠实、谨慎地履行管理职责，不得利用手中的职权和地位为自己或他人谋取不正当利益，从而损害利害关系人的合法权益。根据《民法典》第 1148 条规定，因故意或者重大过失造成继承人、受遗赠人、债权人损害的，应当承担民事责任。但是，如果遗产管理人履行管理职责为有偿时，根据权利义务相一致的原则，即使轻过失也应承担责任。

遗产管理人承担民事责任的归责原则是过错责任原则。根据《民法典》第 179 条规定，承担民事责任的方式主要有：停止侵害；排除妨碍；消除危险；返还财产；恢复原状；修理、重作、更换；继续履行；赔偿损失；支付违约金；消除影响、恢复名誉；赔礼道歉。法律规定惩罚性赔偿的，依照其规定。目前，我国法律规定的民事责任主要以补偿损失为原则，对遗产管理人在遗产管理中因故意或者重大过失给继承人、受遗赠人、债权人造成损害的，应根据具体情况来选择适用上述 11 项民事责任中的一项或几项方式[1]。对于是否适用惩罚性规定，《民法典》继承编尚无规定。

4. 遗产管理人的变更和退出

被继承人可以通过遗嘱或者签订协议的方式确定遗嘱执行人或者遗产管理人，在生前具有遗嘱能力时，被继承人可以以书面形式予以反悔和变更。在遗产人去世后，遗产管理人变更和退出的情形主要有：

（1）因主体因素变更遗产管理人，如法人或非法人组织担任遗产管理人的，执业许可证或者营业执照被吊销或者注销，出现解散、破产事由或者丧失承担执业责任风险的能力；自然人担任遗产管理人的，意外死亡、下落不明，或者丧失民事行为能力、健康出现问题的。

（2）遗产分割处分结束，遗产管理人终止履职。

（3）遗产债权人、受遗赠人、继承人基于相关事由请求变更遗产管理人，双方达成一致的。

（4）继承人完全控制遗产，并明确拒绝遗产管理人或遗嘱执行人履行管理遗产职责的，遗产管理人无论是否为有偿服务，均可以退出履职。

（5）遗产管理人主动请辞且不至于造成利害关系人损失的，或以合理事

---

〔1〕　刘国先：《公证视角下的遗产管理人制度》，载《中国公证》2020 年第 12 期。

由申请终止履职的。

（6）遗产管理人未尽其义务或损害继承人及遗产债权人利益的，利害关系人可以请求人民法院予以撤换遗产管理人。人民法院在指定遗产管理人之前，经利害关系人的请求，可以对遗产进行必要处分[1]。

被继承人遗嘱指定的遗嘱执行人或者通过订立合同确定的遗产管理人，法院对申请变更遗产管理人的，究竟在什么情况下才可以判决变更遗产管理人？如果遗产管理人不同意辞任，又不存在违法、或违反公序良俗、或有违诚实信用原则情形的，法院一般不得变更被继承人确定的遗产管理人。但如果遗产债权人、受遗赠人、继承人协商一致请求变更遗产管理人，被继承人指定遗产管理人也未约定报酬的，法院可以在综合评判被继承人的遗嘱自由保护和遗产有效处置的基础上，据实判决是否变更。

（三）《民法典》增加居住权

《民法典》物权编增加了居住权这一新型的用益物权，并以专章规定了居住权制度。

1. 居住权的概念与特征

居住权，是指自然人依照约定，对他人所有的住宅享有占有、使用的用益物权。居住权规定的意义在于：可以较好发挥房屋的效能；充分尊重所有权人的意志和利益；可以发挥家庭职能，体现自然人之间的互帮互助。

居住权作为用益物权具有特殊性，即居住权人对于权利的客体——住宅只享有占有和使用的权利，不享有收益的权利，不能以此从事出租等营利活动。民法的居住权与我们以往所称的衣食住行中的住房权不同。《世界人权宣言》第 25 条第 1 款规定："人人有权享受为维持他本人和家属的健康和福利所需的生活水准，包括食物、衣着、住房、医疗和必要的社会服务……"还有十几个国际条约将拥有体面的住房规定为一种神圣的权利，这都属于公法权利，是基本人权和自由，不是民法用益物权中的居住权。

居住权的性质主要表现在以下 7 个方面：

（1）居住权作为一种独立的用益权，属于物权，是一种他物权。

（2）居住权的主体范围限定为特定的自然人。

---

〔1〕 杨立新：《我国继承制度的完善与规则适用》，载《中国法学》2020 年第 4 期。

（3）居住权的客体为他人所有的建筑的全部或一部分，还包括其他附着物。

（4）居住权是因居住而对房屋进行使用的权利，也就是为特定的自然人的生活用房的需要而设定的权利。

（5）居住权具有时间性，期限一般具有长期性、终身性。

（6）居住权一般具有无偿性，居住权人无需向房屋的所有人支付对价，所以有人称之为"恩惠行为"。

（7）居住权具有不可转让性，不能继承。

2. 居住权的设立

居住权可以通过订立居住权合同或者立遗嘱的方式确立。居住权法律制度的设立，使得老年人有机会将房屋的所有权与居住权分离，不仅可以在保证居住权的前提下提前出售自有房产弥补养老金不足，也可以通过在子女婚房内设置居住权、"养老腾宅"、合资取得农村住房居住权等方式，实现老有所居等功能。

第一，订立居住权合同

根据《民法典》第367条规定，设立居住权，当事人应当采用书面形式订立居住权合同。居住权合同一般包括下列条款：（1）当事人的姓名或者名称和住所；（2）住宅的位置；（3）居住的条件和要求；（4）居住权期限；（5）解决争议的方法。

原则上，居住权无偿设立，但是当事人另有约定的除外。设立居住权的，应当向登记机构申请居住权登记。居住权自登记时设立。居住权不得转让、继承。设立居住权的住宅不得出租，但是当事人另有约定的除外。居住权期限届满或者居住权人死亡的，居住权消灭。居住权消灭的，应当及时办理注销登记。

第二，立遗嘱设立居住权

根据《民法典》第371条规定，以遗嘱方式设立居住权的，参照适用物权编居住权一章的有关规定。

当事人应当采用书面形式设立居住权。公证遗嘱属于书面形式，自书遗嘱、代书遗嘱、打印遗嘱显然也都符合书面形式的要求，口头遗嘱则显然不能满足书面形式而不能设立居住权。有疑问的是，录音录像遗嘱是否能够满足书面形式？录音录像遗嘱虽然不是传统的书面形式，但是依据《民法典》第469条第2款的规定，"可以有形地表现所载内容的形式"都属于书面形式，录音录像也应当属于有形表现其内容的一种形式，亦能客观转为文字显示内容，能够满足书面形式的要求。故《民法典》第 371 条规定的"以遗嘱方式设定居住权的，参照适用本章的有关规定。"这个规定中的遗嘱应当包括录音录像遗嘱。

不论是依据遗嘱继承方式还是遗赠方式取得居住权，都属于遗嘱取得居住权。遗嘱设立居住权，是住宅所有权人对自己生前财产的处分，遗嘱的生效是以被继承人死亡为条件的。对于以遗嘱的方式设定居住权的，根据《民法典》第 368 条规定，遗嘱生效后，还须进行居住权登记，否则不能取得居住权。因此，在被继承人死亡后，居住权人必须基于其遗嘱请求全体继承人或者遗嘱执行人为居住权之登记，如果继承人不愿意、不配合产权转移与登记，在法律赋予居住权人申请强制登记的权利之前，目前还需要起诉至人民法院解决。

第三，在子女婚房内设置居住权

在子女婚房内设置居住权，主要是指当父母倾其所有为子女置下房产时，为了老有所居，可以在为子女购买的婚房内设置居住权。

据统计，我国年轻一代房产自有率远高出世界的平均水平，其中最主要的原因是父母垫资、出资为子女购房的现象比较普遍。特别是婚前，父母往往倾其所有帮助子女购置婚房，即便在农村，也经常出现父母为成年子女出资建房的情况。基于浓厚的传统家庭观念，父母的垫资、出资性质往往表述不清，一般也没有明确的证据能够证明是无偿赠送还是借贷，抑或是婚前赠与己方子女。房屋产权登记在子女名下，父母不享有产权，居住权法律制度又长期缺位，在出现子女婚后离异或者子女转让了房屋产权，抑或是因为家庭矛盾而不履行赡养父母义务等情况时，父母的出资、垫资在后续的纷争中就很难行使有效的主张，居住权得不到保障；随着离婚率的攀升，年长父母在子女离异时因房屋旁落而流离失所的情形时有发生。当房屋所有权归属子女时，未雨绸缪设定垫资、出资父母的居住权，上述纠纷、矛盾就可以得到极大的缓解与避免，有助于维护垫资人、出资人的利益。

3. 合资取得农村住房居住权

长期以来，大城市居民向往农村养老成为了一种趋势，曾出现纷纷购买农村现代农业大棚而导致被清理受损的现象。我国城镇居民的人均住房面积也低于农村居民，但受制于农村宅基地只能由本集体村民获得而不能向城镇居民流转，城镇居民到农村养老的目的难以实现，同时也无法解决城镇低收入人群的改善居住的需求。

农村宅基地上设居住权并未突破土地的性质，这可以有效激活农村闲置的土地资源，让农民享受更多的改革红利。随着居住权制度的确立，城镇居民虽仍然不能获得农村宅基地，但是可以对在宅基地上建造的住宅享有一定的居住权。宅基地的所有者（农民）获得了的建设注资以后，城镇居民可以获得居住权的回报，两全其美，各得所需，宅基地的利用效率大大提高，可以有效减少农村住房的空置率。居住权制度也能大大促进新农村小城镇建设，通过合资买房，城市居民可以取得部分住房或者住房的一部分用益物权，或者在不能登记成为所有权人时尝试设立居住权。这些都是城市居民农村养老的一个不错的选择，很有制度化建设的必要。

值得注意的是，纳入城市建设计划的新农村改造住房可以通过房屋登记机构申请居住权登记获得居住权，但是，农村宅基地确权登记部门是否可以进行居住权登记？《民法典》及释法解释尚未明确。所以，对于属于农村宅基地的房屋，如果不能依法进行居住权登记，可以在法律不禁止范围内通过签订合同方式确定权利义务。

4. 法定居住权及其设定

法定居住权，是指依据法律的规定直接产生的居住权。一般认为，法律可以直接规定父母作为监护人对未成年子女所有的房屋享有居住权，或者未成年子女对其父母的房屋享有居住权；子女作为赡养人对与父母共有的房屋享有居住权，无自有房屋的老年人对为子女购买的房屋享有居住权。

依据裁判方式取得居住权，也是依照法律设定居住权的一种方式。

法定居住权是特定的人依据法律的规定而当然享有的居住权，法定居住权效力高于意定设立居住权，所有人不得通过遗嘱、遗赠或者合同的方式予以改变或者剥夺。

二、老龄财产保护存在的主要问题

现行法律对于老龄财产保护仍不健全，对司法裁判的监督存在缺位现象；法院容易忽视《老年人权益保障法》的存在，原则性法律规定缺少裁判标准，老龄财产权益需要进一步立法协调。

（一）对配偶遗嘱继承限制缺少量化

《老年人权益保障法》是保护老年人权益的专门法律，但在司法活动中其有关规定容易受到忽视或者保障不足。如《老年人权益保障法》第 22 条规定，老年人以遗嘱处分财产，应当依法为老年配偶保留必要的份额。实践中，许多老年人不知道该法律规定的存在，在法院裁判中法官少有主动适用该法保护老年人权益的，在老年人提出适用该法律保护权利的主张以后裁判标准也不一，亟需完善立法。

（二）遗嘱权实现缺乏法律保障

遗嘱权利，是指公民所享有的在生存期间立遗嘱以处分自己死后财产的自由权利。老年人可以按照其自由意志指定继承人和决定继承人的继承数额，从而获得较为充足的养老经济和照料支持。然而，老年人去世后其遗嘱实现面临诸多风险，应当建立起遗嘱实现保障机制。

《老年人权益保障法》第 20 条规定："经老年人同意，赡养人之间可以就履行赡养义务签订协议。赡养协议的内容不得违反法律的规定和老年人的意愿。基层群众性自治组织、老年人组织或者赡养人所在单位监督协议的履行。"赡养协议具有以下几个特征：（1）赡养协议的协商必须先征得被赡养老年人的同意；（2）赡养协议签订主体为赡养人和被赡养人；（3）赡养协议是一种单务且属于为被赡养人利益签订的协议，其中的赡养人均为义务人；（4）赡养协议不得违反法律规定和老年人的意愿。

我国社会老龄化已经越来越严重，老年人的晚年生活及其保障问题日益为社会所关注，并且已经成为我国一个严重的社会问题。订立赡养协议符合我国法律的有关精神，也符合社会主义道德的要求。负有赡养义务的子女应当积极履行协议；对于社会和法院而言，应当大力提倡和依法保护，其保障机制应当尽快建立。实践中，仍有很多法官对《老年人权益保障法》学习掌握不够，甚至有的两审法院判决均认为"赡养是法定应尽义务不能约定"，从而判决实际履行的且形式要件齐全的赡养协议无效，进而否定了被赡养人的遗愿效力。[1]

---

〔1〕 参见云南省德宏傣族景颇族自治州中级人民法院（2019）云 31 民终 537 号民事判决书。

老年人的遗嘱权利应当得到切实尊重。遗嘱人是否具有遗嘱能力，应当以遗嘱人立遗嘱时是否能清醒表达自己的意志为准。对于律师见证遗嘱和公证遗嘱，事后的司法鉴定只能作为参考，不应当成为排他的决定性证据。一是因为律师、公证员不光需要承担专家证明责任，他们的专家判断力首先应当得到尊重。二是老年人做遗嘱前不可能全都获得法医学鉴定，这是不现实的；而事后的法医学鉴定可靠性相对较弱，法官不应机械性依靠法医学鉴定意见定案。三是在遗嘱纠纷案件中，见证律师、公证员并非诉讼当事人，也不是第三人，不参加庭审，无法对法医学鉴定作出有效质证，证明力确定并不保证客观。四是判断遗嘱人是否具有民事行为能力是非常复杂的，因为法院裁判标准不一使法律人退避三舍，广大老年人难以获得有效的遗嘱法律服务早已成了严重的社会问题，单一的法医学鉴定结论难以代表公平正义。五是应当普及"精神正常试错法"[1]等在判断老年人遗嘱能力方面的应用。因此，建立老年人遗嘱权利实现的监督保障机制，规定公证员、见证律师应当对遗嘱人的民事行为能力认真考察，有权利依法作出独立判断；应当将经过记录在谈话笔录中，并有录音录像可供法庭审查，法官就不应再将事后医学推断性证明作为认定遗嘱能力不可或缺的证据了。遗嘱人去世后，在遗嘱能力认定上更应当尊重公证、律师行业协会的鉴定意见，因为行业协会是依法成立，监督管理职权是法定的，更加了解遗嘱见证、公证的行为规范。法医学鉴定意见虽具有科学性，但属于主观推断范畴，也不一定符合继承法律的立法本意。人死不能说话，采纳法医鉴定意见的判决极其容易损害老年人的正当遗嘱权利。所以说，如果有去世后作出的法医学鉴定，也只能作为行业协会鉴定意见的参考。[2]

在近几年的司法裁判中，各地出现了四级精神残疾甚至二级精神残疾的遗嘱人所立遗嘱被认定有效的判例，这符合多数国家对遗嘱能力的判定原则，也符合客观实际。但是，对于遗嘱能力，精神残疾与具有完全民事行为能力

---

〔1〕 精神正常试错法，是北京老龄法律研究会总结出来的，用于判断一个人精神是否正常的一种辅助方法。指遗嘱见证人在做接谈笔录时，要有一两次故意读错遗嘱人的家人姓名、财产地址等，老年人如能及时准确予以更正，即可证明其具有遗嘱能力。在实践中，使用该方法省时、省力、方便、恰当、有效。

〔2〕 参见北京市第一中级人民法院（2012）一中民终字第15274号民事判决书。

的法律要求存在着明显冲突，这样的判决认定仍然具有争议。同时，因为需要承担专家证明责任，对于精神残疾人的遗嘱公证、遗嘱见证，法律服务机构唯恐避之不及，严重阻碍了精神残疾老年人获得立遗嘱相关帮助，以及获得其他法律服务的几率，伤害了律师为老服务专业打造热情，广泛影响了老年人财产权益的保障途径。所以，遗嘱能力判断规制，可以说是老龄社会法治中的一个堵点，应当抓紧推动司法实践和立法研究。

三、社会法、刑事法、行政法中有关老年人人身、财产权益的内容

不仅在调整平等主体间人身关系、财产关系的《民法典》中有关于老年人财产保护的规定，社会法、刑事法中也都有一些老年人财产保护的法律规范。

（一）《老年人权益保障法》

社会法体系中，《老年人权益保障法》《社会保险法》等也对老年人财产保护或养老金保障进行了规范。

《老年人权益保障法》不仅明确了赡养人应当履行对老年人经济上供养的义务，且不得以放弃继承权或者其他理由而拒绝履行赡养义务；更明确了一些具体的老年人财产权，或长期经济支持的保障。

（1）对老年人财产权进行了更明确、具体的保障。《老年人权益保障法》第22条规定："老年人对个人的财产，依法享有占有、使用、收益和处分的权利，子女或者其他亲属不得干涉，不得以窃取、骗取、强行索取等方式侵犯老年人的财产权益。老年人有依法继承父母、配偶、子女或者其他亲属遗产的权利，有接受赠与的权利。子女或者其他亲属不得侵占、抢夺、转移、隐匿或者损毁应当由老年人继承或者接受赠与的财产。老年人以遗嘱处分财产，应当依法为老年配偶保留必要的份额。"

与《民法典》相比，《老年人权益保障法》对老年人的继承权进行了强调，规定了老年人对个人财产的依法占有、使用、收益和处分以及依法继承亲属遗产和接受赠与的权利，并排除子女或其他亲属的干涉。此外，该条还要求老年人在立遗嘱时，应当为老年配偶保留必要的份额，且不附带任何条件，既契合现实中家庭财产的积累往往属于老两口共同努力的结果，同时也为配偶的老年生活提供一定的经济基础和物质保障。

（2）对老年人田间劳作和农业收益进行保障。《老年人权益保障法》第17条规定："赡养人有义务耕种或者委托他人耕种老年人承包的田地，照管或者委托他人照管老年人的林木和牲畜等，收益归老年人所有。"

（3）对失能老人长期照护或机构养老进行保障。《老年人权益保障法》第15条第2款规定："对生活不能自理的老年人，赡养人应当承担照料责任；不能亲自照料的，可以按照老年人的意愿委托他人或者养老机构等照料。"

（4）对老有所居进行保障。《老年人权益保障法》第16条规定："赡养人应当妥善安排老年人的住房，不得强迫老年人居住或者迁居条件低劣的房屋。老年人自有的或者承租的住房，子女或者其他亲属不得侵占，不得擅自改变产权关系或者租赁关系。老年人自有的住房，赡养人有维修的义务。"

（5）规定了无赡养人或特困老年人的社会经济保障。《老年人权益保障法》第31条规定："国家对经济困难的老年人给予基本生活、医疗、居住或者其他救助。老年人无劳动能力、无生活来源、无赡养人和扶养人，或者其赡养人和扶养人确无赡养能力或者扶养能力的，由地方各级人民政府依照有关规定给予供养或者救助。对流浪乞讨、遭受遗弃等生活无着的老年人，由地方各级人民政府依照有关规定给予救助。"

（6）规定了老年人社会福利增加制度、建立老年人高龄津贴制度和计划生育家庭老年人扶助制度。《老年人权益保障法》第33条规定："国家建立和完善老年人福利制度，根据经济社会发展水平和老年人的实际需要，增加老年人的社会福利。国家鼓励地方建立80周岁以上低收入老年人高龄津贴制度。国家建立和完善计划生育家庭老年人扶助制度……"

（7）规定了养老金发放秩序和建立了养老金上涨机制。《老年人权益保障法》第34条规定："老年人依法享有的养老金、医疗待遇和其他待遇应当得到保障，有关机构必须按时足额支付，不得克扣、拖欠或者挪用。国家根据经济发展以及职工平均工资增长、物价上涨等情况，适时提高养老保障水平。"

（二）刑事法

刑法不仅对老年人犯罪设置了相对宽缓的制裁机制，还为保障老年人的财产安全设计了严厉打击的雷霆手段。

一是对侵犯孤寡老人、失能老人财物的犯罪，追究刑事责任的立案标准减半。根据《最高人民法院、最高人民检察院关于办理盗窃刑事案件适用法律若干问题的解释》第2条规定，盗窃残疾人、孤寡老人、丧失劳动能力人的财物，"数额较大"的标准可以按照普通立案标准的50%确定。根据《最高人民法院、最高人民检察院关于办理敲诈勒索刑事案件适用法律若干问题的解释》第2条规定，敲诈勒索未成年人、残疾人、老年人或者丧失劳动能力人财物的，"数额较大"的标准可以按照普通立案标准的50%确定。根据《最高人民法院、最高人民检察院关于办理诈骗刑事案件具体应用法律若干问题的解释》第2条规定，诈骗数额接近本解释第一条规定的"数额巨大"、"数额特别巨大"的标准，并具有诈骗残疾人、老年人或者丧失劳动能力人的财物情形的，应当分别认定为刑法第266条规定的"其他严重情节"、"其他特别严重情节"。

二是明确规定一些针对老年人财产的犯罪要从重处罚。根据《最高人民法院、最高人民检察院关于办理诈骗刑事案件具体应用法律若干问题的解释》第2条规定，诈骗残疾人、老年人或者丧失劳动能力人财物达到本解释第一条规定的数额标准，可以依照刑法第266条的规定酌情从严惩处。

三是刑事执行中对老年人的宽待。司法解释作为最高人民法院、最高人民检察院对于执行法律时产生问题的详细规定，对于在执法与司法活动中尊重与保护老年人具有重要的指导作用。《最高人民法院关于办理减刑、假释案件具体应用法律的规定》第20条规定："老年罪犯、患严重疾病罪犯或者身体残疾罪犯减刑时，应当主要考察其认罪悔罪的实际表现。对基本丧失劳动能力，生活难以自理的上述罪犯减刑时，减刑幅度可以适当放宽，或者减刑起始时间、间隔时间可以适当缩短，但放宽的幅度和缩短的时间不得超过本规定中相应幅度、时间的1/3。"该条款对于老年罪犯进行优待，放宽考察项目和减刑、假释的条件，表现对老年人的尊重和矜老精神。《人民检察院刑事诉讼规则》第649条第1款规定，"执行死刑前，人民检察院发现具有下列情形之一的，应当建议人民法院立即停止执行，并层报最高人民检察院负责死刑复核监督的部门：（1）被执行人并非应当执行死刑的罪犯的；（2）罪犯犯罪时不满18周岁，或者审判的时候已满75周岁，依法不应当适用死刑的；（3）罪犯正在怀孕的；（4）共同犯罪的其他犯罪嫌疑人到案，共同犯罪的其他罪犯被暂停或者停止执行死刑，可能影响罪犯量刑的；（5）罪犯可能有其他犯罪的；（6）罪犯揭发他人重大犯罪事实或者有其他重大立功表现，可能需要改判的；（7）判决、裁定可能有影响定罪量刑的其他错误的。"该款条文是对于《刑法》第49条所规定的限制死刑条款在司法实务中的又一重保障，同《律师办理刑事案件规范》第202条形成联动，保护老年人权益，在贯彻慎杀的法治精神的同时，突出对老年群体的保护与社会关怀，在各个法律行业的行为规则领域中设立相关条款，将有助于法律职业者树立应当对老年群体进行特殊保护的意识和观念。[1]

（三）行政执法

《治安管理处罚法》作为公安机关在日常管理社会的活动中，对违法但尚不足以构成刑事犯罪行为的处罚依据，也强调对于老年人的保护。如该法第43条规定，"殴打他人的，或者故意伤害他人身体的，处5日以上10日以下拘留，并处200元以上500元以下罚款；情节较轻的，处5日以下拘留或者500元以下罚款。有下列情形之一的，处10日以上15日以下拘留，并处500元以上1000元以下罚款：（1）结伙殴打、伤害他人的；（2）殴打、伤害残疾人、孕妇、不满14周岁的人或者60周岁以上的人的；（3）多次殴打、伤害他人或者一次殴打、伤害多人的。"将对老人的伤害行为作为情节恶劣的情形给予严厉打击，加重对侵害行为人的处罚，突出对于弱势人群的保护，同时也呼吁社会给予其更多的尊重与帮助。[2]

四、老龄财产权益的立法建议

老龄财产保护一直没有单独立法，民法、社会法中有关老龄财产保护的规定因缺少有效监督机制有的被弃用，有的裁判标准不一，制约了老年人权益的保护。

（一）单独立法保护老龄财产

法律具有引领社会风尚和规范人们行为的作用。法律首先是一种行为规范，为人们的行为提供模式、标准、样式。每一个法律规范都由行为模式和法律后果两个部分构成，行为模式又为人们的行为提供了风气方向。

老龄财产保障立法主要应统合民法、社会法、行政法、刑法的有关规定，

---

〔1〕　陈珺、陈洪忠主编：《传承法务》，中国民主法制出版社2022年版，第36页。
〔2〕　陈珺、陈洪忠主编：《传承法务》，中国民主法制出版社2022年版，第36页。

填补法律规范漏洞，建立健全老年人失能失智后财产权利和事后法律愿望实现的法律监督保障机制，会大大促进临终安心，促进为老法律服务市场的发展。

（二）规范法官有关老龄财产裁判标准

一是应当尽快研究遗嘱能力判断标准。有的法院建议，律师遗嘱见证应要求立遗嘱人提供相应的医院证明文件；许多公证处也要求遗嘱公证当事人提供三甲医院精神正常的医学证明。现有医院精神科的数量和能力都非常有限，大多数老年人客观上无法取得这样的证明，这种要求是不现实的。同时，许多医院出诊医生对病人身份核查并不认真，也没有诊断过程录像可查，他人冒名顶替检查情形极易发生，证明的真实性并无保证。且在立遗嘱前完成的法医学鉴定结论是否能够代表立遗嘱时的精神状态？实践中，初期的阿尔茨海默病多为间歇性发病，生活中大多数时间都具有遗嘱能力，犯病时的诊断不一定代表立遗嘱时的精神状态。

对于遗嘱能力的认定，国内多数法院还是能够尊重专业见证人立遗嘱当时现场判断的。也有判决对于有四级精神残疾的遗嘱人认定为有遗嘱能力[1]，这样的判例值得研究作为指导案例。可以考虑统一规定，在遗嘱能力认定证据充分的情况下，法庭不允许再做生前行为能力法医学鉴定，或者对遗嘱能力法医学鉴定的证明力和使用作出限制。

二是对没有可适用遗嘱形式的遗嘱人，应当规定允许其诉至法院，通过裁判设立有效遗嘱（起诉相应检察院，检察院作为公益被告参与诉讼监督）。现实中，有听障人士[2]精神正常，因一直生活在农村没有上过学，也没有学习过手语；但因聪明、性格开朗外向，与村民交流并无大碍，通过勤奋劳动和继承积攒了一定家业。该老人一生未婚、无子女，继承人均已去世，虽然身体健康，但现如今很想通过立遗嘱处理生前身后事。但是，我国遗嘱形式法定，该老人目前无法设立有效遗嘱。

三是应当研究出台多分或少分遗产的裁判标准。在一起法定继承纠纷案件中，按照"同一顺序继承人继承遗产的份额，一般应当均等"的法定继承原则，继承人 H 与 Z 的继承份额本应均等；但因 H 生前怠于履行赡养义务，

---

[1] 北京市第三中级人民法院（2021）京 03 民终 19118 号民事判决书。
[2] 该老人为北京市平谷区农民。

导致最终判决继承份额分别为 45% 和 10%，前者继承的遗产是后者的 4.5 倍，差距明显。[1] 由于各个家庭中子女赡养老人的表现不同，平时不尽孝却在继承遗产时非常积极争取的不占少数；然而"清官难断家务事"，在继承纠纷案件中，大部分法官不知道如何拿捏划线，一般无法满足孝子的合理诉求。

（三）建立老龄财产公益诉讼机制

在现实生活中，有的老年人连一般的赡养都得不到保障，有的老年人被啃老财产安全受到威胁，有的老年人被虐待、被遗弃，还有的不法分子诓骗老年人钱财，老年人身心健康和合法权益受到侵犯。由于身体机能衰退、教育程度不同、传统思想影响、法律意识不高等原因，老年人受到侵犯时往往处于不愿、不敢、不能诉的境地，需要公益诉讼的补充保障。

《民事诉讼法》第 58 条第 2 款规定："人民检察院在履行职责中发现破坏生态环境和资源保护、食品药品安全领域侵害众多消费者合法权益等损害社会公共利益的行为，在没有前款规定的机关和组织或者前款规定的机关和组织不提起诉讼的情况下，可以向人民法院提起诉讼。前款规定的机关或者组织提起诉讼的，人民检察院可以支持起诉。"2021 年 6 月发布的《中共中央关于加强新时代检察机关法律监督工作的意见》强调："加大生态环境和资源保护、食品药品安全、国有财产保护、国有土地使用权出让和英烈权益保护、未成年人权益保护等重点领域公益诉讼案件办理力度。积极稳妥拓展公益诉讼案件范围，探索办理安全生产、公共卫生、妇女及残疾人权益保护、个人信息保护、文物和文化遗产保护等领域公益损害案件，总结实践经验，完善相关立法。"在前文中的"等"字表述，给检察机关办理老年人权益保护公益诉讼预留了空间。

但是，我国目前提起公益诉讼的主体主要为检察机关，还有符合一定条件的环保组织、省级以上消费者权益保护团体，对于诸如老年人权益保护案件则缺乏明确的对接机构。应当明确规定检察机关代表老年人提起公益诉讼的职责范围，逐渐确立老年人权益保护的公益诉讼制度。

同时，应当扩大提起公益诉讼的主体范围，立法赋予其他相关主体提起老年人权益保护公益诉讼的权利。《中共中央、国务院关于加强新时代老龄工

---

〔1〕　北京市第三中级人民法院（2022）京 03 民终 13484 号民事判决书。

作的意见》中提出，"鼓励各类公益性社会组织或慈善组织加大对老龄事业投入"。老龄法律研究社会团体和老年人组织提起老年人权益保护公益诉讼的，人民检察院可以支持起诉。根据《中共中央、国务院关于加强新时代老龄工作的意见》倡导律师事务所、基层法律服务机构"为老年人减免法律服务费用，为行动不便的老年人提供上门服务"，并强调"建立适老型诉讼服务机制，为老年人便利参与诉讼活动提供保障"的要求，律师事务所和基层法律服务机构都应积极为老年人权益提供公益法律服务。

在需要查清遗产时，其中一个技巧就是继承人相互起诉至人民法院，通过诉讼程序，法庭可以依职权有效查清被继承人名下的遗产，然后进行分割。目前，不知遗产是否存在和所处形态的情况越来越多，且有职权可以调查遗产的也只有法院；但是，随着独生子女家庭涉及法定继承案件的出现，当独生子女家庭继承人只有1人的情形时，无法提起法定继承之诉；如果有机会发现个别遗产继承人提起返还财产之诉，法庭目前也并不会调查被继承人的其他遗产，这种窘况并不罕见。根据现有的司法体系的构造，只有1名继承人的可以直接起诉有管辖权的人民检察院，而检察院此时并非遗产利害关系人，是作为公益被告监督法庭的审判活动，监督是否存在无主遗产或无主其他财产，保护国家未知财产权益，使独生子女家庭状告有门，保障好继承权利。

（四）立法促进老年人的法律服务保障

老年人最大需求莫过于医疗康养和法律服务。医养结合、康养结合都已经越来越受到重视，为老年人提供专业法律服务保障却一直没有建立起有效机制。近几年来，"以房养老"骗局使北京成百上千的老年人失去了安生养息的住所，关键原因是没有"养老就是老年人人权保护"的理念，缺少必要的法律服务环节。不仅法律养老思维缺失，遗嘱见证风险也已经成为了律师为中老年人服务的最大障碍，多数律师事务所因此阻止本所律师承接见证业务，成了为老专业服务技能培养的掣肘。

本书认为，在老年人遗嘱实现保障机制建立的基础上，对于老龄财产法律服务也应当形成制度性安排。

一是规定老龄法律学术团体、律师行业组织对于老龄财产专业法律服务进行培训的义务。如定期培训以房养老专业服务、遗嘱专业见证人、意定监护合同设计人、意定监护人、意定监护监督人、遗嘱信托监察人、慈善信托监察人、家族财富管理人、遗产管理人，等等。

二是建立政府购买老龄财产法律服务机制。如果能为老年人处分房屋权益（立遗嘱除外）提供法律援助，就可以规定公证材料必须包含律师签字的意见，针对老年人的以房养老骗局就可以得到有效避免。如果为一定规模的养老机构配备一名政府购买的法律顾问，就可以为住养老年人提供法律咨询服务，为机构实现标准化管理提供法律服务，调解住养老人一方与养老机构的纠纷等；如果一名律师服务 5~8 家机构，根据市场行情，每个机构法律顾问每年补助 1 万元人民币即可。

三是普及律师助孝信托法律服务。助孝信托法律服务是指为了解决子女赡养不专业、常缺位、不孝顺，或者无子女赡养等难题，以意定监护预备和服务为核心，由专业律师事务所提供的"孝子"法律服务。助孝信托法律服务的对象包括：（1）有养老需求的老年人。养儿防老的时代一去不复返了，家庭养老靠不住的老年人需要向社会寻求帮助。主要包括没有儿女尽孝的，或者儿女尽孝意识差的，或者儿女无能力尽孝的，或者儿女尽孝不可靠的，或者就是为了让儿女省心的，等等。（2）子女委托的助孝服务。养育儿女倾尽了所有，儿女长大成才却无暇顾及父母，委托专业助孝以便自己能全身心奉献社会。主要包括因工作时间紧张而尽孝无能为力的，或者工作在外地而无法顾及老人的，或者为了让老人得到更好的人身权、财产权保护的，或者为了更好的成就感而想让老人得到更好的关照的，等等。助孝信托法律服务的业务范围一般包括但不限于以下一项或多项：（1）担任意定监护人。（2）担任生活照料服务的监督人。（3）担任意定监护监督人。（4）担任遗嘱信托受托人。（5）担任遗嘱信托监察人。（6）担任信托监察人。（7）生前预嘱法律服务。（8）担任遗嘱执行人、担任遗产管理人。（9）精神慰藉、法律咨询服务。（10）担任持续性代理人。（11）担任财产管理人。（12）担任生前契约执行人，或担任生前契约执行监督人。

第四章

老年人人身权益的立法

在民法体系中，人身权与财产权是两大基本民事权利。人身权包括人格权和身份权两类，人格权是指民事主体所享有的，以人格利益为客体，为维护民事主体的独立人格所必备的固有民事权利；[1]身份权是指自然人基于特定的身份关系产生并由其专属享有，以其体现的身份利益为客体，为维护该种利益所必需的人身权利。公民的人身权利是公民最基本的权利，其包括的内容比较广泛，但主要是指人的生命、健康、名誉、人身自由和婚姻自由等权利，以及与人身直接有关的权利。《民法典》中与老年人密切相关的有意定监护、生前预嘱、搭伴养老等内容。

一、《民法典》中的监护

《民法典》第26条至第39条是有关监护的规定。监护制度有未成年人的监护制度与成年人的监护制度两种，成年人监护中就包括老年人的监护。当老年人为无民事行为能力或限制民事行为能力时，比如老年人处于失智的状态，为了保护其合法权益，法律对其实施的民事法律行为作出特别规定。老年人监护包括：法定监护、遗嘱指定监护、一般指定监护、意定监护和协议监护。

《民法典》第29条、第30条、第33条完善了遗嘱指定监护和意定监护，为老年人在身心照管、健康陪护、医疗方案、财产处分等各方面及早安排提供了有效的法律保障。实践中还可以通过不同的合同，错位确定不同的监护人职责；也可以设立监护监督人，由其向委托人或其他近亲属报告监护人履

---

[1] 杨立新主编：《〈中华人民共和国民法典〉条文精释与实案全析（下）》，中国人民大学出版社2020年版，第4页。

行合同情况，依法、依合同履行监督责任。

（一）意定监护

2012 年修订的《老年人权益保障法》中新增规定了老年人的意定监护制度。原《民法总则》第 33 条对成年人意定监护制度进行了规定，现《民法典》沿用了该条文。

1. 意定监护的概念

意定监护是积极应对人口老龄化的产物，所以首先规定在了《老年人权益保障法》之中，规定 60 岁以上的人可以根据自己的自由意志确定失智后的监护人。《民法典》规定的成年人监护制度虽然进一步发展了老年人监护内容，但仍存在着诸多不足，老年人监护制度的不断完善不仅有利于克服空巢老人的诸多困境，还有利于更好地保障老年人的权益。

根据《民法典》第 33 条规定，意定监护是指具有完全民事行为能力的成年人，可以与其近亲属、其他愿意担任监护人的个人或者组织事先协商，以书面形式确定自己的监护人。监护人在被监护人丧失或者部分丧失民事行为能力时，履行监护职责，代理被监护人实施民事法律行为，保护被监护人的人身权利、财产权利以及其他合法权益。

在进入老龄社会较早的国家，意定监护人一般由社会监护机构承担。社会监护机构可以是非营利法人，也可以是营利法人，非营利法人和营利法人在服务对象、目的和表现形式上有所不同。以营利为目的社会监护机构收取被监护人费用并向国家缴纳税费，这是养老服务市场化发展国家的主流。非营利性社会监护机构一般以慈善组织或基金会形式出现，以社会公益为目的，其服务对象是几乎没有财产的被监护人；但不以营利为目的的社会监护机构的服务也并非没有报酬，其一般由多种渠道获取经营资金。

2. 意定监护与法定监护的关系

根据监护设立方式的不同，可分为法定监护、指定监护和意定监护。法定监护是由法律直接规定监护人范围和顺序的监护；意定监护即在法定监护之外通过当事人协议设立的监护，也称委托监护。

无民事行为能力成年人的法定监护人的范围和顺序是：配偶，父母、成年子女，其他近亲属，关系密切的亲属或朋友、其所在单位或住所地的居委会、村委会、民政部门。

相比按照法定和指定监护制度确定的监护人，老年人在意思能力健全时预先选定的监护人，一般情况下都是信誉良好的专业监护机构或者是老年人比较信任、有能力履行监护职责的个人；按照事先协商好的意定监护协议，在老年人出现失能或失智状态时，能够更好地履行对老年人的人身照顾、医疗看护、财产管理、债权债务处理等监督管理职责或具体实施照护。当老年人的人身、财产及其他合法权益受到损害时，监护人能够更积极主动地担任老年人的代理人，进行民事活动。

3. 意定监护与遗嘱的关系

随着我国经济的长足发展，现今老年人大多拥有一定数量的财产；但伴随人均寿命的不断延长，80 岁以上老年人罹患阿尔茨海默病的比例高达 20%。如何让这些老年人在丧失或部分丧失行为能力后，仍然能按照其意愿生活、能够有尊严地度过晚年生活，这是意定监护要解决的问题。

意定监护与遗嘱的区别，主要在于前者是处理生前失智后包括人身、财产在内的各种事项，后者是处分离世后的遗留的个人财产。根据《民法典》规定，限制民事行为能力人和无民事行为能力人，既不能订立有效意定监护协议，所立的遗嘱也是无效的。所以，意定监护协议和立遗嘱均应当提早完成。

4. 意定监护与协议监护的区别

意定监护作为一种确定监护人的方式，是相对于法定监护来说的。意定监护是对成年人完全基于自己的意愿选择监护人的尊重，而法定监护是基于法律规定的条件和程序确定监护人。需要注意的是，意定监护也不同于协议确定监护人，后者仍然属于法定监护确定方式，协议的主体是具有法定监护资格的人。一般而言，意定监护优先于法定监护适用。法律设立意定监护制度是要尊重成年人自己的意愿，意定监护当然具有优先适用的地位。只有在意定监护协议无效或者因各种原因如——协议确定的监护人丧失监护能力——监护协议无法履行时，再适用法定监护。

（二）遗嘱指定监护

父母与子女之间的血缘关系最近、情感最深厚，父母最关心子女的健康成长与权益保护，应当允许父母通过遗嘱选择自己最信任的、对于保护子女最有利的人担任子女监护人。遗嘱监护制度有助于满足实践中一些父母在生前为其需要监护的子女作出监护安排的要求，体现了对父母意愿的尊重，也有利于更好地保护被监护人的利益。因此，《民法典》第 29 条规定了遗嘱指定监护人制度，"被监护人的父母担任监护人的，可以通过遗嘱指定监护人。"

遗嘱指定监护的主体仅限于父母，其他任何人都不能以遗嘱的形式指定监护人。父母既可以为未成年子女指定监护人，也可以为成年子女指定监护人。在现实生活中，对无民事行为能力及限制民事行为能力的成年人，也存在由父母立遗嘱为其指定监护人的情形和立法需求。

遗嘱指定监护与法定监护的关系：遗嘱指定监护具有优先地位，遗嘱指定监护是父母通过立遗嘱选择值得信任并对保护被监护人权益最为有利的人担任监护人，应当优先于法定监护。遗嘱指定的监护人应当具有监护能力，能够履行监护职责。如果遗嘱指定后，客观情况发生变化，遗嘱指定的监护人因患病等原因丧失监护能力，或者因出国等各种原因不能履行监护职责，就不能执行遗嘱指定监护，应当依法另行确定监护人。

二、地方性法规中的生前预嘱

在生活中，当老年患者处于不可治愈的伤病末期或者临终时，是否有必要采取插管等创伤性抢救措施和使用生命支持系统，以减少患者承受不必要的伤痛和避免医疗纠纷？这就是"生前预嘱"制度所要解决的问题。生前预嘱追求的是自然死亡，当一些人特别是老人被生理疾病困扰或是遭遇突发严重伤害，经过努力治疗无效，已到生命末期时，如何面对死亡的来临，如何决定自己的生命尊严，有没有选择的权利与机制，是非常复杂的法律问题，也是社会现实需要解决的问题。

（一）生前预嘱的概念

生前预嘱，是指自然人在意识清楚时签署的，说明在疾病不可治愈或疾病处于危重阶段、现有医疗条件无法治愈的情况时需要或不需要哪种医疗措施的意愿文书。

在我们国家有重生讳死的传统观念，在患者或老人处于临终状态时，家属往往要求医护人员"要尽一切可能延续生命"，不假思索地要求医生进行气管插管、气管切开、鼻饲营养、有创压力监测等创伤性治疗，以及不惜使用稀有贵重药物等，实际上不但没有治疗效果反而增加了患者痛苦；如果维持患者主要器官功能的医疗手段并不可逆转其本身的医疗状况，这些延长生命的措施会让患者在最后时刻丧失尊严。生前预嘱恰好可以在老人临终病危之前，提前对临终病危时的医疗作出决定，真实体现自己的意愿，就如琼瑶在《预约自己的美好告别》中那样体现自己的意愿而不是作为家属的儿子、儿媳的意愿。

生前预嘱只涉及具体的医疗决定，并不涉及相关财产的处分。我们每个人无论是在陷入危急状态下希望医疗机构全力抢救，还是在保守治疗时希望保证做人的生命尊严，都可以通过生前预嘱预先表达，作出自主决定。也就是说生前预嘱本质上是将具体医疗决定作出的时间提前，根据自己的意愿对医疗活动中可能出现的风险及将要采取的措施进行取舍，确保立有生前预嘱人的意愿能够贯穿于日后整个医疗活动之中。因此，生前预嘱不同于遗嘱，生前预嘱是在临终病危时生效，遗嘱是在死亡时生效；生前预嘱处分的是自己的生命健康权，而遗嘱处分的是财产权。

（二）地方立法对生前预嘱的规定

自然人的生命尊严受法律保护，这在《民法典》第 1002 条的生命权内容中有明确规定，这也是我国立法上第一次对生命尊严作出规定；而生命尊严又包括生的尊严和死的尊严。但是，生的尊严与死的尊严对生命尊严的选择权是不同的，人没有选择出生的权利（最直接的体现就是我们无从决定我们是否来到这个世界，换句话说，就是我们是被爸妈带到这个世界的），因此从这个方面来看就难以谈及个人对自己生的尊严的维护，这通常是由社会和其父母予以保障的。人只有在出生之后，才能享有民事权利能力，可以自我维护活的尊严，得到社会和他人最起码的尊重。从这个角度看，生命尊严的核心不在于生的尊严，而在于死的尊严。

2023 年 1 月 1 日起即将施行的《深圳经济特区医疗条例》，全国首次把"生前预嘱"制度写入地方立法中。该条例第 78 条规定："收到患者或者其近亲属提供具备下列条件的患者生前预嘱的，医疗机构在患者不可治愈的伤病末期或者临终时实施医疗措施，应当尊重患者生前预嘱的意思表示：（1）有采取或者不采取插管、心肺复苏等创伤性抢救措施，使用或者不使用生命支持系统，进行或者不进行原发疾病的延续性治疗等的明确意思表示；（2）经公证或者有 2 名以上见证人在场见证，且见证人不得为参与救治患者的医疗卫生人员；（3）采用书面或者录音录像的方式，除经公证的外，采用书面方式的，应当由立预嘱人和见证人签名并注明时间；采用录音录像方式的，应当记录立预嘱人和见证人的姓名或者肖像以及时间。"

从该条例的规定中可知，"生前预嘱"要对是否采取相关的医疗抢救措施作出明确的意思表示；要有 2 名以上合格的见证人在场见证；要具备法定的形式即书面或者录音录像的方式。

（三）生前预嘱与意定监护的关系

生前预嘱，包括声明型的生前预嘱以及代理型的医疗行为指示代理。生前预嘱类似行为人预先立遗嘱，只是其处分的是自己的生命健康权而非财产权。

意定监护，被监护人可以在自己清醒的时候，选择自己最信任的人做监护人，通过签订监护协议，委托监护人在自己失智后照护自己的生活，处置自己的财产、权利等。

将生前预嘱纳入意定监护制度中，丰富及完善了我国意定监护法律制度建设，有利于维护老年人的生命尊严。

此外，立生前预嘱注意事项：立嘱人应当具有相应的民事行为能力；生前预嘱指示务必明确；最好对生前预嘱设立监督人，如果监督人明确反对，生前预嘱"熔断"，暂停执行；立嘱人可以随时更改生前预嘱的内容，也可以废除已立生前预嘱。

三、对老年人搭伴养老的立法

老年人是婚姻家庭出现变故最多的群体，孤守老年人的身心健康存在的问题更不能被忽视。老年人再婚难题一直未能得到有效解决，《民法典》的颁布也并没有出台调整搭伴养老的同居法律规范。在我国，老年人配偶权方面的主要问题是，人口结构等情况的变化给家庭结构也带来了影响。从 2002 年到 2018 年，一人户、二人户的数量分别增加了 120.51% 与 56.25%，三人户、四人户则分别减少了 24.93% 与 27.42%。数据显示，2020 年全国家庭户中，"一代户"的总量超过了 2.4 亿户，比重已经达到 49.5%[1]。有学者根据我

---

[1] 《全国一代户家庭超 2.4 亿：全国一代户家庭占比达 49.5%》，https://k.sina.cn/article_ 1642088277_ 61c047755040016wan.html，最后访问日期：2024 年 3 月 7 日。

国 2020 年第七次人口普查统计数据所做的分析指出，2020 年城乡老年人在三代直系家庭中的构成降低。这些从三代直系家庭"溢出"的老年人进入"空巢"状态或单人户中，最终越来越多的老年人独自生活。2020 年第七次人口普查统计数据显示，我国老龄人口超过 2.64 亿，在 60 岁以上老人中，无配偶的达 35%。其中有再婚意愿的有 37.6%，超过了无配偶老人总数的 1/3〔1〕。有学者指出，80%的被调查丧偶老人有再婚愿望，但是办理婚姻登记的不足一成，其中有一部分人选择了搭伴养老同居的生活方式。

（一）搭伴养老同居

搭伴养老同居是指不具备结婚形式要件的双方当事人较为稳定的公开长期的共同生活方式。有很多老年人之所以选择搭伴养老同居而非再婚的生活方式，主要是基于以下几点考虑：一是担心自己可能因为再婚后又离婚，陷入财产纠纷；或是对于再婚法律行为并不重视，持无所谓态度。二是子女反对，有的子女担心老年人父母再婚后继父母会因此分割本该由子女本人继承的财产，有的则不能理解和尊重老年人的生活选择，有的是不希望承担继父母的老年赡养责任。三是选择同居有利于维护现有的家庭秩序，在与同居伴侣子女的关系上，不会因再婚给子女再找一个爹或一个妈，这样子女更容易接受。

但选择搭伴养老同居也给部分当事人带来一些问题。比如：老年搭伴养老同居的伴侣去世后，没有经济来源的另一方伴侣可能会因此陷入生活供养上的困难。有的老年人同居双方在经历一段稳定生活后，由于生活琐事一方要求分手，另一方请求分割对方在同居期间获得的财产。有的同居双方在身体健康时，感情甚好；一旦一方身患疾病时，另一方却撒腿就跑，导致同居关系解除，患病一方的生活照料费和医药费请求等得不到法律的充分保护。这些现实案例说明，搭伴养老同居在满足老年人搭伴养老的愿望的同时，也给当事人带来了一些法律问题。由于搭伴养老同居双方不享有依法登记结婚配偶应享有的法定权益，对于这些因种种原因自愿选择搭伴养老同居生活方式的老年人，法律应提供何种保护，这是值得研究的现实问题。

2001 年修正的原《婚姻法》第 8 条规定，未办理结婚登记的，应当补办

---

〔1〕 国家统计局：《第七次全国人口普查公报》，载中国政府网，http://www.gov.cn/guoqing/2021-05/13/content_ 5606149. htm，最后访问日期：2023 年 1 月 15 日。

登记。2001 年 12 月 27 日施行的原《最高人民法院关于适用〈婚姻法〉若干问题的解释（一）》第 5 条对这一问题作了补充规定，1994 年 2 月 1 日《婚姻登记管理条例》施行之后未办结婚登记以夫妻名义同居生活，双方均符合结婚实质要件的，如一方到法院起诉离婚，按解除同居关系处理。2003 年 10 月 1 日起施行的民政部《婚姻登记条例》废止了 1994 年《婚姻登记管理条例》。但该《婚姻登记条例》对于未办结婚登记以夫妻名义同居的效力未作任何规定，司法实践中仍按原《最高人民法院关于适用〈婚姻法〉若干问题的解释（一）》处理。在其后，无论是否以夫妻名义同居生活，无论双方是否符合结婚实质要件，均按同居关系对待。

　　在财产关系方面，按照《最高人民法院关于适用〈中华人民共和国民法典〉婚姻家庭编的解释（一）》第 3 条规定，当事人提起诉讼仅请求解除同居关系的，人民法院不予受理；已经受理的，裁定驳回起诉。但是，当事人因同居期间财产分割或者子女抚养纠纷提起诉讼的，人民法院应当受理。处理同居期间财产纠纷的具体办法主要依据 1989 年最高人民法院原《最高人民法院关于人民法院审理未办结婚登记而以夫妻名义同居生活案件的若干意见》。按该司法解释的规定，第一，同居关系解除时财产问题的处理原则是，分割财产时应照顾妇女儿童利益，考虑财产的实际情况和双方过错程度，妥善分割。（第 8 条）第二，赠与财产的处理，一方在同居前自愿赠送给对方的财物比照赠与关系处理。第三，同居期间共同财产的处理，同居期间双方共同所得的收入和购置的财产，按一般共有财产处理。（第 10 条）第四，同居期间共同债权债务的处理，同居期间为共同生产生活形成的债权、债务可按共同债权、债务处理。（第 11 条）第五，在继承权上，同居伴侣互无继承权，如果对被继承人扶养较多或依靠被继承人扶养且缺乏劳动能力、丧失生活来源的，可依法请求酌分遗产。（第 13 条）第六，在救济制度方面，如同居一方在共同生活期间患有严重疾病未治愈的，分割财产时，应给予适当照顾，或由另一方给予一次性的经济帮助。（第 12 条）

　　以目前我国部分老年人选择的搭伴养老为例，如前所述，老年人不办结婚登记的搭伴养老生活方式的出现，一方面是因为老年丧偶后，个人物质生活及精神慰藉的需要。尤其是我国计划生育政策的推行使得部分家庭成为空巢老人家庭，该类家庭的老年人赡养问题更加突出，老年人家庭的"搭伴养老"需求具有正当性。另一方面，老年人搭伴养老的选择背后反映的是老年人再婚难的现实困境。出于对个人、子女方面，财产及情感问题的顾虑，部分老年人选择了这样的方式生活。虽然这些选择搭伴养老生活的老年人不希望得到法律给予婚姻当事人的权利和义务，但是，我们完全可以通过不同的制度内容设计，对选择婚姻和选择搭伴养老的老年人提供不同程度的保护。

我国现行《民法典》及其司法解释所认定的非法同居之情形主要有两类：一是"有配偶者与他人同居"的情形，是指有配偶者与婚外异性，不以夫妻名义，持续、稳定地共同生活；二是重婚之情形，是指有配偶者与婚外异性，以夫妻名义，持续、稳定地共同生活。这两种情形的共同点即"有配偶者与他人同居"，而并不包括未被法律认定为婚姻关系的事实婚姻和所有未经结婚登记的同居情形。

搭伴养老和非法同居有如下根本区别：非法同居关系的本质特征是当事人至少一方存在既有的合法配偶，其同居行为违背了一夫一妻婚姻制度的要求，形成了多重性关系。至于缔结合法婚姻在先非法同居在后，还是非法同居关系在先缔结合法婚姻在后，对非法同居行为的认定并无影响。而搭伴养老的当事人，应是无配偶者，在同居期间，任何一方均不存在另行结婚或已先行结婚的情形。

（二）老年人搭伴养老同居立法的必要性

结合新西兰的立法例，再从搭伴养老同居制度的价值取向分析，给予搭伴养老同居弱于婚姻的保护并不会破坏婚姻制度的秩序价值；相反，这种制度选择恰恰能在私生活领域充分体现私法所具有的自由及公平价值。

从法的功能角度分析，应当从社会现象对社会环境的影响来评价社会现象的有用价值，即我们所说的社会现象的功能。在社会环境引起的变化中，只有适合社会环境所处的状况的变化才是有用的，因为社会环境是集体生存的根本条件。从我国老年人搭伴养老之同居关系存在的社会实际出发，力求在维护现有社会秩序的格局下，为当事人提供尽可能多的保护。具体而言，我国设计的老年人搭伴养老同居制度应体现以下三个功能。

1. 尊重搭伴养老同居老年人对个人生活方式的选择自由，体现法的自由价值

老年人搭伴养老是当下社会老龄化浪潮下，老年人做出的涉及个人生活

方式的选择。婚姻家庭法作为私法的一个分支，应当体现私法领域的一项重要原则——意思自治原则。私法主体有权依自己意愿实施私法行为，并为自己的行为负责。私法自治理念强调人格独立，摈弃人身依附，宣扬人格平等，使人身自由、人格尊严的观念深入人心。所以，对于不愿选择婚姻，而只选择同居的老年人，法律应该尊重他们的选择，体现法的自由价值。私法自治的第二个层面的问题：个人自由要受到其他主体享有平等自由的限制，无限制便无自由。因此，尽管我们承认选择搭伴养老同居是当事人的个人自由，但我们反对一方当事人利用自身优势和法律的不干涉态度侵害另一方的合法财产权益。因此，国家公权力的适当干预，是搭伴养老同居制度的第二个功能。

2. 合理规范搭伴养老同居老年人的权利义务，体现法的公平价值

如前所述，目前，我国现有制度不能为选择搭伴养老的老年人提供充分的法律保护，因此，设计合理的搭伴养老同居制度来规范搭伴养老当事人的权利义务，这是肩负公平正义的法律理应实现的功能。比如英国："家庭法正远离过去那个旨在维护实际的或拟制的社会规则或习惯的法律，走向一个旨在增进个人福祉的法律。"所以，设计我国搭伴养老同居制度应考虑当事人的实际情形，既不让弱势方因为选择搭伴养老同居而在分手时遭遇经济困境，也保障弱势方在分手后能分到公平的财产份额，有利于实现法的公平价值。

3. 为保障家庭与社会的和谐提供制度补充，体现法的秩序价值

目前，我国正在建设法治国家和构建和谐社会。和谐社会的基本特征包括公平正义和诚信友爱。要在全社会形成公平正义、诚信友爱的观念，实现依法治国是关键。这首先就要求法本身要有正义属性。在现有制度下，老年人选择搭伴养老同居，其中一个重要原因是为了避免夫妻共同财产分割纠纷；但搭伴养老同居后，一旦双方感情破裂，原本想要避免的财产纠纷不但不能避免，反倒当事人会因为现有婚姻制度的登记主义立场被法律排斥在被保护的范围外。所以，给予搭伴养老同居弱于婚姻的保护作为婚姻制度的补充，可以为这部分当事人的财产权益提供适当保护，有利于维护搭伴养老同居这种新型生活方式的和谐。从家庭着眼，鼓励"搭伴养老"的老年人诚实相待，也有利于践行公平正义、诚信友爱的理念。社会的每个家庭细胞都和谐了，将有利于促进和谐社会的构建，体现法的秩序价值。

（三）老年人搭伴养老同居立法设想

老年人采取不办理结婚登记之搭伴养老，是双方当事人自愿选择的不同于婚姻的一种生活方式。目前，我国搭伴养老同居制度较为简略，对于搭伴养老同居中的弱势方保护力度较弱，缺少专门的法律规范。我国现行法与之相关的规定或是以"未办理结婚登记而以夫妻名义共同生活"为前提，或是围绕当事人不符合结婚实质要件的无效婚姻、可撤销婚姻展开，对于老年人主动规避婚姻后果的无婚意的搭伴养老则完全没有涉及。同时，对人身关系的处理也过于简单化。1989年，最高人民法院印发的《关于人民法院审理未办结婚登记而以夫妻名义同居生活案件的若干意见》规定："未办结婚登记而以夫妻名义同居生活的男女，一方要求'离婚'或解除同居关系，经查确属非法同居关系的，应一律判决予以解除。"在审理过程中不进行调解，也不允许当事人撤诉，只要有此类纠纷诉至法院，一律予以解除。2003年通过的原《最高人民法院关于适用〈婚姻法〉若干问题的解释（二）》规定"当事人起诉请求解除同居关系的，人民法院不予受理。"司法机关的态度从"一律解除"转变为"不予受理"。据此，我们建议，应从如下方面进一步完善我国现有的搭伴养老同居制度。

1. 立法模式

在立法模式上，应在《民法典》之外单独立法，采区别于婚姻的同居不登记制为主，兼采区别于婚姻的同居登记制为补充。按照民法私法自治的基本原则，允许同居各方选择是否登记；只有通过登记，才属于"登记伴侣"，享有某些类似婚姻配偶的权利。

2. 立法内容

第一，老年人搭伴养老同居的界定。

老年人搭伴养老同居，是指以实现对老年人生活照料、精神慰藉为目的、未办理结婚登记，持续稳定地共同生活的生活方式。

第二，老年人搭伴养老同居的类型及效力。

对于符合结婚登记条件的，可以建立以下三种搭伴养老同居类型。

搭伴养老同居协议登记制。对于愿意选择登记的搭伴养老同居伴侣，建议建立配套的搭伴养老同居协议登记制度。实际上，在我国的现实生活中，部分搭伴养老同居老年人已经有通过"搭伴协议"来调整自己与对方伴侣的同居生活的情况。可见，我国设立搭伴养老同居协议登记制度具有一定的社会基础。协议登记制要求双方当事人之间协商订立一份书面的搭伴养老同居协议，并须在民政登记机关进行登记，由民政登记机关对该协议予以认可。在搭伴养老同居协议登记的法律效力方面，首先，在人身关系上，搭伴养老同居双方受该协议约束，不得另行与同居关系外的第三人订立搭伴养老同居协议或成立事实结合关系；其次，在财产关系上，如果双方在搭伴养老同居协议中就财产制进行了约定，约定采取共同财产制抑或约定采取分别财产制，应遵守该协议内容，除非协议无效。如果双方在协议中对财产关系没有约定的，则实行分别财产制，双方的财产各自保持独立。同居期间共同劳动所得和共同出资购置的财产，归双方共同所有，分割时应照顾抚养子女方或对家庭做出重大贡献方，适当多分财产。对家庭重大贡献的认定的考虑因素包括：一方因抚育子女、照料老人或照顾同居另一方、协助另一方工作等对同居关系付出较多义务的。在继承权方面，一方死亡，另一方享有和配偶一样的继承权。

事实结合制。对于双方当事人符合结婚实质要件但未办结婚登记及同居协议登记，且同居已满 3 年的同居伴侣也应提供一定程度的、弱于登记模式的保护。凡符合结婚法定条件的双方当事人自愿持续稳定地共同生活，同居满 3 年的，可以认定为事实结合。对双方当事人是否是事实结合有争议的，应当通过诉讼程序请求法院认定。法院认定事实结合，应考虑以下因素：（1）同居关系存续时间；（2）是否存在性生活关系；（3）双方当事人是否存在事实扶养关系；（4）财产所有权的来源及使用，对同居生活的投入程度；（5）未成年人的抚养；（6）家务劳动；（7）公众对这一关系的认识和评价。综合上述考虑因素，如可以认定双方并无共同生活的合意，只是为了获取非法利益而偶尔共同生活，或虚假地共同生活，即使共同生活满 3 年，也不应认定为事实结合。但特殊情况下，凡双方符合结婚实质要件但未办结婚及登记同居协议登记，同居未满 3 年但已生育子女或对同居做出重大贡献的同居伴侣，也可认定为事实结合。对于事实结合，双方伴侣的财产关系以分别财产制为法定财产制，对于对共同生活做出重大贡献的一方，比如因照顾同居伴侣及家人付出较多义务的一方；或对共同生活投入个人财产远大于另一方的，可以在分割财产时给予一定补偿。在继承权方面，一方死亡，生存的同居伴侣没有配偶继承权，但可依据《民法典》第1131条对继承人以外的依靠被继承人扶养的人，或者继承人以外的对被继承人扶养较多的人，分给适当的遗产。

短期同居制。双方当事人符合结婚法定条件、自愿共同生活，未办结婚登记及同居协议登记，同居不满3年，且不存在认定为事实结合特殊情形的同居伴侣为短期同居关系。同居双方的个人财产归各自所有，同居期间有共同财产的，按一般共有财产处理。一方伴侣死亡时，另一方不享有配偶继承权，但可依据《民法典》第1131条的规定请求酌分遗产。

对于不符合结婚登记条件的搭伴养老形式，亦应当立法规范。

同性搭伴养老同居形式。在现实生活中，一些寡居老人逐渐形成了叔侄搭伴养老，或者姨妈甥女搭伴养老的长期同居形式。虽然是同性同居生活，但是较好实现了生活照料和精神慰藉的养老需求。

超出一男一女搭伴养老的同居形式。现实生活中有老年人夫妻一方失能，另一方在生活照料方面存在实际困难，在法律形式上解除婚姻关系的前提下，与另外寡居老人同居以弥补生活照料不足的形式。这种搭伴养老同居形式不得违背法律禁止性规定，不得违背公序良俗，比如各方均需是符合结婚年龄的单身（至少一方为老年人），一女多男，一男多女，禁止多男多女搭伴同居养老。

此外，搭伴养老除了同居形式的以外，还有互助式的搭伴养老形式。当今独生子女赡养人越来越普遍，而且与被赡养老年人异地居住生活的越来越多，老年人的老年期也越来越长，所以出现了具有亲戚关系，或者战友关系，或者同学关系，或者农友关系的老年人多家到一起相邻居住，搭伙吃饭、身体好的照顾身体不好的、自娱自乐的互助式养老形式，长期共同生活必将产生人身、财产关系，也需要立法引导和规范。但互助式搭伴养老形式一般不涉及老年人婚姻问题，所以不在本书讨论。

第三，构建我国搭伴养老同居法律制度的设想。

我国搭伴养老同居应立法规制，并采取单行立法模式。婚姻与搭伴养老同居立法应当实行差别待遇，婚姻法律保护约束力要强于搭伴养老同居的共同生活模式，从而引导和规范搭伴养老，使搭伴养老行为能够获得社会广泛承认。在法律优先保护婚姻家庭的倾向下，不应设置搭伴养老的激励性规定，而应充分发挥法的指引作用和积极应对老龄化作用，使人们在选择婚姻或搭伴养老之前对自己选择的生活方式有明确而清晰的预期，鼓励再婚生活，减少选择搭伴养老生活方式的盲目性，避免影响法律婚姻的权威地位，避免对传统婚姻制度构成重大冲击[1]。

搭伴养老同居法律关系的成立。至少一方主体是年满 60 周岁的老年人；搭伴养老同居当事人均需达到法定婚龄；搭伴养老同居当事人均无配偶或事实伴侣或登记伴侣；搭伴养老同居当事人须登记或者持续地公开共同生活达到一定期间。

搭伴养老同居的法律效力。一是内部效力。（1）搭伴养老同居当事人的人身关系。当事人的独立人格不因搭伴养老同居关系的成立或终止而改变；应当保护当事人的自由权，使其在同居关系存续期间可以完全依照个人意愿对其人身和行为进行自由支配，不受同居伴侣的限制和干涉。同居双方当事人需要承担一定的生活照料、精神慰藉和经济供给义务。我国民法规定的身份权主要包括亲权、亲属权和配偶权，这些权利都是基于当事人之间的特定身份关系产生的。搭伴养老同居者间不应享有配偶身份的亲权、亲属权，也不适用法律有关亲权和亲属权的相关规定。如果是多个同性或异性同居者，彼此间有独立的人格权和身份权。对于隐私权问题，作为搭伴养老生活共同体的成员，对外界而言，享有同居者共同的隐私权，任何第三人都负有不得侵害的义务；同时，搭伴养老同居者各自在共同生活体中平等地享有个人隐私权。由于搭伴养老是亲密的人际关系，彼此生活空间的开放性，使同居者掌握对方的个人信息往往多于其他任何人，任何一方不得以不正当的方式探知对方的隐私，不得公开宣扬或扩散对方的隐私。尤其当搭伴养老关系出现矛盾或解除搭伴养老关系时，任何一方不得为泄私愤或其他目的而侵害对方隐私权。（2）搭伴养老同居当事人的财产关系。在财产制方面，在约定财产制优先保护的原则下，可以规定实行有限制的分别财产制。也就是说，搭伴养老同居当事人间有约定的从约定；在没有约定的情况下，搭伴养老同居当事人同居前的个人财产为各自财产，同居期间双方各自所得的财产归各自所有，同居期间双方共同出资购置和劳动所得的财产为共有财产（房屋等价值巨大的财产除外）。在搭伴养老同居关系终止时，法院可以依据真实情况，根

---

〔1〕　何丽新：《非婚同居的规制不会冲击结婚登记制度》，载《政法论丛》2011 年第 2 期。

据以上原则对财产进行分割处置。在经济帮助请求权方面，原则上，搭伴养老同居当事人之间没有类似于婚姻的扶养权利义务关系；但从公平和人道主义的角度出发，我们可以在较为严格的条件下，设计在搭伴养老同居关系解除时，赋予确有困难一方当事人经济帮助的请求权。在继承权方面，有遗嘱的，尊重遗嘱。无遗嘱或者遗嘱无效，各自有子女的或者有其他法定继承人的，适用法定继承；如果没有法定继承人的，搭伴养老同居当事人互相有继承权。对同性或多个异性搭伴养老同居当事人，如无遗嘱或者遗嘱无效，各自有子女的或者有其他法定继承人的，适用法定继承；如果没有法定继承人的，按照实际付出的多少按份享有继承权。在持续性代理权方面，虽然由于搭伴养老同居当事人间不存在因婚姻关系而产生的配偶人身关系，因此涉及配偶身份而形成的夫妻同居权利和义务、夫妻互负忠实义务、夫妻生育权等不宜明确界定在其人身关系范畴。但搭伴养老同居当事人是以同居生活为外在表现，在日常生活中，必然需要处理与同居生活有关的事项。基于搭伴养老同居生活需要和交易安全考虑，适用表见代理规则，应在一定程度上赋予搭伴养老者日常家事代理权[1]。在信赖利益方面，搭伴养老同居是一种特殊的相对关系，搭伴养老同居当事人将自己的利益和前途寄托在相互之间的配合与协作上，且因长期同居生活产生异常紧密的关系，形成了较为特殊的权利义务关系。以合同形式约束彼此关系的，信赖利益根据合同约定得到保障。即使没有合同的明确约定，搭伴养老同居当事人彼此之间也存在信赖关系。因此，搭伴养老同居关系存在信赖利益保护的基础，因一方过错而不当终止搭伴养老关系时，有过错的一方应赔偿对方的物质损失。二是外部效力。（1）搭伴养老同居当事人的身份关系。搭伴养老同居当事人之间并不发生姻亲关系，但应当保障搭伴养老同居当事人之间可以享有家庭成员的某些权益，如到医院探病的权利、为对方请求人民法院和一些基层机关救助的权利等。另外，搭伴养老同居当事人一方在同居期间，可否随时以通知或申明的方式解除同居关系？可否不受同居义务和忠实义务的约束自由与第三者缔结婚姻？其缔结的婚姻效力？是否构成重婚？等等，都应当考虑立法规制。（2）搭伴养老同居当事人的财产关系。在债务承担方面，搭伴养老同居生活期间所发生的

---

[1] 何丽新：《构建我国非婚同居规制的法律机制》，载《甘肃政法学院学报》2007年第1期。

债务，个人债务由债务人独自承担。而搭伴养老同居当事人在同居关系存续期间为维持共同生活或为共同生产、经营活动而产生的债务为共同债务，由于善意第三人难以知晓当事人的共同生活状况，为保护交易安全，应规定搭伴养老同居双方对共同债务承担连带清偿责任，债权人对于搭伴养老当事人一方或双方可同时或先后请求全部或部分给付。即使搭伴养老同居关系解除了，同居双方各自对同一债务仍负担全部清偿责任，非经债权人同意不免除连带责任。在对第三人的损害赔偿请求权方面，搭伴养老同居关系双方当事人"具有经济上的牵连和情感上的依赖"，一方因第三人实施的侵权行为死亡，往往会给另一方造成财产或精神上的损害。根据我国现行法的规定，侵权死亡损害赔偿的请求权主体多限于受害人的近亲属；而搭伴养老当事人之间尚无身份关系依据，彼此尚不能被纳入传统意义上的近亲属范畴，应当规定生存一方有权向侵权行为人主张损害赔偿。越来越多的国家和地区承认因第三人侵权行为造成搭伴养老伴侣一方死亡时，另一方有针对第三人的赔偿请求权，这些立法例对于我国立法保护搭伴养老同居当事人的权利具有重要借鉴意义。

搭伴养老同居关系的解除。在解除搭伴养老同居关系方面，凡办理了同居协议登记的当事人，如双方自愿解除搭伴养老同居协议，应当到婚姻登记机关办理同居协议解除登记。如双方未达成合意，一方当事人要求解除同居协议的，应当到人民法院提起诉讼，请求法院判决解除。如双方系事实结合或短期同居，则解除该关系无须经登记或诉讼程序。

四、老龄人格权

人格权，是指法律所确认的，与作为民事主体必要条件的身体、人格相联系的权利，它随着权利主体的存在而存在，并随权利主体的消亡而消亡，如公民的姓名权、生命健康权、名誉权、肖像权等。

（一）老龄人格权存在的主要问题

1. 生命权

生命权，是自然人享有的以维持其生命存在、保证其生命安全和生命尊严为基本内容的具体人格权。老年人的生理机能越来越脆弱，人生晚年的生命权保护最为重要。

根据《民法典》规定，自然人享有生命权。自然人的生命安全和生命尊严受法律保护。在非法侵害生命的行为和危害生命的危险发生时，权利人有权采取相应的措施，保护生命、排除危害，比如可以采取正当防卫或紧急避险。我国刑法对故意杀人罪规定了最重的刑罚，《刑法》第 232 条规定，犯故意杀人罪的刑罚首选死刑，体现了我国刑法对于生命权的特别保护。根据《关于常见犯罪的量刑指导意见（试行）》规定，对于犯罪对象为老年人的，综合考虑犯罪的性质、犯罪的严重程度等情况，可以增加基准刑的 20% 以下。可见，针对老年人的犯罪，刑法规定了从重处罚及尺度，但仍需不断完善对老年人生命权的必要保护。

2. 身体权、健康权

身体权，是指自然人对保持其肢体、器官和其他组织的完整而依法享有的权利。根据《民法典》规定，自然人享有身体权。自然人的身体完整和行动自由受法律保护。任何组织或者个人不得侵害他人的身体权。

健康权，是指自然人以自己的生理机能正常运作和功能完善发挥、维持人体生命活动的利益为内容的一项具体人格权，身体生理健康和心理健康都是健康权的客体。根据《民法典》规定，自然人享有健康权。自然人的身心健康受法律保护。任何组织或者个人不得侵害他人的健康权。

健康权与身体权的关系：健康权维护的是自然人的肌体生理机能正常运作和功能的完善发挥，身体权维护的是自然人身体组成部分的完整。或者说，健康权保护的是身体机能的完善性，身体权保护的是身体组成部分的完整性。

根据《治安管理处罚法》规定，殴打他人的，或者故意伤害他人身体的，处 5 日以上 10 日以下拘留，并处 200 元以上 500 元以下罚款；情节较轻的，处 5 日以下拘留或者 500 元以下罚款。同时规定，殴打、伤害 60 周岁以上的人的，处 10 日以上 15 日以下拘留，并处 500 元以上 1000 元以下罚款。可见，殴打、伤害老年人的，均处以最重一档的行政处罚。

根据《刑法》规定，故意伤害他人身体的，处 3 年以下有期徒刑、拘役或者管制；致人重伤的，处 3 年以上 10 年以下有期徒刑；致人死亡或者以特别残忍手段致人重伤造成严重残疾的，处 10 年以上有期徒刑、无期徒刑或者死刑。组织他人出卖人体器官的，处 5 年以下有期徒刑，并处罚金；情节严重的，处 5 年以上有期徒刑，并处罚金或者没收财产；未经本人同意摘取其器官，或者摘取不满 18 周岁的人的器官，或者强迫、欺骗他人捐献器官的，按故意伤害、故意杀人定罪处罚。过失伤害他人致人重伤的，处 3 年以下有期徒刑或者拘役。如果违背本人生前意愿摘取其尸体器官，或者本人生前未表示同意，违反国家规定，违背其近亲属意愿摘取其尸体器官的，依照《刑法》规定的盗窃、侮辱、故意毁坏尸体、尸骨、骨灰罪定罪处罚。

可见，我国民法、行政法和刑法对导致他人身体受损的行为都有具体处罚规范，形成了一个对自然人身体权保护的有机保障体系。

我国法律允许对身体有适当的支配权利。自然人对自己的身体组成部分，如自己的血液、体液、毛发等附属部分，有处置的权利，可以依照自己的意志进行支配；自然人对自己的器官，也可以有限度地捐献给他人，救助他人的生命，这都是行使身体权的行为。但是，未经本人同意盗取他人器官，或者强迫、欺骗他人捐献器官的情况仍然时有发生。

《民法典》也规定了人体组织的身后传承。完全民事行为能力人有权依法自主决定无偿捐献其人体细胞、人体组织、人体器官、遗体。任何组织或者个人不得强迫、欺骗、利诱其捐献。完全民事行为能力人依据前款规定同意捐献的，应当采用书面形式，也可以订立遗嘱。自然人生前未表示不同意捐献的，该自然人死亡后，其配偶、成年子女、父母可以共同决定捐献，决定捐献应当采用书面形式。《民法典》还规定，禁止以任何形式买卖人体细胞、人体组织、人体器官、遗体。违反前款规定的买卖行为无效。公民生前表示不同意捐献其人体器官的，任何组织或者个人不得摘取、捐献该公民的人体器官；公民生前未表示不同意捐献其人体器官的，该公民死亡后，其配偶、成年子女、父母才可以以书面形式共同表示同意捐献该公民人体器官的意愿。

越来越多的老年人生前留下遗嘱，死后将自己的遗体或者角膜捐献给医疗机构、医疗教学机构和眼库，进行医学研究教学或者为他人救治疾病。这是老年人行使身体权的行为，是值得赞赏的。但是，老年人行使身体权还不够普遍，需要法律的引导。他们也有的出于营利目的，进行非法的器官买卖；有的超出了身体合理支配权的范围，存在不当行使身体权的行为。

3. 名誉权

名誉权，是指自然人、法人和非法人组织就其基于自身属性与价值所获得的社会评价，享有不受他人侵犯的具体人格权。

根据《民法典》的规定，民事主体享有名誉权。任何组织或者个人不得以侮辱、诽谤等方式侵害他人的名誉权。名誉是对民事主体的品德、声望、才能、信用等的社会评价。可见，名誉是指社会或他人对特定公民、法人的品德、才干、信誉、商誉、资历、功绩等方面的评价总和。

随着生命的终结，死者失去了人们对其进行评价的前提；但是，死者生前的行为和表现却未随其肉体的消亡而消亡，其生前的行为和表现作为一种客观事实，仍可以在人们的意识中传承，对这些行为和表现，人们是能够进行评价的。因此，死者的名誉，实际上是死者生前的名誉。根据《民法典》的规定，死者的姓名、肖像、名誉、荣誉、隐私、遗体等受到侵害的，其配偶、子女、父母有权依法请求行为人承担民事责任；死者没有配偶、子女，且父母已经死亡的，其他近亲属有权依法请求行为人承担民事责任。

近年来，不断有人以"探究细节""还原历史""学术自由"等名义，歪曲历史丑化、诋毁、贬损、质疑英雄烈士，造成了恶劣社会影响。他们通过否定、抹黑这些代表性的英烈群体、人物，否定中国近现代历史，是为了动摇中国共产党的执政根基和否定中国特色社会主义制度，令人愤慨。针对于此，我国法律对侵害英雄烈士名誉权保护做出了特别规定。根据原《民法总则》的规定，侵害英雄烈士等的姓名、肖像、名誉、荣誉，损害社会公共利益的，应当承担民事责任。2018年4月27日，第十三届全国人民代表大会常务委员会第二次会议全票通过了《英雄烈士保护法》，对于英雄烈士等的人格权益进行特别保护，具有鲜明的政治意义，也是弘扬社会主义核心价值观的具体体现。近代以来，为了争取民族独立和人民自由幸福，为了国家繁荣富强，无数的英雄献出了生命，烈士的功勋彪炳史册，烈士的精神永垂不朽。《民法典》对英雄烈士人格权益的特别保护，有利于弘扬烈士精神，缅怀烈士功绩，培养公民的爱国主义、集体主义精神和社会主义道德风尚，培育和践行社会主义核心价值观，增强中华民族的凝聚力，激发实现中华民族伟大复兴中国梦的强大精神力量。

《刑法修正案（十一）》专门增设了侵害英雄烈士名誉、荣誉罪，规定侮辱、诽谤或者以其他方式侵害英雄烈士的名誉、荣誉，损害社会公共利益，情节严重的，处3年以下有期徒刑、拘役、管制或者剥夺政治权利。划出了英雄烈士保护的刑法调整红线。

（二）老龄人格权的立法完善

1. 老年人生命权的保护应当立法完善

应当加强惩治忤逆犯罪的立法。党的十九大报告中提出，要构建养老、孝老、敬老政策体系和社会环境，而我国《刑法》对于忤逆犯罪侵犯老年人生命权、健康权的行为一直没有特别规定，一般按故意杀人定性，刑罚规定偏轻，尤其是故意杀害亲生父母的案件与我国传统刑事法规范相比反差较大，应修订《刑法》加重故意杀害父或母、故意伤害父或母的刑罚，加强对老年人生命权、健康权的保护。

2. 对人体器官捐献应当完善立法引导

自人类首次成功实施肾移植手术至今已有近 70 年的历史。器官移植术是挽救器官衰竭终末期患者最有效、最根本的技术手段，随着移植技术手段的持续进步，我国供体短缺问题逐渐成为器官移植事业发展的堵点。老年人器官本身比较衰弱，有人担心移植手术几年后，因供体器官的衰弱，承者不得不进行第二次移植手术；但研究表明，无论供体年龄如何，移植术的短期与长期预后相似。[1]

我国在 2007 年出台了《人体器官移植条例》。2012 年发布的《国务院关于促进红十字事业发展的意见》、2017 年的《红十字会法》和 2019 年的《中国红十字会章程》，分别明确了红十字会推进人体器官移植事业发展的职责，以及就人体器官移植开展与推动的工作；2013 年 12 月 10 日中共中央办公厅和国务院办公厅联合印发《关于党员干部带头推动殡葬改革的意见》，鼓励党员、干部去世后捐献器官或遗体；2020 年颁布的《民法典》进一步强调了捐献的自愿原则及同意原则、禁止器官买卖行为。但我国相关的法律法规仍存在效力位阶低的问题，活体捐献及公民逝世后的遗体捐献亟待疏导开拓，现行的人体器官移植法律制度体系急需完善，应尽早立法制定人体器官移植法。

---

〔1〕　William C Chapman et al. , " Donor Age-Based Analysis of Liver Transplantation Outcomes：Short-and Long-Term Outcomes Are Similar Regardless of Donor Age", *J Am Coll Surg*, Vol. 2015, No. 1.

第五章

老龄健康和服务方面的立法

随着人口老龄化的发展，我国已迈入老龄社会。有关老年人的健康、养老、护理等问题成为党中央、国务院和全社会最关心的领域之一。2020 年 10 月 29 日，中国共产党第十九届中央委员会第五次全体会议宣告，"实施积极应对人口老龄化的国家战略"，这标志着我国政府开始积极推进人口老龄化问题的解决，并将其作为国家重大战略。2020 年 11 月 4 日，"十四五"规划强调实施积极应对人口老龄化国家战略，表明老年人法治保障建设开始步入快车道。同时十九届四中全会再次强调，要积极应对人口老龄化，加快建设居家社区机构相协调、医养康养相结合的养老服务体系。党的二十大报告进一步指出："实施积极应对人口老龄化国家战略，发展养老事业和养老产业，优化孤寡老人服务，推动实现全体老年人享有基本养老服务。"

随着生活水平和健康水平的提高，我国老年人口也在不断增长。据第七次全国人口普查结果显示，60 岁及以上老年人口已占总人口比重的 18.7%，65 岁及以上老年人口占总人口比重为 13.5%。这两项老年人人口占比数相较第六次人口普查的数据均有较为明显的增加，表明我国人口老龄化程度进一步加深；其中纯老家庭数量也有了明显的增加，老年抚养系数逐年提高，老龄化特点凸显，呈现出高龄化和长寿化特征。2020 年，我国人均寿命为 77.3 岁，但健康预期寿命只有 68.7 岁。[1] 从数据来看二者有着明显的差距，这说明我国老年人患病时间较早，平均大致有 8 年多的时间是处于带病生存的状态。如果老年人群体健康状况良好，那么人口老龄化可以被视为社会可持续发展的力量和人力资源的增长；但如果寿命的延长伴随的是健康上的种种

---

[1] 史薇：《老龄社会的健康风险及对策》，载《决策探索（下）》2020 年第 4 期。

障碍或者能力上的局限，则意味着对国家的医疗保健和社会服务的需求更高，人口老龄化就会成为社会的负担。[1]老年人的健康往往面临疾病风险、失能风险、残障风险、死亡风险四大挑战，其中疾病和失能风险对老年生活质量的影响巨大。如果在老年健康方面作出应有的努力，使许多慢性病可以提前预防并可以早期治疗，就能使很多老年慢性病得以缓解和推迟，甚至能够逆转，从而大大压缩老年人完全失能的时间，极大地降低完全失能的老年人人数。要实现这一目标，需要国家提供完善的老年健康服务，满足老年群体对健康服务的需求，从而提升老年群体的健康水平。

老年人群体的健康状况直接影响着其生活自理能力，老年人健康是保障老年人独立自主和参与社会的基础，推进健康老龄化是积极应对人口老龄化的长久之计。为此我国已投入了大量的人力、物力与财力到老年人的健康服务中，对我国老龄健康事业的发展发挥了巨大的作用。尽管如此，有关老龄健康发展方面仍然存在着一些问题需要加以解决，以便更有效地促进老年人健康长寿的实现。

一、老龄健康立法

为老年人提供必要的医疗健康服务对于老年人权益保障而言至关重要。老龄健康与健康权密切相关，而健康权这一基本人权在老年人权利领域中占有重要地位，是老龄化社会治理制度中的核心概念。

一般认为，健康为"人人有权享有能达到的最高的体质和心理健康的标准"。[2]健康权是消极权和积极权的混合权，既是自然人作为个体获得最佳健康水平的物质条件的权利，也是其作为社区成员等群体的成员之一对健康环境和公共卫生服务等公共性事项的群体提出要求的权利。我国已颁布实施的《基本医疗卫生与健康促进法》的规定涉及了健康权保护的多个方面。[3]

随着老龄社会的到来，老年人的健康问题在国际社会受到广泛重视。

---

〔1〕 何燕华：《老年人健康权理论逻辑及实现》，载《湖南师范大学社会科学学报》2020年第4期。

〔2〕 《经济、社会及文化权利国际公约》第12条。

〔3〕 《基本医疗卫生与健康促进法》第4条、第5条。

1990年世界卫生组织在世界老龄问题大会上提出了"健康老龄化"这一应对人口老龄化的发展战略，2002年世界卫生组织《积极老龄化：政策框架》这一报告对积极老龄化的概念、内涵加以界定，并对"健康老龄化"的内涵予以阐述。国家作为首要的主体应采各种措施以应对并积极承担维护和增进老年人群体健康水平的责任，其责任应当关涉老年人群体的预防、医疗、康复以及必要的长期的护理，国家有义务从综合角度制定保障政策从而保障老年人的身体和心理健康水平已成为国际共识。[1]在实现老年人的健康权方面，涉及的基本措施包括定期的身体检查、身体和精神上康复措施、保持老年人的自理能力、对老年慢性病患者和其他重大疾病患者的治疗和相应的照护、对痛苦的免除和去世的体面。[2]

老年人健康权相较于一般的健康权而言有着独有的特征：第一，老年人面临的健康问题较之一般人而言有所不同，老年人遭受老年慢性疾病、常见疾病的威胁更为突出；因年老、身体健康条件受限所产生的经济收入的减少、孤独引起的心理精神疾患等健康问题更为明显；第二，老年人的健康权易被忽视，潜在的老年歧视给老年人的健康权保障带来了一定负面影响；第三，老年人对健康服务的需求更大、更多样，需要建立多种护理体系，建立有别于一般健康权保护的特别措施，从而尽可能全面地覆盖对老年人健康权益的保障；第四，老年人健康权保护受到多种因素制约，人口结构的变化在全球范围内持续带来养老压力，国家在宏观层面的经济政策导向和福利政策构建都影响着老年人健康权的实现。

老年人健康权具有复合性的特征，其实现有赖于完善的法律制度构建和健全的健康服务体系，需要国家履行尊重、给付和保护的义务，也需要社会、家庭等多方主体的参与。[3]尽管目前我国的立法已涉及老年人健康权益保障的多个方面，但老龄健康法律规范体系仍存在一定问题，亟待未来立法完善。

虽然目前世界立法的主流是将老年人医疗保健服务的相关法律规定囊括

---

〔1〕《经济、社会和文化权利国际公约》的第6号一般性意见第34条。

〔2〕路艳娥：《健康权研究》，南京大学2011年博士学位论文。

〔3〕何燕华：《老年人健康权理论逻辑及实现》，载《湖南师范大学社会科学学报》2020年第4期。

于医疗保险法律制度中，但考虑到我国社会保障制度仍处于快速发展中，为直面老龄事业发展的需求，以德、日为代表的针对老年人健康保障专门立法的做法值得我国借鉴。[1]

（一）老龄健康立法现状

1. 法律层面

"公民健康权"这一概念虽然未在《宪法》中予以明确界定和直接体现，但《宪法》对政府责任的规定反映了公民健康权益的落实。其第21条第1款规定的内容[2]就体现了政府为促进公民身体健康应履行的有关医疗卫生方面的职责，实际上是规定了国家"保护人民健康"的义务；第45条第1款[3]规定了政府对年老公民提供物质帮助的义务，这其中也当然地包括了针对老年人的医疗卫生方面的帮助。这些规定体现了老年人健康权作为受益权的实现需要借助国家和社会积极创造相应的条件。[4]

在我国老年人权益保障规范体系中具有重要意义的单行法《老年人权益保障法》中的第50条[5]就从宏观上规定了政府对老年医疗卫生服务应担负的责任，在具体内容上明确了对老年人的保健、护理、临终关怀、老年病专科或者门诊等服务。该条规定首次将老年人的健康保障写进了法律，使老年人的健康权益保障有了直接的法律依据。

在我国卫生法治体系中具有基础性和综合性的地位的《基本医疗卫生与

---

〔1〕 李超：《老年维权之利剑：老年人法律保障制度研究》，上海人民出版社2007年版，第132页。

〔2〕《宪法》第21条第1款规定："国家发展医疗卫生事业，发展现代医药和我国传统医药，鼓励和支持农村集体经济组织、国家企业事业组织和街道组织举办各种医疗卫生设施，开展群众性的卫生活动，保护人民健康。"

〔3〕《宪法》第45条1款规定："中华人民共和国公民在年老、疾病或者丧失劳动能力的情况下，有从国家和社会获得物质帮助的权利。国家发展为公民享受这些权利所需要的社会保险、社会救济和医疗卫生事业。"

〔4〕 王广辉：《我国"老龄法治"的宪法基础分析》，载《南通大学学报（社会科学版）》2022年第5期。

〔5〕《老年人权益保障法》第50条规定："各级人民政府和有关部门应当将老年医疗卫生服务纳入城乡医疗卫生服务规划，将老年人健康管理和常见病预防等纳入国家基本公共卫生服务项目。鼓励为老年人提供保健、护理、临终关怀等服务。国家鼓励医疗机构开设针对老年病的专科或者门诊。医疗卫生机构应当开展老年人的健康服务和疾病防治工作。"

健康促进法》的第 4 条〔1〕就在规范层面使用了"公民的健康权"这一概念，明确了政府在医疗卫生和健康事业中的主导作用，标志着我国公民健康权保护相关法律制度的发展进入了新的时期。虽然该条款是在普遍意义上对公民健康权的总括性规定，但条文表述中所使用的"公民"一词的内涵理所当然应包括老年人；且老年人面临疾病、失能风险更高，因此老年人的健康权更应得到高度重视。同时该法的第 36 条〔2〕对包括老年人在内的公民全生命周期健康管理和促进也作出了明确规定，给予相应的法律保障。总的来说，该法分别从保健服务、精神卫生、医养结合、营养监测、长期护理这几个方面对包括老年人在内的弱势群体进行了特别规定。〔3〕

在 10 部关于公共卫生服务的单行法〔4〕中，《食品安全法》第 57 条〔5〕规定了关于养老机构公共食堂的食品安全问题，同样涉及对老年人的健康保障。

2. 国务院的主要政策

国务院《"十三五"卫生与健康规划》里明确要求加强在老年护理、康复医疗等的医疗服务能力建设，大力发展康复医院、护理院等延续性医疗机构。

国务院《"十三五"国家老龄事业发展和养老体系建设规划》明确了老

---

〔1〕《基本医疗卫生与健康促进法》第 4 条规定："国家和社会尊重、保护公民的健康权。国家实施健康中国战略，普及健康生活，优化健康服务，完善健康保障，建设健康环境，发展健康产业，提升公民全生命周期健康水平。国家建立健康教育制度，保障公民获得健康教育的权利，提高公民的健康素养。"

〔2〕《基本医疗卫生与健康促进法》第 36 条规定："各级各类医疗卫生机构应当分工合作，为公民提供预防、保健、治疗、护理、康复、安宁疗护等全方位全周期的医疗卫生服务。……"

〔3〕 何燕华：《老年人健康权理论逻辑及实现》，载《湖南师范大学社会科学学报》2020年第 4 期。

〔4〕 10 部关于公共卫生服务的单行法分别是《母婴保健法》《医师法》《传染病防治法》《职业病防治法》《国境卫生检疫法》《食品安全法》《药品管理法》《献血法》《人口与计划生育法》《红十字会法》。

〔5〕《食品安全法》第 57 条规定："学校、托幼机构、养老机构、建筑工地等集中用餐单位的食堂应当严格遵守法律、法规和食品安全标准；从供餐单位订餐的，应当从取得食品生产经营许可的企业订购，并按照要求对订购的食品进行查验。供餐单位应当严格遵守法律、法规和食品安全标准，当餐加工，确保食品安全。学校、托幼机构、养老机构、建筑工地等集中用餐单位的主管部门应当加强对集中用餐单位的食品安全教育和日常管理，降低食品安全风险，及时消除食品安全隐患。"

年医疗卫生保健的主要任务，提出推进老年健康支持体系的建设。该规划将国际上公认的"健康老龄化"和"积极老龄化"的理念进行了充分贯彻，在"老有所医"传统认识的基础上有进一步的提升。

国务院《关于促进健康服务业发展的若干意见》提出，到2020年基本建立覆盖全生命周期、内涵丰富、结构合理的健康服务业体系。除此之外，国务院及各部委还颁布了一系列的文件来推进"医养结合"服务。

2016年中共中央、国务院发布《"健康中国"2030规划纲要》，该规划纲要提出，要重点解决老年人、残疾人等重点人群的健康问题。要积极为老年人提供住院治疗期间健康服务和养老服务、康复期护理期间健康服务和养老服务、稳定期生活照料健康服务和养老服务、安宁疗护一体化的健康服务和养老服务。在全国90个地方进行"医养结合"的试点，各地医养结合试点围绕医疗机构、养老机构、社区、家庭等主要服务载体，探索形成了多元的医养结合模式。医养结合是"健康老龄化"的中国方案，是国家应对老龄化的重要手段，体现了卫生、保健服务综合性的特点。

2019年6月国务院印发《国务院关于实施健康中国行动的意见》为"健康中国"的实现提供了指引，其中"老年健康促进"作为重大专项行动之一承担具体落实"健康老龄化"目标的任务。

2018年党和国家机构改革中组建了国家卫生健康委员会，在原本的基础上就其职能作出重大调整，该委员会的新增职责之一就是要建立完善老年健康服务体系。同年该委员会增设老龄健康司以强有力的组织管理保障促进老年健康服务体系建设。

2021年12月国务院印发的《"十四五"国家老龄事业发展和养老服务体系规划》提出进一步健全老年健康支撑体系：加强老年健康教育和预防保健；发展老年医疗、康复护理和安宁疗护服务；深入推进医养结合。

3. 相关部委的主要规定

2015年原国家卫生和计划生育委员会、民政部等部门联合出台《关于推进医疗卫生与养老服务相结合的指导意见》，该指导意见促使医养结合试点工作在各地陆续开展。

2019年10月，国家卫生健康委员会等八部门联合印发《国家卫生健康委、国家发展改革委、教育部关于建立完善老年健康服务体系的指导意见》[1]。该《意见》的实施对老年人健康水平的提高，老年健康服务体系建设的加强，促进健康老龄化的实现具有巨大的推动作用。

2021年6月，国家发展改革委等四部门印发的《"十四五"优质高效医疗卫生服务体系建设实施方案》提出支持康复医疗"城医联动"项目建设，重点为老年失能失智等人群提供普惠性医疗康复和医疗护理服务。

2021年12月国家卫生健康委员会、全国老龄办和国家中医药局联合印发《国家卫生健康委、全国老龄办、国家中医药局关于全面加强老年健康服务工作的通知》，提出持续增加老年健康服务供给和提高老年健康服务质量以满足老年人的健康服务需求，并从老年人健康教育、老年人基本公共卫生服务、老年人功能维护、老年人心理健康服务、家庭医生签约服务、老年医疗多病共治、老年人居家医疗服务、老年人用药保障、老年友善医疗服务、老年护理和康复服务、失能老年人健康照护服务、安宁疗护服务、老年中医药健康服务以及老年人传染病防控等方面对老年人健康服务工作作部署。

（二）老年人健康保障方面立法规定存在的问题

1. 老年人健康保障立法规定不明

健康权是一项基本人权。老年人因其自身身体、心理、精神等方面的影响，使其有别于其他群体，这一特点使得老年人健康权的保障格外突出。但目前，我国并没有专门的老龄健康方面的立法。在仅有的老年人权利保障方面专门立法《老年人权益保障法》中，尽管部分条款涉及了对老年人的健康保护，但基本上都是宣示性的和原则性的规定，未能就老年人群体的特有属性和需求作出针对性的规定，尤其是对于老年人健康权这一核心概念没有加以明确界定，使得相关的法律保障缺少具体的具有可操作性的依据，造成老年人健康权益保障的落实缺乏依据。

《基本医疗卫生与健康促进法》虽然有对健康保障方面的规定，但该法是针对全体国民的卫生与健康保障，缺乏对老年人这个特殊群体在卫生与健康保障方面的专门的特别规定，难以就老年人群体在健康保障方面的特殊需求加以关注，对老年人健康保障的支持作用较为有限。

---

[1] 该《意见》提出构建"健康教育、预防保健、疾病诊治、康复护理、长期照护、安宁疗护的综合连续、覆盖城乡的老年健康服务体系"。

2. 涉及老年人健康保障的规范性文件缺乏系统性

目前针对老年人健康保障的规范涉及医疗、公共卫生、护理、食品与药品安全、医疗保险等多个方面，覆盖面较广，但这些规范性文件所做规定缺乏系统性，都较为零散；其内容也多以概括、抽象性的语言表述，缺乏具体的操作要求和明确的行为标准，造成在实践中老年人健康保障工作的落实遇到很多困难。如有关老年人健康保障的责任主体、保障内容和保障责任等方面内容不明确，且有关政策供给仍存在偏重供给型和环境型、忽视需求型的应用结构失调问题。[1]

另外，现有的一些规范性意见存在民政、卫生等多部门的"多头管理"。又因各部门认知不统一、利益分化等导致资金短缺、人才缺乏，老年人健康保障工作难以落实到位。因此，有必要构建完善的老年健康保障法律制度，就各具体环节针对老年人健康权的保障强调方式上的"特别对待"，构建专门的老年人健康保障立法即老龄保健法，从法律层面对老年人健康保障工作给予有力的支持。

3. 医养结合型养老服务体系尚未形成

尽管我国旨在整合卫生和社会服务的医养结合养老模式已经历十余年的发展历程，但当前规范制度体系搭建起的服务体系框架尚未形成有效的多部门合作机制，使得现有制度落实受限。居家、社区、机构间围绕"医""养""护"的整合与深度结合还未充分体现。此外，医保政策不涉及、医保报销范围窄等限制同样桎梏了医养结合养老服务模式的长期发展。[2]

4. 老年人精神健康保障尚未得到重视

当前针对老年人健康保障的制度体系往往聚焦于老年人的身体健康状况，而对老年人的精神健康保障尚未予以充分的关注。尽管老年人是抑郁症等精神疾病高发的重点人群之一，但当前针对老年人的心理与精神卫生的服务保障仍难以满足现实迫切的需求。立法层面的关注不足使得老年人精神健康保障难以真正落实。

---

〔1〕　董晨雪、王俊华：《我国健康养老发展存在的问题与建议》，载《中国国情国力》2022年第 11 期。

〔2〕　晏月平、李雅琳：《健康老龄化到积极老龄化面临的挑战及策略研究》，载《东岳论丛》2022 年第 7 期。

5. 老年人预防性医疗服务体系尚未建立

我国医疗卫生服务体系目前在急性病诊疗方面取得较好成就，但预防性医疗服务体系发展仍较为不足，医疗服务存在连续性不够的问题。[1]面对我国老年人群体慢性病患病率持续升高且慢性病管理和控制较差的现状，[2]立法层面对预防性医疗服务体系支持的不足无疑将成为老年人健康保障的短板。

6. 监管部门执法法律依据缺失

目前我国老年人健康保障体系涉及医疗、公共卫生、医药等多个领域多个职能部门，广覆盖面下监管立法尚存在诸多不完善之处：一方面，各部门的职能划分不清晰，存在监管死角，部门合作协调机制尚未形成，执法效率较为有限；[3]另一方面，各部门执法依据的缺失使得实践中执法活动缺少明确的依据、详尽的标准和必要的限制，难以发挥监督和管理的作用。

（三）制定我国老龄保健法的立法考量

1. 域外经验借鉴

日本老年人健康权益的保障立法活动开始较早。在 1963 年，日本就颁布了《老年人福利法》，以期通过老年人法定福利框架的搭建为保持老年人的身心健康和生活安定而制定必要措施。其后为更好地保障老年人的健康，日本于 1983 年颁布了《老年人保健法》，后于 1986 年进行修改。《老年人保健法》的目的是以综合实施疾病预防、治疗以及功能训练等手段，确保老年人得到适当的医疗服务，提前预防疾病风险，并在疾病风险发生时及早及时治疗，对已出现功能障碍的老年人进行功能训练。该法还明确了家庭和社区应承担的角色，通过夯实法律实施的社会基础促进实施。《老年人保健法》主要内容包括：

其一，合理设计医疗费用的分担机制。首先规定就诊的老年人须缴纳部分负担金，旨在提高老年人的健康意识并减少不适当的就诊，保证医疗资源的高效合理使用，促进医疗费世代间的公平负担；同时，此外的医疗费用将

---

〔1〕 晏月平、李雅琳：《健康老龄化到积极老龄化面临的挑战及策略研究》，载《东岳论丛》2022 年第 7 期。

〔2〕 葛延风等：《我国健康老龄化的挑战与策略选择》，载《管理世界》2020 年第 4 期。

〔3〕 王杰秀、安超：《"元问题"视域下中国养老服务体系的改革与发展》，载《社会保障评论》2020 年第 3 期。

通过共同负担机制分担，该机制根据特定比例将费用分摊于被用者保险的保险人、国家和地方财政、市町国保等主体之间。

其二，构建和完善综合的包含保健、康复及护理等服务在内的非医疗服务体系。为应对老年人群体中生活习惯疾病占比上升的现象和身体机能下降导致的庞大的长期护理需求，该法创立了包括预防、治疗及医疗指导、康复在内的综合服务体系；此后又逐步增加了老人保健院、老人保健设施及老人访问看护制度等护理服务内容。所需要的费用由各保险人交付的捐出金、公费及利用者付费共同负担。[1]

其中老人保健设施的功能定位介于医院和特别护理养老院之间，旨在通过身体康复和生活机能康复训练提升老年人生活自理水平。老人保健设施的创建将老人的医疗、保健和福利有机结合，形成功能各异的联网系统；[2]而老人访问看护制度则通过护士或保健士上门服务为有需求的老年人提供疗养上的照顾和必要的辅助诊疗服务，在观察病情的同时为家庭提供护理指导。[3]

《老龄保健法》的颁布促进了日本保健事业向防御方向的转型，有效扭转了以往以医疗活动为中心的保健事业费用剧增的局面。同时，在预防的关口强化服务保障进一步提升了老年人群体的健康水平。

欧盟的积极健康老龄化策略同样可为我国立法完善提供经验。其欧洲积极健康老龄化战略计划包括预防、筛查和早期诊断，个性化的健康管理；护理和治疗；积极老龄化和独立生活三大支柱以及十个行动领域。[4]

基于提高人口的整体健康水平从而有效降低公共卫生领域开支的思路，欧盟明确了主动预防的医保理念，并采取了一系列措施，包括：在医疗保健工作的推进中加大对主动预防的投入并增强公众整体的健康意识；将医疗保健体系侧重点改变为主动预防并有针对性地防治慢性老年疾病；推动电子健康服务的发展，鼓励公共卫生机构和部门利用信息通信技术面向公众进行知识和

---

〔1〕　汪地彻：《中国老龄法治研究》，华龄出版社 2017 年版，第 60 页。

〔2〕　周娟：《日本老人保健制度的创建》，载《学园》2014 年第 29 期。

〔3〕　周娟：《日本老人保健制度的创建》，载《学园》2014 年第 29 期。

〔4〕　刘文、焦佩：《国际视野中的积极老龄化研究》，载《中山大学学报（社会科学版）》2015 年第 1 期。

信息发布并提升医疗资源的使用效率；构建包括公共医保服务、私立医疗机构、家庭护理以及商业医疗保险机构等在内的整体性的完善的医疗保健体系。[1]

2. 完善建议

尽管目前我国已建立起以《老年人权益保障法》为核心的老年权益保障法律规范体系，但是对老年人群体权利和福利的保障应当随着经济发展水平的不断提高而加强。健康权益是老年人各项法定权益的重中之重，在充分认识老年人群体规律并整合现有规范的基础上，旨在满足老年人在健康领域的特殊需求的具有针对性的、全面的、体系化的专门立法仍有必要，[2]这也是我国健康法治应对老龄化的必然选择。

在针对现有问题结合实践情况和充分吸纳域外立法经验的基础上，建议就老龄保健规范制度体系的构建进行单行立法，完善老年健康服务体系，以健康老龄化为目标提高我国老年人健康水平、增进老年人福祉。

首先，应明确老年健康单行立法的定位、目的和理念。老年健康单行立法应定位为老龄保健制度体系的核心规范；明确立法目的为，通过包括老年人疾病预防、治疗、医疗指导与康复在内的综合服务的实施，保障老年人的健康并确保其得到适当的医疗服务，构建完善的公共卫生服务体系以提高老年人的健康水平、提升老年人的生活质量，通过明确立法目的总括性地为相关规范体系展开提供价值上的指引。

单行立法在名称上可参照日本《老年人保健法》，定为老年健康法，在用语上与我国"健康中国"的战略保持一致，并与《基本医疗卫生与健康促进法》等法相呼应。

在具体制度的架构上，应当在明确老年人健康权内涵的基础上从法律角度构建老龄保健制度，以健康权概念为核心，建立包含从前期的生活习惯改善、疾病预防，到治疗，再到治疗后的指导和康复、慢性病管理、长期护理等内容的覆盖全流程的老年人健康服务体系，根据我国当前的经济水平、人口结构、制度基础等的特定情况建立起符合我国国情的老年人健康保障制度。

---

〔1〕 蒋红柳：《积极健康老龄化：欧盟老龄化社会医疗保健策略及其借鉴》，载《西南民族大学学报（人文社会科学版）》2016年第8期。

〔2〕 李超：《老年维权之利剑——老年人法律保障制度研究》，上海人民出版社2007年版，第177页。

其一，构建以老年人健康权为核心的老龄保健体系，通过对老龄健康权内涵的明确进行法律理论的展开，为未来应对老龄化、增进老年人健康水平、加强对老年人健康保障的各领域的立法和政策制定活动提供理论的框架和价值理念的指引。构建老龄保健法律关系体系，明确老龄保健规范体系涉及的主体范围，合理配置政府、社会、市场、个人以及家庭等各主体的权利、义务及法律责任，通过权责配置促进各主体之间的协调合作。

其二，建立包含从前期的生活习惯改善、疾病预防，到治疗，再到治疗后的指导和康复、慢性病管理、长期护理等内容的覆盖全流程的老年人健康服务体系。

在现有制度的基础上，针对实践中的问题和老年人的需求进一步完善老年医疗卫生服务制度，包括医疗卫生服务机构的设置和服务的范围、规则等内容，为我国老年医疗卫生服务制度在全国统一标准、有关主体责任、服务质量评估、信息共享平台和医疗卫生资源整合等方面的全面发展提供制度基础。[1]

补足当前重医疗而轻预防、轻照护的短板，在立法理念上强调老年人疾病预防和治疗后的指导和康复，建立相关保健制度，包括建立健全健康教育制度、预防保健制度、康复和护理服务制度、疾病诊治等制度。可以借鉴日本的老人保健设施制度和老人访问看护制度，从预防到医疗指导形成一套连贯的体系，并在体系上注意和养老服务法、长期照顾服务法等单行立法之间的衔接。

其三，明确家庭、社会、市场力量等主体在老年保健体系中的角色。在明确政府职责的基础上，进一步明晰家庭、社会、市场力量之间的责任分担机制：首先，凸显老年人保健活动中家庭的核心作用，为老年人家庭成员提供必要的保健培训，加强其知识储备、提升日常护理技能水平，通过相关政策支持进一步为家庭成员的日常照护提供经济帮助和必要的休息休假；其次，强调基层社区和其他老年人社会组织对老年人保健事业的参与，使其发挥老年健康宣传教育、知识科普的作用，通过与老年人社会参与的制度衔接加强对老年人的精神关怀，提升老年人精神健康水平；在"医养结合"的背景下，

―――――――――

〔1〕　董晨雪、王俊华：《我国健康养老发展存在的问题与建议》，载《中国国情国力》2022年第11期。

推动基层卫生机构在协调养老服务和医疗服务方面进一步发挥作用，在低强度、医疗设备依赖性不强的医疗服务提供上承担辅助性角色；[1]充分调动市场主体的积极性，对大健康产业相关企业和其他机构给予政策上的支持和优惠，作为补充力量促进老年保健体系的完善，满足不同层次的、个性化的老年健康服务需求。

其四，明确老年人健康保障领域有关监管主体的地位和职责，通过完善监管体系促进老年人健康保障的长期、稳定和规范发展。针对目前实践中监管无依据、监管死角多、监管效率低等问题完善立法，为执法活动提供明确的法律依据和必要限制；明确各部门之间的职能划分，建立部门合作协调机制促进联动执法，提升执法效率。为加强对老年健康的监督管理提供法律依据，避免监管的缺位或越位。

在具体监管中，结合实践经验，加强过程监管和标准化建设，制定具有操作性的绩效标准，实现科学监管。[2]

结合互联网信息技术和大数据，有效整合现有医疗机构和市场主体所掌握的老年健康信息，建立统一管理的老年健康管理信息中心；由政府主导并实施健康信息监控制度，实施老年保健领域信息公开制度，[3]通过信息技术促进服务提供和监管效率的提升。

其五，通过资金筹集和分担机制的合理设计为老年健康保障体系提供持续稳定的动力。建立多元的资金保障体系，一方面，在精算平衡的基础上构建多主体的费用分摊机制，与当前的社会保险改革联动，实现全社会的风险共担和互济互助；另一方面，充分运用针对家庭的老年保健公共卫生服务和老年保健补贴、针对老年保健产业的税收优惠等政策工具。在医疗费用的支付方面，可规定在合理的比例内由老年人自行承担就诊、医疗及其他医疗服务的费用部分，以避免过度的医疗，促使医疗资源高效利用。

其六，通过政策的支持、鼓励和引导增加老年保健服务专业技术人员人力资源供给。参照日本在老年人健康服务领域照护福利士、社会福利士的国

〔1〕 葛延风等：《我国健康老龄化的挑战与策略选择》，载《管理世界》2020 年第 4 期。

〔2〕 王杰秀、安超：《"元问题"视域下中国养老服务体系的改革与发展》，载《社会保障评论》2020 年第 3 期。

〔3〕 赵洁：《养老服务监管的国际经验及启示》，载《社会政策研究》2019 年第 2 期。

家资格审查以及照护经纪人复合型职业的设立与人才教育改革，[1]一方面，在教育领域促进提升老年保健相关职业技能培训的可及性和多样性，建立完善的多层次的职业培训体系；另一方面，通过政府购买、岗位补贴等形式加大对老年保健服务技术人才的投入，缓解当前老年保健领域人员短缺的情况，综合提升专业技术人员的综合水平。

二、长期照护服务立法

随着我国老龄化程度的加深，失能老人数量在逐年增多。据"第四次中国城乡老年人生活状况抽样调查"显示，2015 年全国城乡失能、半失能老年人占老年人口的比例达到了 18.3% ，总数约为 4063 万人。此外伴随着老龄化，患有慢性病的老年人数量也在不断增长。面对这样一种老年人口状况，建立有效的老年长期护理服务制度势在必行。

长期照护[2]，国际上简称 LTC，也称长期照顾、长期护理、长期照料。世界卫生组织将长期照护界定为"由非正规护理者（家庭、朋友或邻居）和专业人员（卫生和社会服务）进行的护理照料活动体系，保证不具备完全自我照料能力的人能继续得到其个人喜欢的及较高的生活质量，获得最大可能的独立程度、自主、参与、个人满足及人格尊严。"[3]长期照护服务具有以下特点：第一，长期照护的对象虽然包括各类病患或者精神病患者，但是以具有功能障碍的老年人居多；第二，长期照护概念所包含的内容日益广泛，现在已经不仅仅包括对于失能老人的医疗照护，更强调对老年人日常生活的照护；第三，长期照护是与急性医疗照护区别开的，前者是医疗照护与社会照护的综合，具有跨医疗和社会服务领域的特点，而后者则是对患者短期危急情况的短期医疗照护。[4]

随着世界人口老龄化的深入发展，国际社会普遍认同这样一个观点：所

〔1〕 张继元：《社区医养结合服务：日本的探索与启示》，载《安徽师范大学学报（人文社会科学版）》2021 年第 3 期。

〔2〕 因长期照顾的表述有长期照护、长期护理、长期照料，所以在引用文献时为尊重原作者的表述，在行文中会分别出现几种表述，但都指向一个意思。

〔3〕 孙华、耿晨：《南通基本照护保险制度建设及其启示》，载《中国医疗保险》2017 年第 10 期。

〔4〕 施巍巍：《发达国家老年人长期照护制度研究》，知识产权出版社 2012 年版，第 17~18 页。

有国家无论其经济发展水平如何，或者需要依赖照护的老年人口比重如何，都需要建立一个充分整合的长期照护系统；与此同时，还应树立有关长期照护的新的思维方式，并积极努力地将这一新思维大力推行，将长期照护的核心目标转变为使失能者能最大化地发挥其功能，使长期照护极大地促进健康老化的发展。[1]

（一）我国长期照护服务立法现状

1. 法律层面

关于长期照护服务我国目前虽没有专门的立法，但已经有了一部分对长期照护服务的法律与政策支持。《宪法》第45条第1款[2]就规定了国家对于公民承担物质帮助义务的条件以及具体途径，其中长期照护服务中的医疗相关服务就可以包含在"医疗卫生事业"的途径中。

新修正的《老年人权益保障法》第30条[3]明确了我国长期护理的探索，首要目标就是满足老年人的护理需求。长期护理工作的开展不仅仅需要家庭内部的努力、社会环境的支持，还需要政府提供相应的保障，因此该条规定了地方政府针对特定人群制定评估标准、进行护理补贴。同时第42条[4]、第47条[5]、第52条[6]分别对养老服务质量与标准、养老机构的分类与管理、服务人才的培养与保障以及国家对老龄产业发展所应承担的责任进行了

---

〔1〕 伍小兰：《中国长期照护体系的发展与思考》，载《老龄科学研究》2017年第5期。

〔2〕《宪法》第45条第1款规定："中华人民共和国公民在年老、疾病或者丧失劳动能力的情况下，有从国家和社会获得物质帮助的权利。国家发展为公民享受这些权利所需要的社会保险、社会救济和医疗卫生事业。"

〔3〕《老年人权益保障法》第30条规定："国家逐步开展长期护理保障工作，保障老年人的护理需求。对生活长期不能自理、经济困难的老年人，地方各级人民政府应当根据其失能程度等情况给予护理补贴。"

〔4〕《老年人权益保障法》第42条规定："国务院有关部门制定养老服务设施建设、养老服务质量和养老服务职业等标准，建立健全养老机构分类管理和养老服务评估制度。各级人民政府应当规范养老服务收费项目和标准，加强监督和管理。"

〔5〕《老年人权益保障法》第47条规定："国家建立健全养老服务人才培养、使用、评价和激励制度，依法规范用工，促进从业人员劳动报酬合理增长，发展专职、兼职和志愿者相结合的养老服务队伍。国家鼓励高等学校、中等职业学校和职业培训机构设置相关专业或者培训项目，培养养老服务专业人才。"

〔6〕《老年人权益保障法》第52条规定："国家采取措施，发展老龄产业，将老龄产业列入国家扶持行业目录。扶持和引导企业开发、生产、经营适应老年人需要的用品和提供相关的服务。"

明确规定。

《基本医疗卫生与健康促进法》第36条[1]包含了对老年人全生命周期的从预防到养护的全方位医疗保护。而2021年公开征求意见的《医疗保障法（征求意见稿）》第23条[2]明确了长期护理保险将实现全民覆盖。

上述法律规定使长期照护服务有了一定的法律依据。

2. 国务院的主要政策

国务院《"十三五"卫生与健康规划》提出加强老年护理、康复医疗服务，针对康复医院、护理院等延续性医疗机构加强建设。

2016年《"健康中国"2030规划纲要》强调积极打造健康服务和养老服务、安宁疗护一体化的健康养老服务。

2017年《"十三五"国家老龄事业发展和养老体系建设规划》提出推进老年健康支持体系的建设，其中对"医疗与康复护理服务"作了专门规定。同年《国务院办公厅关于制定和实施老年人照顾服务项目的意见》列出20项为实现老年人照护服务目标的任务。

2019年《国务院办公厅关于推进养老服务发展的意见》针对养老相关的消费做了一系列规定。除了建立健全长期照护服务体系的强调，还明确了针对护理专业人才的技能培训以及分级认定，保障长期护理体系的有序建立。

2021年12月《"十四五"国家老龄事业发展和养老服务体系规划》强调稳步建立长期护理保险制度。

3. 相关部委的主要规定

2016年人社部出台《人力资源社会保障部公办厅关于开展长期护理保险制度试点的指导意见》，选择15个城市开始保险试点。

2017年国家卫生和计划生育委员会办公厅印发《"十三五"健康老龄化

---

[1] 《基本医疗卫生与健康促进法》第36条第1款规定："各级各类医疗卫生机构应当分工合作，为公民提供预防、保健、治疗、护理、康复、安宁疗护等全方位全周期的医疗卫生服务。"

[2] 《医疗保障法（征求意见稿）》第23条规定："国家建立和发展长期护理保险，解决失能人员的基本护理保障需求。长期护理保险覆盖全民，缴费合理分担，保障均衡适度，筹资和待遇水平动态调整。制定完善与长期护理保险制度运行相适应的失能评估和需求认定等标准、基本保障项目范围以及管理办法等。健全符合长期护理保险特点的经办服务体系。支持社会力量参与制度体系建设，鼓励建立多元综合保障格局。"

规划重点任务分工》中明确推动居家老年人长期照护服务的发展。

此后，相关部委的针对长期照护服务的规定相继出台。[1]

2020 年国家医保局、财政部发布《国家医保局、财政部关于扩大长期护理保险制度试点的指导意见》，新增了 14 个试点城市，加快我国长期护理保险制度建设。

2022 年 4 月国家卫生健康委员会印发《全国护理事业发展规划（2021-2025 年）》，强调要加快发展老年医疗护理建设。在重视居家医疗护理服务的同时，鼓励有条件的医疗机构积极为老年人特别是失能老年人提供居家护理、日间护理服务等。

（二）长期照护服务保障方面存在的问题

1. 长期照护服务保障立法规定不明

一方面，我国并没有专门的长期护理方面的立法。尽管《老年人权益保障法》作了些有关老年人医疗卫生服务的规定，但是对于老年人长期照护的保障没有明确、具体、可操作性的法律条款，使得对老年人长期照护作用难以发挥。已颁布实施的《基本医疗卫生与健康促进法》，虽然有对健康保障方面的规定，但也缺乏对老年人这个特殊群体在长期照护方面的特别规定，难以在老年人长期照护保障方面发挥其应有的作用。同时，全国缺乏统一的、具有指导性的长期照护服务体系的顶层设计文件，因此在长期护理失能等级评估实施、照护服务项目名称、项目操作标准、护理人员执业标准、定点服务机构准入标准和服务质量评价标准等方面均没有国家层面的统一制度，[2]不利于长期照护服务体系的建设。

另一方面，涉及长期照护服务保障规范性文件缺乏相互协调性。我国政

---

〔1〕 如 2018 年 6 月国家卫生健康委员会等《关于促进护理服务业改革与发展的指导意见》；2019 年 8 月民政部等《民政部、发展改革委、财政部关于实施特困人员供养服务设施（敬老院）改造提升工程的意见》；2019 年 9 月民政部《关于进一步扩大养老服务供给 促进养老服务消费的实施意见》；2019 年 10 月卫生健康委、民政部《关于深入推进医养结合发展的若干意见》；2019 年 10 月国家卫生健康委、发改委等《关于建立完善老年健康服务体系的指导意见》；2019 年 12 月国家卫生健康委、中医药管理局《关于加强老年护理服务工作的通知》。2019 年 6 月，国家医疗保障局印发《医疗保障标准化工作指导意见》，要求加强重点领域标准化工作，提出制定长期护理保险失能评估标准、服务项目标准等公共服务标准。

〔2〕 何瑜璇：《推广和完善中国长期照护服务体系的探与思》，载《西南金融》2023 年第 1 期。

府发布的涉及长期照护服务保障规范性文件涉及多个不同部门，这些部门从各自职责角度对有关长期照护服务从多层面作出规定，内容分散、缺乏协调，不利于长期照护服务的体系化发展。由于各部门以普通规范性文件的形式进行规定，对于长期照护服务更多停留在工作目标的层面，少有具体实施方案和法律明确的保障，因此我国长期照护服务的体系化进程尚未统一。

2. 长期护理保险制度合法地位尚未明确

"以互助共济方式筹集资金，为长期失能人员的基本生活照料和与之密切相关的医疗护理提供服务或资金保障的社会保险制度"，这是国家医保局和财政部在长期护理保险的第二批试点文件中的表述。而在法律层面，长期护理保险的地位并未得到具体的明确。试点城市虽然将长期护理保险制度纳入社会保险制度范畴，可以《社会保险法》作为法律基础，但现有的《社会保险法》并未赋予长期护理保险法律层面上的合法地位，因此在长期护理保险强制缴纳方面受到阻碍；而在长期护理保险的推广与宣传未深入民众的当下，许多年轻人和身体健康未能预估到失能风险的人员并不能充分了解失能照护的意义，从而抵触长期护理保险，主动参保意愿较低。[1]

试点实践中，由于长期护理险并未在《社会保险法》明确规定，其参保范围并未实现城乡居民全覆盖。据统计，在 30 个试点城市中，仅有 8 个城市的长期护理保险政策实现了城镇职工和城乡居民的全覆盖，仅仅占所有试点城市数量的 26.7%；其余的 22 个城市中，8 个城市覆盖了城镇职工和城镇居民，16 个城市仅覆盖城镇职工。可见我国试点过程中存在大部分城市未将城乡居民纳入覆盖范围的问题，剥夺了城乡居民共享社会发展成果的基本权利。[2]而长期照护涵盖了医疗照护和社会照护，因此医疗保险体系以及养老金体系的完善也是建立长期照护保险制度的重要基础，短期内，我国长期护理保险体系除了受到自身定位不明带来的阻碍，也面临我国现行医疗、养老社保制度在城乡、地区、职业之间的差距所带来的阻碍。[3]

---

〔1〕 何瑜璇：《推广和完善中国长期照护服务体系的探与思》，载《西南金融》2023 年第 1 期。

〔2〕 孙敬华：《积极老龄化视角下中国长期护理保险政策研究——基于试点城市的比较分析》，山东大学 2021 年博士学位论文。

〔3〕 施巍巍：《发达国家老年人长期照护制度研究》，知识产权出版社 2012 年版，第 224 页。

3. 长期照护服务实践缺乏多元合作机制

"十三五"规划纲要中关于老龄事业发展中明确提出要建立以家庭为基础、社区为依托、机构为补充的多层次养老服务体系。长期照护服务按照服务的提供可以分为机构照护类和居家社区照护类。[1]机构照护类服务比较全面，根据不同照护对象的需求可以发展出不同类型。以我国台湾地区为例，对不同护理对象进行了细分，建立了分工非常明确的机构护理体系：有专业护理人员 24 小时陪同护理的护理之家；针对生活自理存在困难的失能老人的养护机构；针对日常生活可以自己处理的老人的安养机构；针对基本可以进行生活自理的"荣民"的荣民之家。[2]但是从我国目前的长期照护服务实践来看，家庭、社区和机构照护之间缺乏多元合作机制，导致长期照护供需错位、资源浪费问题的发生。

在我国长期照护服务实践中，绝大部分老年人选择居家和社区照护服务，出于经济考虑和传统观念的影响，这一比例达到了 80%，而养老机构照护的比例甚至不足 5%；同时，在居家和社区两者中间，选择日间照料（白天在社区，晚上回家居住）模式的比例更是不足 3%，[3]这充分显示我国长期照护仍然停留在家庭护理阶段，机构护理和社区护理受到忽视。一方面，社区大多提供生活娱乐服务项目，并不具备医疗急救和提供专业护理的能力，达不到应有的失能老人照护效果，依托社区与机构输送的居家照护服务存在利用率低的问题，在建设过程中重设施轻服务导致设施闲置、空床率高、功能结构错位；另一方面，随着我国社会家庭结构的变化，家庭小型化、少子化、无子化、空巢化现象日益突出，带来照护人员缺少的问题，传统的家庭护理功能在不断弱化，家庭照护的基础地位越来越受到动摇，[4]推动长期护理服务的多元化合作势在必行。

---

〔1〕 王震：《我国长期照护服务供给的现状、问题及建议》，载《中国医疗保险》2018 年第 9 期。

〔2〕 于保荣主编：《长期照护制度：国际经验与国内政策与实践》，中国金融出版社 2018 年版，第 128 页。

〔3〕 王震：《我国长期照护服务供给的现状、问题及建议》，载《中国医疗保险》2018 年第 9 期。

〔4〕 吕园园：《我国长期照护服务可及性的影响因素研究》，西南财经大学 2022 年硕士学位论文。

（三）我国台湾地区"长期照顾服务法"的借鉴

在我国台湾地区的人口发展已迈入老龄社会之际，随着人口出生率的逐年降低，劳动力年龄结构的变化，老年人的长期护理需求不断增强、家庭照护的负担日益加重，为了解决这一现实问题，于 2015 年出台了"长期照顾服务法"，该法对长期照顾的认定以及所包括的具体服务事项进行了规定[1]，包括长期照护的定义、身心失能的含义以及长期照顾体系的相关解释。其立法目的是确保照顾及支持服务质量，发展普及、多元及可负担的服务，保障接受服务者与照顾者的尊严和权益。[2]

2017 年 6 月，我国台湾地区"长期照顾服务法"正式实施，内容共 7 章 66 条，包括长期照顾服务内容（日间照顾、家庭托顾、临时住宿服务、团体家屋、小规模多机能、夜间住宿服务）、长期照顾资源、人员及机构管理、受照护者权益保障、服务发展奖励等相关内容。[3]并包括以下重要制度：（1）整合各类长照服务基础，包括：居家、社区及机构住宿之整合式服务，各民间团体期盼已久的中小规模多机能服务取得法源依据；（2）为外籍看护工由长照机构聘雇后派遣至家庭提供服务，或由雇主个人聘雇之双轨聘用方式订立法令基础，外籍看护工入境后其雇主更可申请补充训练；（3）明定照顾服务员之长照专业定位；（4）以长照基金奖励资源不足地区及形态，包括人力及服务资源。（5）有关各界关注之家庭照顾者，首次纳入服务对象；（6）无扶

---

[1]　"长期照顾服务法"第 3 条规定："本法用词，定义如下：1. 长期照顾（以下称长照）：指身心失能持续已达或预期达 6 个月以上者，依其个人或其照顾者之需要，所提供之生活支持、协助、社会参与、照顾及相关之医护服务。2. 身心失能者（以下称失能者）：指身体或心智功能部分或全部丧失，致其日常生活需他人协助者。3. 家庭照顾者：指於家庭中对失能者提供规律性照顾之主要亲属或家人。4. 长照服务人员（以下称长照人员）：指经本法所定之训练、认证，领有证明得提供长照服务之人员。5. 长照服务机构（以下称长照机构）：指以提供长照服务或长照需要之评估服务为目的，依本法规定设立之机构。6. 长期照顾管理中心（以下称照管中心）：指由中央主管机关指定以提供长照需要之评估及连结服务为目的之机关（构）。7. 长照服务体系（以下称长照体系）：指长照人员、长照机构、财务及相关资源之发展、管理、转介机制等构成之网络。8. 个人看护者：指以个人身分受雇，於失能者家庭从事看护工作者。"

[2]　朱祥磊、刘庚常：《台湾地区长期照顾制度发展过程中的挑战与启示》，载《华东理工大学学报（社会科学版）》2020 年第 6 期。

[3]　李鸿阶、张元钊：《台湾地区长期照顾政策：演进与镜鉴》，载《闽台关系研究》2020 年第 1 期。

养人或代理人之失能者使用机构入住式长照服务时，地方政府之监督责任。[1]2019 年 5 月该法进行了修正，通过调增遗产税和赠与税、烟酒税以课增财源，以保证长照资金的可持续性；同时准许小型私立机构法人化以扩大民间养老机构参与程度，并且对长照服务单位限期改制登记的规定予以删除。[2]在 2017 年"长期照顾服务法"实施的同时，我国台湾地区还出台了"长期照顾服务法施行细则"，对于长期照顾医师意见书以及具体日间照护、家庭托顾、临时住宿服务、团体家屋、小规模多机能、夜间住宿服务等项目进行了详细规定，并针对长期照顾服务的主管机关运行规则做了一一规定。至此我国台湾地区的老年人长期照护制度已经有了明确法律保障，长期照护服务体系也逐步完善。

因海峡两岸长期照顾服务体系发展有着相同的传统文化背景，语言文字相通、文化传统一致、习俗相近，同时基于海峡两岸都已进入人口快速老龄化的发展阶段，社会经济发展水平差距不大的背景，我国台湾地区长期照顾服务的发展实践应该被大陆长期照顾服务的发展所借鉴。

（四）我国长期照顾服务法的立法考量

为了更好的应对我国人口老龄化的严峻形势，满足老年人在进入老年之后因身体机能的日益衰退而导致的需要他人照顾、护理的需求，应制定符合我国国情的长期照顾服务法，使长期照顾服务专业化、规范化地有序持久发展。

1. 强化长期照顾服务体系顶层设计

制定长期照顾服务法中强化顶层设计，在现有的《基本医疗卫生与健康促进法》《老年人权益保障法》的法律基础上，建立全国统一的长期照顾保障制度。一是需要明确政府在长期照顾服务中的主导地位，确立长期照顾的发展目标和实现路径，[3]保障失能人群得到失能照护的权利。二是在现阶段国务院和各部委政策的基础上，借鉴其他国家和地区的经验，科学界定长期照

---

〔1〕 俞百羽、吕荣海著：《长照法律面面观》，元照出版有限公司 2017 年版，第 6~12 页。

〔2〕 祁容羽：《我国长期照护保险法律制度中老年人健康权保障研究》，山东大学 2020 年硕士学位论文。

〔3〕 何瑜璇：《推广和完善中国长期照护服务体系的探与思》，载《西南金融》2023 年第 1 期。

顾对象，统一长期护理失能等级评估的标准与服务实施，明确长期照顾服务内容，推动建立统一且覆盖全民的制度体系。

布局统筹上可以参考我国台湾地区设立长期照顾服务管理中心作为统筹服务资源的主管机构。长期照顾管理中心是一个统筹性的组织，它既负责培育所辖地区的长照人力与资源，也是有效开发社区长期照顾服务与设施建设、与民间长期照顾服务提供者形成有效率的伙伴网络的组织，是一个目的在于确保长期照顾服务资源分配的效率与效益、落实照顾管理机制的实体组织。[1]

2. 建立长期照护的多元合作机制

构建以社区为基础的多元长期照顾服务模式，提供从家庭照顾、居家照顾、社区到机构式的多元连续性的服务，对长期照顾服务体系与医疗服务进行有机衔接，能够有效实现提高老年人生活质量和生命质量的目的。[2]长期照顾既有传统的衣食住行需求，又有康复理疗、陪同就医等医疗保健需求，也有心理咨询、文化活动等精神方面的慰藉需求，不同失能程度老人的照顾需求差异性较大，[3]我国台湾地区长期照顾服务有较高的普及性与多样性，如前所述针对不同失能程度的老年人，根据生活自理的能力，提供不同层次的照护，从"荣民"之家到护理之家，完全能够自理的老年人可以得到相应的照护，不能自理的老年人以及患有特殊疾病需要 24 小时陪同照护的老年人也都得到了符合要求的长期照护，中间还有养护之家、安养之家，较好地满足了老年人的不同照顾需求。而我国长期照护实践中由于缺乏多元合作机制导致的供需错位、资源浪费问题较为严重，因此长期照顾服务法制定过程中应在制度设计层面满足这种多样化的需求，建构符合现实需求的长期照顾模式。

与此同时，大力支持民间力量参与长期照顾服务。因为养老以及长照服务只有在大量的人力、物力和财力的支持下才能顺利发展，而作为独立的社会福利提供者的市场、国家和家庭，其能力都存在着一定的不足，因此需要

---

〔1〕 王锦叶：《高龄化背景下我国台湾地区长期照顾制度发展与反思》，华中师范大学 2018 年硕士学位论文。

〔2〕 李鸿阶、张元钊：《台湾地区长期照顾政策：演进与镜鉴》，载《闽台关系研究》2020 年第 1 期。

〔3〕 李鸿阶、张元钊：《台湾地区长期照顾政策：演进与镜鉴》，载《闽台关系研究》2020 年第 1 期。

民间社会组织的积极参与。为激活民间社会组织力量参与长期照顾服务的积极性，在长期照顾服务制度的设计层面可以通过政策优惠、资金补助或者购买服务等方式给予民间社会组织以支持，同时给予民间社会服务组织在长期照顾服务中应有的法律地位和充分的保障，形成一个完备成熟的社会组织体系。我国部分地方在长期护理服务实践中已经在积极探索社会力量的支持，建立了一定的基础。以贵州为例，为了支持社会力量加入养老服务，政府为养老组织的从业人员制定了教育方面和培训方面补贴计划，给予符合条件的人员培训补贴，推动社会力量支持长期护理服务的发展。[1]

3. 明确长期照顾服务相关各方的权利义务

长期照顾服务主体众多，包括需要照护的老年人及其监护人、长期照护服务机构及护理人员、政府监管部门、照护等级鉴定机构、争议解决机构等。众多的主体中涉及政府、机构、私人，三方形成各种的法律关系，产生的权利与义务需要得到明晰。如老年人与服务机构的合同关系、政府监管部门与服务机构的行政管理关系、长期照护服务机构与护理人员的劳动关系等等。

以需要照护的老年人与提供照护的服务机构之间的关系为例，实践中双方虽然订立了老年服务合同，但对服务机构所应提供的服务项目、服务等级、服务质量等内容约定常常出现不明确、不具体的情况，甚至很多时候是服务机构提供的格式合同条款，继而容易引发纠纷。当服务机构提供的服务出现质量问题，侵害了受照护的老年人权益时，合同条款如何解释、双方的权利义务如何确定、损害赔偿的民事责任如何承担没有明确的规则指引。

因此明确长期照顾服务相关各方的法律关系，对其相应的权利义务作出具体规定具有重要意义，能够充分保护各方利益，尤其是长期照顾者与被照顾者之间的利益保护，有利于促进长期照顾服务的健康持续发展。另外，针对无扶养人或代理人的失能老人入住服务机构，可以借鉴我国台湾地区"长期照顾服务法"，接受长期照服务时，由地方政府承担监督责任，保障该群体的长期照护权益。

4. 构建科学的服务基准及护理人员的执业标准

明确长期照顾服务对象的服务需求的评估标准、将老年人的所需进行分

---

〔1〕 于保荣等编著：《长期照护制度：国际经验与国内政策与实践》，中国金融出版社2018年版，第339页。

级评估，有助于长照服务的精细化、专业化发展。[1]我国台湾地区对于长期照顾的需求有三类功能损伤程度的评估：老人是否具备自己吃饭、移动、室内走动、穿衣洗澡、上厕所的日常生活功能；老年人是否具备工具性日常生活活动能力以及其心智功能是否健康。在确立老年长期护理服务项目时，可以集预防保健、健康咨询、心理干预、健康教育、医疗护理、理疗康复等多形式于一体，充分体现多样化；并通过膳食、治疗、运动、心理、宣传等多种方式进行实施。[2]

专业护理人员是长期照顾服务专业化的基础。不同于一般性质的养老服务，长期护理服务专业性强、持续时间长、医疗卫生含量高，所涉及的医疗与照护体系不仅是生理层面的，还包括精神层面；不仅注重康复疗养，也不能忽视预防方面的作用；庞大而复杂、应用科学众多，需要数量众多且强大的医疗卫生和生活服务人力资源的支持。[3]为此，必须构建科学的护理人员执业标准，可以鼓励学校针对养老市场的需求开设老年人护理或者长期照顾相关课程，借鉴我国台湾地区，负责长照教育的主管机关可以长照教育、人力培育两手抓，一方面重视将心理学、伦理学等学科纳入专业护理人员的培育计划，另一方面也要制定上岗及执业制度、薪酬制度对专业护理人员的职业技能进行考察。

5. 完善家庭非正式照顾服务人员的待遇制度

基于我国人口发展的现状，家庭照顾的功能在不断弱化，但居家养老仍是老年人首选。居家养老可以让老年人在自己所熟悉的环境中接受护理服务，而且提供居家照顾服务的主体主要是子女等亲属，有亲近感、信任感和归属感，能提升护理服务的质量与效果；但对进行居家照顾服务的子女等亲属却会产生一定的经济负担和精神负担。

为了减轻家庭非正式护理服务人员的经济负担和精神负担，可以将因需

---

〔1〕　王锦叶：《高龄化背景下我国台湾地区长期照顾制度发展与反思》，华中师范大学 2018 年硕士学位论文。

〔2〕　任苒、高倩：《国外老年长期护理发展模式及对中国的启示》，载《医学与哲学（A）》2014 年第 9 期。

〔3〕　施巍巍：《发达国家老年人长期照护制度研究》，知识产权出版社 2012 年版，第 236页。

要在家护理老年人，尤其是需要护理失能老年人而被迫辞去工作的家庭非正式护理服务人员纳入法定的社会保障范畴。社会保障缴费标准依照最低缴费额度执行，缴费形式采取政府和个人共同承担，同时引入护理津贴制度，按照这些家庭的经济收入水平的不同设定不同档次的津贴比例，弥补家庭非正式护理服务人员在经济上遭受的损失。[1]而我国正在试点中的长期护理保险也可以由此做出一定反应，在当前长期护理保险还没有全民覆盖推行的背景下，可以家庭法定继承关系为单位，对于没有参保长护险的老人如经认定具有照护服务需求，由家庭中参保的在职职工通过获得固定时间的照护服务假期，参与照护服务的专业培训并给予一定的照护服务津贴来减轻家庭护理的负担。[2]

完善家庭非正式照顾服务人员的待遇，通过纳入社会保障范畴、引入护理津贴制度和提供照护服务假期，能够减轻家庭照护的负担，满足大众对家庭护理的需求，推动长期照护的健康发展。

三、养老服务立法

养老问题是我国目前及今后都要重点关注的问题。现阶段我国老年人口发展所呈现的趋势呈现如下特征：其一，老龄人口的基数大，根据数据统计，我国 60 岁及以上的人口规模有 2.6 亿。[3]其二，社会老龄化增速较快，在2010—2020 年期间，我国 60 岁及以上人口比重上升 5.44%，65 岁及以上人口上开 4.63%。较上一个十年幅度提高约 2.51% 和 2.72%。[4]其三，老龄人口的高龄化、空巢化现象显著。其四，老龄人口失能化问题严峻。这样的老年人口发展趋势对养老服务提出了更高的要求。

---

〔1〕 孙晓园：《我国老年长期护理服务的法律规制研究》，上海工程技术大学 2019 年硕士学位论文。

〔2〕 何瑜璇：《推广和完善中国长期照护服务体系的探与思》，载《西南金融》2023 年第 1 期。

〔3〕 罗知之、吕骞：《国家统计局：60 岁及以上人口比重达 18.7% 老龄化进程明显加快》，载人民网，http://finance. people. cn/n1/2021/0511/c1004－32100026. html，最后访问日期：2023 年 2 月 20 日。

〔4〕 罗知之、吕骞：《国家统计局：60 岁及以上人口比重达 18.7% 老龄化进程明显加快》，载人民网，http://finance. people. cn/n1/2021/0511/c1004－32100026. html，最后访问日期：2023 年 2 月 20 日。

养老问题不仅是针对当下的老年人群体亟待解决的问题，也是正在迈向衰老阶段的中、青年人群体需要提早考虑规划的问题。保障老年人口能够享有一个幸福、安康、温暖的晚年不仅是法律与道德层面上的要求，更是处在社会群体中的人基于人的同理心而内在原发的需求。均衡合理地提供城乡全覆盖、全民皆惠及、质量优效率高的养老服务是解决社会养老负担的关键，而养老服务体系的构建和完善需要多方社会力量的参与。

目前，我国针对老龄人口所提供的养老服务的初级模式主要有三种：居家、社区、机构。居家养老服务是指政府和社会力量为居住在家的老年人提供以解决其日常生活困难为主要内容的服务[1]；社区养老服务是指以社区为依托，为社区内老年群体提供生活照料、医疗保健、精神慰藉等方面的服务[2]；机构养老服务是指专业化的养老服务机构为老年人提供的医疗、护理、康复、日常生活和精神照护等全天候、全方位的服务。[3]在提供养老服务的同时应当兼顾老年健康，因此养老服务也被赋予了医养结合、康养结合的要求。医养结合是指整合养老资源和医疗资源，将为老年人提供的医疗护理服务与生活照料服务相衔接、融合[4]；康养结合是指在为老年人提供照料服务的基础上增加、融合健康养护服务。

在这上述三种模式以及两个要求的基础上，不同模式与不同要求的叠加组合使得现代社会养老服务模式呈现更加多元化的样态，随之而来也产生了诸多法律争议、纠纷。自我国开始呈现老龄化趋势伊始，党中央就高度重视这一社会发展问题，出台了多部促进养老服务业发展的政策措施，各地方政府随之制定了相应的养老服务条例。我国养老服务体系建设虽取得显著成效，但随着老龄人口对多样化养老服务需求的增大，养老服务的制度性建设仍需进行进一步的优化。

我国养老服务制度性缺陷主要表现在以下几个方面：第一，针对养老服

---

〔1〕　丁建定：《居家养老服务：认识误区、理性原则及完善对策》，载《中国人民大学学报》2013 年第 2 期。

〔2〕　杨翠迎主编：《国际社会保障动态——社会养老服务体系建设》，上海人民出版社 2014 年版，第 111~112 页。

〔3〕　许爱花：《社会工作视阈下的机构养老服务》，载《江淮论坛》2010 年第 1 期。

〔4〕　杨贞贞：《医养结合的社会养老服务筹资模式构建与实证研究》，浙江大学 2014 年博士学位论文。

务这一重大民生福祉工程缺乏全国统一性的立法；第二，区域性养老服务条例教条化、模板化，未能在各地养老服务规制上呈现区域特色；第三，养老服务制度的创新动能不足，滞后性、脱节性较为明显；第四，缺乏为老服务业相关事项的制度安排。针对上述我国养老服务制度缺陷，我国养老服务制度的发展应从以下三个方面予以完善：第一，制定全国统一的养老服务法；第二，完善地方养老服务条例；第三，制定为促进老服务业发展的法规、规章。

（一）养老服务的立法现状

完善的养老服务可以满足老年人对美好生活的需要，使老年人及其家庭获得切实的幸福感和安全感，从而在社会中获得更多的参与感和收获感；社会也会因每一个家庭、每一个体的需求得到充分满足而变得更加稳定和谐。

养老服务的健康发展离不开法治的完善，回顾我国现行养老服务相关法律、法规、部门规章、政策及地方性法规，有助于厘清当前我国养老服务制度存在的问题，同时为解决我国养老服务制度性缺陷提供思考路径。

1. 法律层面

关于养老服务我国目前虽没有专门的立法，但也进行了一定的法律规定。我国《老年人权益保障法》第4章规定的"社会服务"就对养老服务进行了相关规定。该章明确了为居家的老年人提供养老服务的形式主要包括生活照料、紧急救援、医疗护理、精神慰藉、心理咨询等。同时在该章中，还有国家、地方政府及相关部门对发展养老服务业的激励性规定，以及养老机构的设立、终止、监管等强制性规定。

民政部就养老机构的管理专门出台了《养老机构管理办法》。

2. 国务院的主要政策

2006年《国务院办公厅转发全国老龄委办公室和发展改革委等部门关于加快发展养老服务业意见的通知》，首次将养老服务作为一个行业来规范。[1]

《社会养老服务体系建设规划（2011—2015年）》是我国制定的第一个有关养老服务的五年规划。该规划重点突出了社会养老服务体系建设的基础为居家、依托为社区、支撑为机构，以老年人的实际需求为着眼点，对孤老

---

〔1〕 即"养老服务业是为老年人提供生活照顾和护理服务，满足老年人特殊生活需求的服务行业。"

优抚对象及低收入的高龄、独居、失能等困难老年人的服务需求优先予以保障，并兼顾全体老年人改善和提高养老服务条件的要求。

2013 年《国务院办公厅国务院关于加快发展养老服务业的若干意见》[1]提出加快发展养老服务业的总体要求。2015 年《关于进一步做好养老服务业发展有关工作的通知》指出发展养老服务业要充分发挥政府引导作用、加大养老服务体系投入力度、优化养老服务投资结构，对进入养老服务产业的社会资本给予更多积极支持。

2016 年《国务院办公厅关于全面放开养老服务市场提升养老服务质量的若干意见》明确要充分发挥市场机制在养老服务市场中的决定性作用，分类保障公办、民办机构在养老服务中所面临的各环节、各事项，促进民办机构大力发展养老服务产业。这部政策的出台，表明养老服务的提供主体已从单一的政府主体逐渐转向更多样的市场主体，鼓励社会其他主体力量的介入和参与。

2017 年《"十三五"国家老龄事业发展和养老体系建设规划》提出要建设更加完备的、有利于政府和市场充分发挥作用的养老制度体系，营造更加友好的、支持老龄事业发展和养老体系建设的社会环境。

2020 年《民政部、国家发展改革委、财政部等关于加快实施老年人居家适老化改造工程的指导意见》明确各地改善老年人居家生活照护条件以老年人的需求为导向，增强居家生活设施安全性、便利性和舒适性，提升居家养老服务质量标准；针对急需居家适老化改造项目的具有特殊困难的老年人，通过财政补贴和社会捐赠等途径满足其需求。

2021 年《"十四五"国家老龄事业发展和养老服务体系规划》提出要创新融合发展为老服务多业态，增强要素保障能力，促进形成全社会积极应对人口老龄化格局，提升老年人获得感、幸福感、安全感。

（二）养老服务的地方性法规

我国现行涉及养老服务的地方性法规纷繁复杂，下表为针对"养老服务"这一事项所涉及的省级地方性法规：

---

〔1〕　该意见中一、总体要求（三）发展目标里具体规定，到 2020 年，全面建成以居家为基础、社区为依托、机构为支撑的、功能完善、规模适度、覆盖城乡的养老服务体系。养老服务产品更加丰富，市场机制不断完善，养老服务业持续健康发展。

表 1 有关养老服务地方性规定的特色制度

法规	公布时间	特色制度
《陕西省养老服务条例》	2022.12.01	①支持对分散供养特困人员中的高龄、失能、残疾老年人家庭实施居家适老化改造
《广西壮族自治区养老服务条例》	2022.11.25	①以老年人能力综合评估结果作为向老年人提供养老服务的依据。 ②根据本行政区域内各地区的具体情况制定养老服务地方标准。 ③自治区政府制定养老服务监督管理责任清单。
《福建省养老服务条例》	2022.09.30	①65岁周岁以上老年人免费享受部分公共服务。 ②闽台养老服务合作，在本地长期居住的我国台湾地区老年居民同等享受普惠养老服务。 ③促进老年人就业，鼓励有条件地区的用人单位自愿选择为老年人从业人员单独办理工伤保险，或购买人身意外伤害等商业保险。 ④养老机构不与老年人签订养老服务合同不承担行政责任。
《江苏省养老服务条例》	2015.12.04/ 2022.09.29 （修订）	①对具有特殊困难的老年人进行定期关爱巡防，关注其生活状况和家庭赡养、扶养责任落实情况。 ②对80岁以上的老年人提供高龄津贴。 ③医疗机构应当为老年人提供就医便利。 ④多途径为老年人提供教育服务。 ⑤建立长三角地区养老服务一体化协作机制。 ⑥政府制定养老服务从业人员行为规范。
《安徽省养老服务条例》	2022.09.29	①政府为有特殊困难的老年人购买紧急救援服务。 ②利用互联网技术为老年人提供智慧养老服务 ③职工护理假制度。
《山西省社区居家养老服务条例》	2022.09.28	①建立社区居家养老服务监督管理责任清单，督促服务落实
《河南省养老服务条例》	2022.08.01	①不同级别政府组织实施不同的居家社区养老工作。 ②对特殊老年人的关爱、巡防制度。 ③对侵犯老年人合法权益的养老机构护理人员设置限制从业期。

表 1　有关养老服务地方性规定的特色制度　　　　续表

法规	公布时间	特色制度
《江西省养老服务条例》	2021. 11. 19	①对特殊老年人的探视、巡防制度。 ②明确了不同类型养老机构的登记程序。 ③职工护理假制度。 ④养老机构依据政府对其服务评定结果享受政策优惠。
《内蒙古自治区养老服务条例》	2021. 11. 16	①针对发生意外的老年人建立应急服务机制。
《浙江省社会养老服务促进条例》	2015. 01. 25/ 2021. 09. 30 （修订）	①规定不同类型养老机构的登记程序。 ②建立养老机构诚信档案。
《贵州省养老服务条例》	2021. 07. 29	①为老年人提供便利的一般生活服务事项。 ②65 周岁以上的一老年每年一次免费体检。 ③职工护理假制度。 ④鼓励康养产业发展，为市场主体落户提供便利条件。建立与避暑、旅居老年人等主要客源地人民政府的沟通协调机制，为避暑、旅居老年人提供公共服务。
《河北省居家养老服务条例》	2016. 12. 02	①与北京市、天津市人民政府加强合作，建立定期协商机制，推进政策落实、服务标准一体化、人才培养资质互认等工作，促进京津冀养老服务协同发展。 ②不同级别政府养老服务职能划分制度。 ③多途径、多渠道发展老年人教育。 ④建立健全养老服务信息共享机制。 ⑤建立养老服务信用档案，完善对养老机构及养老服务从业人员监管机制。 ⑥不与老年人签订养老服务合同不承担行政处罚责任。
《上海市养老服务条例》	2020. 12. 30	①居家社区养老服务中增加老年人康复辅助器具租赁服务。 ②明确不同养老机构的设立登记程序。 ③不同服务模式融合协调机制。 ④制定养老服务合同范本。 ⑤养老机构未与老年人签订养老服务合同不承担行政处罚责任。

表 1 有关养老服务地方性规定的特色制度   续表

法规	公布时间	特色制度
		⑥长三角地区养老服务政府间合作机制，便利老年人异地养老。 ⑦建立老年照护需求评估制度，依据评估等级为老年人配置相应基本养老服务。
《天津市养老服务促进条例》	2014.12.23/ 2020.12.01 （修订）	①长期护理保险制度。
《甘肃省养老服务条例》	2020.04.01	①职工陪护假制度。 ②老年服务人才培养资金支持制度。
《山东省养老服务条例》	2020.03.26	
《广东省养老服务条例》	2018.11.29	①老年人养老服务需求评估机制。 ②为老慈善事业发展激励机制。 ③监管责任追究机制。 ④建立养老服务行业信用体系，建立黑名单制度、跨地区联合惩戒机制。 ⑤违规失信人员从业禁止制度。
《宁夏回族自治区养老服务促进条例》	2016.11.30	
《北京市居家养老服务条例》	2015.01.29	①不同级别政府、村居委会养老服务具体职责划分。 ②长期护理保险制度。 ③居家养老服务工作责任追究制度。

这些省级地方性法规在体例编排上，除个别省份针对居家养老模式进行立法未涉及机构养老外，剩余各地区的法规的体例安排基本大同小异。主要包括以下部分："养老服务总则"，总则部分主要规定养老服务指导思想、政府机关各部门养老职责的划分；"养老服务的规划与建设"部分主要规制地区养老设施的建设及土地的使用；"居家社区养老""机构养老""医养康养"部分具体规定三种不同的养老模式形式及其细节性安排；"养老服务人才培养"部分规定养老服务人才队伍的建设、激励机制；"扶持保障"部分规定政府对养老服务产业发展给予的政策优惠；"监督管理"部分规定相关部门对养

老服务行业的监督；"法律责任"部分则是规定各方主体违反养老服务条例中法定义务所承担的法律后果。

从地方性法规出台时间上看，天津市、北京市、浙江省、江苏省是我国较早针对养老服务及相关事项制定专门地方性法规的地区，上述四个地区也是我国较早进入老龄化且老龄化程度较高的地区。这些省份较早地对该地区养老服务体系的建设进行了制度性探索，也形成了较为完善的养老服务制度体系。

从具体内容上看，很多省份条例规范内容上具有较大的相似性，但也有一定差异。

在"养老服务的规划与建设"一章，各地区只是在养老设施的加建设面积标准上有所差异，其余的基本一致。

在"居家社区养老"一章，各地区都明确列出了居家养老服务项目清单，居家社区养老服务主要包括助餐、助浴、助行、助洁、助急、助购、助医等日常生活服务；健康管理、家庭护理、康复理疗等健康服务；关爱探访、生活陪伴、心理咨询等精神慰藉服务；安全指导、紧急救援服务；争议调解、法律咨询等服务；文化娱乐、体育健身、休闲养生等服务。各地区也规定了居家社区养老服务提供主体应遵守的强制性规定。

在"机构养老"一章，对于养老机构的定性以及登记程序这一关键问题，有些省份规定不明，有些省份明确界分。如《贵州省养老服务条例》规定设立养老机构应当依法办理登记等相关手续，而《上海市养老服务条例》规定，设立非营利性养老服务机构，经批准设置为事业单位的，向事业单位登记管理机关办理登记手续；符合社会服务机构登记条件的，向民政部门办理登记手续；设立营利性养老服务机构，向市场监管部门办理登记手续。

在"扶持保障"一章，各地区依据当地经济发展水平、市场主体活跃程度、老龄化程度等提供不同程度的政策优惠制度、促进养老事业与养老产业的发展。例如对本级用于社会福利事业的福利彩票公益金，有些地区规定不低于60%的资金用于养老服务，有些地区规定55%。

在"监督管理"一章，各地区都规定了不同部门的监督职能划分，并设置了相应的监督机制，例如对养老服务机构等级评定、定期监测、信息公开等制度。

在"法律责任"一章，对养老机构承担行政责任的违法行为规定基本一致，主要包括：（1）违反强制性养老机构设立标准；（2）机构开展不符合养老服务宗旨的活动；（3）在监督检查中提供隐瞒真实情况；（4）机构服务人员从业资质不合格。有些地区也将"养老机构不与老年人及其代理人签订养老服务合同"作为行政处罚的事由。

各地区具有探索性的、创新性的制度也在上表有所概括。上述地方条例的出台，主要是为了应对人口老龄化严峻挑战带来的养老服务的迫切需要，构建养老服务体系，解决养老服务中突出问题，以地方性法规的形式整合国家统一的养老服务政策以及地方多项养老服务政策，促进各地区养老服务产业、事业的发展。

（三）现行养老服务立法的缺陷

1. 缺乏全国统一性立法

根据表1可以看出我国涉及养老服务的国家政策及地方性法规数量不少；但是在法律层面，我国目前缺乏专门的养老服务立法。

我国在法律层面上的"养老服务"规定体现在《老年人权益保障法》的"社会服务"一章中，在这一章里侧重突出的是政府对我国老龄人口承担的养老服务责任，以及对以机构养老模式为主导的养老服务模式做出的制度性安排。但实践情况表明，我国现有的养老服务模式早已不再局限于机构养老，"居家社区养老"、"医养康养"等更具有创新性、多元性的养老模式的迅速发展改变了只有养老机构才能提供养老服务的传统。多元化养老模式的蓬勃兴起亟待统一的立法做出规制，以避免各地针对以"居家社区养老"、"医养康养"为代表的新型养老服务进行规制时呈现"无法可依"的局面。国家立法应允许各地区根据当地经济发展状况、老龄人口比例、政府财政收入等不同因素设置不同的服务标准，但也应当在法律规范中设置新型养老服务的最低标准，以防地方突破"下限"侵害老年人权益。

对于各类"养老服务主体"的法律属性问题，需要统一的全国性立法为其定性。已出台的地方性法规中均规定了养老服务的参与主体，包括政府部门及其职能机关、各类市场主体、社会组织、基层群众性自治组织等。但对被统称为"各类市场主体"的养老服务提供方，没有统一的法律身份定性。政策鼓励发展品牌化、连锁化的养老服务机构，但品牌化、连锁化养老服务机构若没有统一的法律身份属性，如何在不同的地区开展活动呢？例如，对于养老机构，有些地区区分营利性养老机构与非营利性养老机构，有些地区区分事业单位型养老机构以及公益性养老机构，这种不同区分导致养老机构法律身份定位不清。养老服务提供方法律身份的定位不清将会导致机构自身运营受限，也会导致监管部门督察的困难。不同性质的养老机构有何种不同的权利义务？是否应设置不同的准入门槛？是否应针对不同性质的养老机构给予不同的政策优惠？应如何承担相应的法律责任？都是需要予以明确的问题。

养老服务合同纠纷也是困扰养老服务业健康发展的一大障碍。导致我国养老服务合同纠纷不断发生的一个主要原因是对养老服务合同缺乏明确的法律规定。各地区地方性法规虽然都规定养老服务机构应当与老年人或其代理人订立养老服务合同，但却没有给出养老服务合同范本。有些地区规定养老服务合同参照国家标准，但《民法典》中的合同编也没有对养老服务合同做出相应的规定，有名合同中缺乏养老服务合同的一席之地。如果任由"意思自治"原则在养老服务领域的扩张，相对于养老机构，老年人作为一方当事人因其在养老服务中的被动性、弱势性、信息不对等性将会导致其在养老服务法律关系中的权益受到一定的侵害。

已出台实施的地方性法规以专章的形式规定了法律责任，凸显了养老服务体系建设中的法治思维；但由于条例的立足点主要是规制行政机关在建设养老服务体系中义务和责任的规范，所以条例中规定的法律责任主要是以行政责任为主导的法律责任形式。这就造成本应作为保障老年人在老年服务中的合法权益之根本的民事责任规制缺失，如在养老服务中对老年人伤害事故缺乏统一合理的认定标准，在伤害事故发生后适用何种归责原则没有加以明确，在这样的情况下就难以对在养老服务中遭受人身和财产损害的老年人给以相应的救济，不利于对老年人的合法权益予以保护。

上文所述的问题无一不表明，我国目前缺乏针对养老服务领域的统一性立法。

2. 地方性法规笼统化、同质化

地方是落实我国养老服务政策的具体单元，无论是作为公共政策的养老服务，还是作为民生工程的养老服务，地方在推进养老服务中都发挥着重要性作用。地方性法规是地方开展养老服务的法律依据与制度保障，地方性法规的不充分、不完善、不细致将会对养老服务的推进产生不利的外部性影响。目前已出台的针对养老服务事项的省级地方性法规主要存在两个缺陷，一是笼统化，二是同质化。

笼统化是指地方性法规规范内容过于抽象笼统，对实践中的适用和操作缺乏明确具体的指引。以地方关于养老设施规划建设中区域内养老设施的规模、数量为例，有些法规以精确的数据规定了最低标准，有些法规则含糊其词，既没有给出最低标准，也没有参照性指引。地方性法规不同于全国统一性立法的高度抽象与概括，地方对地方性事务的管理、规划应当更加精确具体。

同质化是指各地方性法规从体例编排到具体规范内容趋于同一性，没有很好地做到"因地制宜"、"具体问题，具体分析"。养老服务作为一项基本的民生工程，各地"民生"状况基于地理环境、经济发展、社会文化等客观因素有所差异，老年人对养老服务的需求也有所不同，有些地区的老年人具有除基本养老服务清单以外的需要。针对不同的老年人民生情况，各地应结合当地的民生特色制定具有特色性的规范，提供特色化的服务并予以相应的制度保障。

3. 养老服务制度与其他制度的衔接不到位

在养老服务的地方性法规里，有些地区针对养老服务这一事项的规定显然已经超出了养老服务制度所能涵盖的范畴。例如，在涉及养老金融产品的事项中，促进"银发经济"的发展有助于减轻因社会急剧老龄化而产生的负担，但对于养老金融产品的规制，如果在具体的关于证券、基金等金融产品的监管法律法规中，没有针对老年人群体这一特殊金融产品购买主体进行特别法律法规的设置，仅仅依靠养老服务地方性法规或国家政策将难以保障老年人在金融交易中的安全。此外，有的地方为保证老年人居家养老，为该地区的企业职工设置了专门的"照护假"。养老服务法规中的"照护假"对用人单位是否具有约束力？是否得到了劳动法上的承认？这直接影响着该制度的落实。

养老服务法中类似于养老金融产品及职工照护假之类需要与其他部门法律、法规进行衔接的事项有很多。养老服务是一个需要动员全社会力量共同参与的大型民生工程，为促进养老服务发展而延展开的政策更是涉及政治、经济、文化、社会等方方面面。如果养老服务制度与其他法律、法规不能形成有效的衔接、多向的协调互动，仅凭借单一的养老服务制度来规范养老服务，养老服务制度所能发挥的作用无疑是有限的。

（四）养老服务立法建议

1. 制定养老服务法

据报道，2022 年十三届全国人大五次会议期间，有代表已经提出了关于制定养老服务法的议案。而在 2023 十四届全国人大召开前夕，民政部表示目前已经形成了养老服务法的文本建议稿，下一步将会研究代表所提建议并将其可取的内容纳入法律制度中，后续逐步推进养老服务立法工作[1]。

制定养老服务法应将各地发展养老服务的有效经验上升为法律制度，将各级政府部门保障老年人合法权益的职责以法律形式确定下来，以确保养老服务有章可循、有法可依，提升养老服务的规范性与有序性。使得老年人在共建共享发展中有更多获得感、幸福感和安全感。

第一，构建养老服务体系的法律理论基础。

养老服务的主要目的是实现老年人的养老权。养老权是一项基本人权，广义上的养老权是指公民在达到国家规定的解除劳动义务的年龄界限，或者因年老丧失劳动能力的情况下，依法享有的生活保障权、医疗保障权和受赡养扶助权；狭义上的养老权是指企业事业组织的职工和国家机关工作人员在达到法定年龄后享有退休的权利，并有权取得国家和社会对其老年生活的保障。养老权的主要内容包括生活保障权、医疗保障权、受赡养扶助权。[2]养老服务体系的构建以广义养老权的内容为核心，对生存保障权、医疗保障权、受赡养扶助权的内容以具体的法律制度进行扩充，保障老年人群享有切实的具体利益。

第二，明确养老服务机构的法律属性。

养老服务机构在养老服务法中的属性直接影响其在设立、提供养老服务、接受部门监管中的法律关系及其权利义务。目前我国现有的养老服务地方性

---

〔1〕　朱宁宁：《全国人大社会委建议加快养老服务立法进程》，载中国人大网，http://www.npc.gov.cn/npc/c2/c30834/202302/t20230221_ 423596. shtml，最后访问日期：2023 年 4 月 11 日。

〔2〕　马新福、刘灵芝：《公民养老权涵义论析》，载《河北法学》2007 年第 9 期。

法规及养老服务政策中，营利组织、非营利组织、社会团体甚至是个人都具有为老年人提供养老服务的资格，但这些主体从事养老服务的目的以及提供养老服务的能力具有较大差异。养老服务法律制度应当针对各类不同的服务主体设置不同的准入资质、设立程序、监督程序等涉及其运营及监管的事项。依据实质平等理论，对于发展养老产业的营利组织与发展养老事业的非营利组织当然应在制度设计上给予不同的对待，承认法律地位上的平等，但在具体的资格审查、政策优惠、政府监管等方面应当基于"营利性或非营利性"而设置差异化制度。只有差异化的制度才能促进各类服务主体迸发出其在养老服务体系建构与养老服务发展上的活力。

用《民法典》对于法人与非法人组织划分的标准来划分养老机构的法律属性有一定的合理性，笼统地分为营利组织与非营利组织便于维护统一的市场秩序。养老服务法未来不仅需要承担对社会公共事务进行管理规制的功能，也要发挥其保护老年人这一弱势群体的功能；划分清晰的规制主体有助于法律关系的明确，也有助于权利义务的分配，更有助于纠纷发生时的责任承担。

建议可以以服务主体所提供服务的种类、内容作为《民法典》对于市场主体划分基础之上的补充标准。这种划分标准更有利于明确不同类别的养老机构在设立、运营、管理中所应享有的权利与义务，进而促进养老机构的发展，为老年人提供更多的老年服务。

第三，规范养老服务合同。

签订养老服务合同的目的是明确服务提供者与服务受领者的权利义务和责任分担。养老服务法应对养老服务提供者与老年人之间权利与义务的约定、免责条款等内容做出更详细的规定。明确养老机构的给付义务与附随义务、养老机构的权利；入住老人的权利和义务以及入住老人关系人的权利义务。养老机构的给付义务包括合同约定的提供生活照顾、护理服务（包括服务项目、服务设施、服务标准等）；养老机构的附随义务则包括养老院应确保老年人不会因服务瑕疵或养老设施质量缺陷导致人身遭受伤害的义务、确保老年人不受第三人人身、财产不法侵害的义务以及如实说明的义务、及时通知义务、协助义务、保护隐私义务等[1]。如果养老机构违反合同的给付义务或附

---

〔1〕 王娟：《养老机构的侵权责任问题研究》，山东大学 2018 年硕士学位论文。

随义务，就会导致对入住老人造成损害的不利后果，就要承担违反合同的违约责任。同时还要特别明确规定对当事人利益影响重大的养老服务合同中的免责条款，因为一旦约定了免责条款，那么日后即使出现了损害后果，如属于免责事由，受损害方也不得请求对方承担相应责任，使自己获得救济。所以对养老服务合同中免责条款应当明确规定，避免发生免责条款无效情形，从而保证当事人双方合法权益。针对免责条款的约定要遵守这样的基本要求：不得违背法律、行政法规强制性规定，不得违背公序良俗，不得违背对老年人弱势群体倾斜保护的基本原则。

合同是明确当事人之间权利义务最为直接的法律依据，任何一方当事人当权益受损时，可直接援引合同条款主张损害赔偿请求权。[1]

第四，建立养老服务风险保障制度。

养老服务业具有高风险性，其产生诸多风险的客观必然性给养老机构发展带来制约。养老服务所针对的对象年事已高，处于身体机能逐渐衰退、各种老年病易发的状态。养老服务提供者在服务过程中容易因老年人出现的人身问题与老年人及其关系人产生纠纷，如果服务提供者所提供的服务不完善、不恰当，也会对老年人的人身或财产造成损害。

单纯按照合同的约定来划分老年人意外伤害的风险责任，不仅会加剧兴办养老服务业的高风险性和特定公益性之间的矛盾，阻碍养老服务业的发展；而且由于养老机构的经济承受能力有限，单一的责任主体难以弥补受害老人的损失，其合法权益难以得到充分保障。基于此，要积极探索建立养老服务风险保障制度，例如可以强制性建立养老机构投保的责任险制度，该保险除了由养老机构缴纳保险以外，可以由政府、行业组织也承担一部分保险费用，平衡养老服务机构与被服务的老年人的双方利益。或者探索建立养老服务意外伤害险制度，由养老机构或政府为每一位收费服务的老人投保意外伤害险，来降低养老服务提供者的风险，保障遭受损害的老年人获得必要的救济。另外，还可以通过财政、福利彩票公益金、社会募捐、养老机构及老人等共同筹资，建立养老服务伤害事故的保险基金。[2]

---

[1] 于永宁：《责任竞合视角下养老院入居合同免责条款的法律规制》，载《山东大学学报（哲学社会科学版）》2014年第4期。

[2] 于新循、袁维勤：《养老服务的权益维护与保障》，载《重庆社会科学》2011年第7期。

第五，健全养老服务提供者与相关部门的法律责任。对行政机关在建设养老服务体系中的义务和责任予以规制，在明确其行政责任的前提下，完善对老年人权益保障的民事责任的规制。首先，对于在养老服务中对老年人造成伤害的事故规定合理的认定标准；明确而统一的标准，能公平合理地确定当事人的责任。其次，确立在伤害事故发生后适用过错责任归责原则，但在举证上应倒置，由服务提供者一方承担举证责任证明自身无过错。原因是在养老服务关系中，老年人本身自理能力与理性能力均较差，在证据搜集、证明养老服务提供者应承担侵权责任方面的能力明显不足。若是对养老服务提供者适用过于严苛的无过错责任，也会导致部分养老服务提供者为避免陷入各式各样的诉累而不敢去从事养老服务，或是在养老服务关系中运用更隐蔽的方式规避自己的责任，从而对养老服务业的发展带来更大的损害。

对于监管机构而言，应当创新监管方式、加强监管力度。监管机构对于养老服务提供者的监管绝不能只是形式意义上的"例行检查"，而是要常检查、多督促。尤其是针对营利性养老服务提供者，其举办养老服务的逐利性应受到监管的制约；而对于养老服务提供者在养老服务中严重侵害老人人身及财产权益的行为、严重违反国家法律的行为要追究相应的行政责任、刑事责任，以充分保护老年人的正当权益。各监管部门应完善机构监督、鼓励社会监督，带动全社会共同促进养老服务业的健康发展。

2. 完善与养老服务相关的地方性法规、规章

地方性法规、规章应当更加的细致化、具体化，具有较强的可操作性。目前我国多个地区已结合当地老龄化的现实出台了相对应的地方性法规来规制养老服务业。地方性法规、规章不同于全国性法律，其统筹区域小、覆盖对象少，在实践中应当能够实现良好的运作。

地方性法规、规章的完善，应注重如下几点：一是地方性法规应以地区老龄化程度、经济发展水平、老年人口受教育程度、区域文化特色等多项反映当地社会真实面貌的因素为基点，制定符合当地民生、民情、民意的养老服务法规。区分不同程度的老年人，并针对不同程度的老龄人口，提供与其相适应的养老服务。二是注重法规、规章在实践中的可操作性，例如，承接社区养老服务的主体是基层群众性自治组织，在法律条文表述中应当考虑到这些服务提供者是否能看得清、听得懂规范性的法律条文表达。三是地方性

养老服务法规绝不能为法律制度的稳定性而切断法律制度与社会的适应性，随着社会实际情况的变化，法规、规章应当相应地与之改变。各地方应利用好现有的互联网技术，及时更新地区老龄人口数量，并做好其养老服务需求统计，因时因地因人进行变通，充分落实养老服务的惠民性。

3. 加强养老服务制度与其他法律制度的衔接

如前文所述，养老服务工程的建设需要社会各个环节的参与，养老服务关系中所涉及的主体是多方主体。在以居家社区养老为主的养老模式中，涉及老年人、老年人的赡养人、社区居民自治委员会、社区医疗卫生站及其工作人员、社区老年餐厅及其工作人员等，服务项目的多元化意味着参与服务法律关系主体的多元化，但这些主体之间所产生的法律关系又不仅局限于养老服务关系，在养老服务关系中权利义务的行使也会影响着主体的其他社会关系。养老服务法律制度的设计不能与其他法律制度相冲突，需要在某些可能会涉及多个法律关系参与的环节进行协调性的衔接。

职工因照顾老人而享有的陪护假，涉及到劳动法中的休假，《劳动法》应当在"工作时间和休息休假"一章对这种新的假期类型予以规定，并对假期所针对的对象、假期的时间做出基准性安排，以保护劳动者在照护老人期间不被用人单位以旷工理由解雇。

对于养老服务中的康养，地方在依托地域特色风景将养老与旅游相结合的时候，涉及对老年人在旅行养老中的安全保障、医疗救护等事宜，各地的旅游管理条例、应急事件处理条例中也应当有专门的制度措施来保障老年人在此过程中的安全。

涉及养老服务的事项不仅会涉及多元主体相融合的多元关系，与养老服务相关联的事项更需要相应专门制度与养老服务制度衔接。例如养老服务人才培养制度，人力要素的培养与投入是促进一个产业迅速发展的关键，对于养老服务这一具有广阔前景的新兴领域，更是要注重专门人才的培养。各地的职业教育促进条例、就业促进办法等均应该在其内容中完善对养老行业专门人才的激励促进，以实现养老行业的可持续发展。

第六章

老龄保险方面的立法

一、老龄保险方面制度及法律概况

老龄保险的意义在于，将老年群体所普遍具有的经济、医疗、失能失智等风险，通过大数法则在社会成员之间进行分担，从而增加个体的风险抵抗能力。老龄社会保险同时作为由国家主导设置的、具有再分配功能的社会和经济制度，[1]使参保人在步入老年后符合一定条件时获得帮助和补偿；而完善的老龄保险法治体系，是应对人口老龄化问题、保障老年人权益的重要民生措施。

（一）老龄保险的一般制度

针对老龄群体所普遍面临的经济、医疗以及失能失智等方面风险，老龄保险在制度层面通常涉及定期经济给付的养老金制度、特别就医补偿的老年医疗保障制度以及特别应对失能失智风险的长期照护保险制度。

1. 养老金制度

为实现"老有所养"，国家实行养老金制度，是保障特定公民在退休或丧失劳动能力之后，仍能够维持正常生活水平的一种退休养老的福利制度。根据各国养老金制度的经验总结，目前有三种典型养老金模式，分别是"现收现付制""基金积累制""多支柱模式"。

"现收现付制"较容易建立，在制度初建之时即可开始支付，因此大部分国家在养老保险运行之初采取的都是"现收现付制"；同时该模式具有互济性，国家可以通过养老保险实现再分配以平衡收入差距。但全面老龄化造成

---

[1] 参见林嘉主编：《劳动法和社会保障法》，中国人民大学出版社 2009 年版，第 317～318 页。

的人口结构转变，使得"现收现付制"下的养老保险基金储备情况越来越紧急。"基金积累制"则是以参保人建立个人账户为核心，自给自足，待遇支付按照积累额、投资收益额来计算。该模式没有代际负担，也可规避老龄化问题带来的部分压力；但一些国家的实践证明，完全的积累模式存在三个主要缺点：一是长寿风险，参保人的寿命如果超出预期就可能会出现养老金不足的问题；二是投资风险，个人账户的养老金投资收益是不确定的；三是替代率风险，如果工资增长率超过投资回报率，个人可能会更倾向于年轻的时候少储蓄，年纪大的时候多储蓄[1]。

养老金制度的第三种筹资模式则是多支柱模式，该模式来源于 1994 年世界银行提出的构建年金制度的三支柱思想。当前，世界各国的养老金筹资模式多采取这一模式：第一支柱是由政府主导、确保国民基本养老收入、抵御长寿风险的公共养老金，通常采用现收现付模式，政府在其中还负有最终财政兜底责任；第二支柱是由雇主主导的职业养老金，目前新建立的职业养老金绝大部分都是采取双方缴费的完全积累模式，政府则会提供税收优惠政策予以支持；[2]第三支柱是个人养老金，变传统的储蓄养老为投资养老模式。

2. 老年人特别医疗保障制度

老年人由于其疾病特点，对医疗保障制度的需求程度更高、需求维度更多元。据统计测算，老年群体所需医药费为总人口平均数的 2.5 倍，18% 的老年人将会占用 80% 的医药费；而 60 岁以上的老年人患病的医药费将会占用人的一生中医药费的 80% 以上。[3]一个老年人患一次大病、重病，有可能耗尽其一生的积蓄；一个或几个患长期慢性病的老年职工所花的医药费，有可能拖垮一个单位。因此一些国家如日本，在观察到年龄与医疗保险需求之间的特别关系及老龄情况对医疗保险制度产生的影响后，基于本国国情建立了对老年群体特别保障的医疗保险制度。

3. 长期照护保险制度

在老年群体的特殊医疗需求中，因应失能失智风险而产生的长期照顾，

---

〔1〕　参见董克用：《养老金制度是应对老龄化的重中之重》，载《社会科学报》2020 年 6 月 4 日，第 2 版。

〔2〕　参见董克用：《养老金制度是应对老龄化的重中之重》，载《社会科学报》2020 年 6 月 4 日，第 2 版。

〔3〕　参见王保真：《人口老龄化呼唤老年医疗保障》，载《医学与哲学》2001 年第 7 期。

或因其他慢性疾病产生的护理、保健、复健等需求具有普遍性。从世界范围来看，除英国及北欧等福利国家将长期照护作为全民免费医疗的一部分之外，大部分国家均是通过构建长期照护保险制度实现对该部分老年群体的权利保障[1]。其中，德国、日本、韩国、荷兰和以色列等国实行的是以社会保险为主、商业保险作为补充的长期照护保险制度，而新加坡和法国则是社会保险与商业保险二者并重并互补的形式，美国实行的是长期照护商业保险模式。

（二）老龄保险方面的法律

老龄保险方面的立法主要包括老龄一般法及针对具体老龄保险制度的专门立法。前者主要是作为一种领域法的形式，成为涉及老龄权益保障领域的指导性的基本法，指引该领域内其他专门法的立法原则和立法精神。典型代表为美国于1965年颁布出台的《老年人法》，该法分为六个部分，第一部分列明国家保证十项战略目标：一是老年人退休后有足够的收入；二是老年人获得生理和心理健康保障；三是老年人能够负担得起的合适的住房；四是为需要社会照顾的老年人提供良好的服务；五是禁止在雇佣过程中对老年人进行年龄歧视；六是常年工作、对国家经济做出贡献的退休老年人应该得到社会的尊重；七是给予老年人最广泛的参与各种文艺活动的机会；八是当老年人有需要时，对其提供有效的社区服务来进行社会援助；九是老年人能够受益于为提高老年人健康和幸福的科学研究；十是老年人能自由独立地计划个人的生活。第二部分规定了在卫生、教育和福利部下设立老龄署，其职责包括整理有关老年问题的信息、对州和地方处理老年问题提供协助，并且建立了国家资源中心来宣传和调度各种为老年人的资源和服务。第三部分规定了联邦政府对州和地区的老龄机构的计划、服务和培训给予补助。第四部分规定，对于有关老年领域的研究和发展项目给予补助。第五部分规定，对那些在老龄领域工作或即将进入老龄领域工作的人进行专业培训，并给予这些培训项目以补助。第六部分是总则，规定在卫生、教育和福利部下建立一个咨询委员会，详细规定了这个咨询委员会的工作人员的任命和任期等情况。[2]

此外，美国还有针对具体老龄保险制度的专门立法，如《养老保险法》

---

〔1〕 参见汤优佳：《我国长期照护保险法律制度的构建》，吉林大学2020年博士学位论文。

〔2〕 参见刘威：《试论1965年〈美国老年人法〉的诞生及对我国老龄政策的启示》，载《社会科学论坛》2012年第3期。

《长期照护保险法》《老年人医疗保险法》等，是在老龄一般法的指导下，针对具体制度的构建、实施进行规范。

以养老保险法为例，日本早在 1923 年就颁布出台了《退休金法》，后经不断修改、完善，又相继出台了《厚生年金法》《年金修改法》《厚生养老金保险法》《养老金制度改革方案》等等。其中《厚生养老金保险法》于 2013 年修订，2014 年 4 月 1 日实施。该法的修订是在厚生年金基金运营绩效不佳的背景下进行的，对年金基金制度做出了根本性的调整，宗旨是为了保护年金缴费人的利益。此次修订从法律层面变更了厚生年金基金的基础，规定了特例解散制度，并规定了基金存续及转移相关事宜。为满足基本生活保障，日本政府在法律规定标准年金的领取水平为在职群体平均收入的 50% 以上。此外，加大对弱势群体的保护力度，重点对高龄人群、女性、残障人士等特殊的生活习惯及劳动方式进行区分，设置了对应的制度。[1]

（三）我国老龄保险规范体系概况

社会保险法律的制定在相当程度上指引和规范了社会保险制度建设，成为社会保险制度改革和发展的指南。具体到我国老龄保险规范体系而言。首先，《老年人权益保障法》《社会保障法》《劳动法》《劳动合同法》等法律中的部分条文，针对涉及老龄群体的特别保护、老龄保险、部分老龄制度等作出了原则性的规定；其次，国务院发布的老龄保险方面的一系列文件也对我国老龄保险体系的改革、发展等问题做出了指向性规定；最后，则主要由养老保险主管部门以及各地方相应出台有关老龄保险方面的具体执行规范。初步形成了主要由行政法规、部门规章、地方性法规、地方政府规章等不同形式的规范性文件和相关的政策等构成的老龄保险规范体系。

总体而言，我国老龄保险基本法尚未确立，缺乏最根本的法律基础；各地政策方针不同，法律法规受地域影响较大；同时针对各具体制度的规定相对分散，也没有具体出台专门立法予以规范。

---

〔1〕　参见田帆：《日本厚生年金保险法修订始末及对我国养老保险立法的启示》，载《中国保险》2013 年第 11 期。

二、养老保险立法

（一）我国养老保险规范体系的发展

我国职工与居民、城镇与乡村的基本养老保险制度是分别建立，而后发展运行，逐步趋向统一的。城镇企业职工的基本养老保险模式于 1997 年基本确立，2014 年我国着手改革机关事业的退休金制度，与之并轨；城乡居民基本养老保险的建设则分为 3 个阶段，2009 年首先建立了新型农村社会养老保险（新农保），2011 年建立了城市居民基本养老保险，2014 年城乡并轨最终形成了当前的城乡居民基本养老保险制度。补充养老保险方面，2004 年建立的企业年金，与 2014 年建立的职业年金，共同构成了我国养老保险的第二支柱；此外，为促进第三支柱个人养老金的发展，2018 年我国于福建省、上海市和苏州工业园区三地试点运行个人税收递延型商业养老保险。

目前我国养老保险规范体系主要包括：发展过程中为指导、落实改革，由政府及各部门、各地方出台的规范性文件，如为实现农村与城镇居民养老保险统一，2014 年国务院印发《国务院关于建立统一的城乡居民基本养老保险制度的意见》；又如为调整不同地区养老保险的地区性差异，下发的《国务院关于建立企业职工基本养老保险基金中央调剂制度的通知》，等等。在制度具体实施方面，中央层面主要通过国务院、国务院各部门发文予以规范，如 2017 年《人力资源社会保障部、财政部关于进一步完善企业职工基本养老保险省级统筹制度的通知》，2016 年《人力资源社会保障部、财政部关于进一步加强企业职工基本养老保险基金收支管理的通知》，2018 年《人力资源社会保障部、财政部关于 2018 年提高全国城乡居民基本养老保险基础养老金最低标准的通知》等。我国养老保险立法层面的规范则散落于各相关部门法中，且多为从宏观层面的原则性规定，如《社会保障法》《劳动法》《劳动合同法》，《军人保险法》第 3 章规定了军人退役养老保险内容、补助标准，以及与其他不同类型养老保险的转移衔接问题。

总体而言，我国养老保险体系稳步发展，对具有时代特性的各种问题一一作出回应，初步取得一定效果。然而在养老保险发展过程中，始终具有"先试点、再改革、缓立法"的特点，法治化建设整体落后于养老保险制度改革，至今我国养老保险仍没有制定专门的法律或行政法规。

（二）我国养老保险的政策规定

1. 第一支柱：基本养老保险

我国基本养老保险制度经历了计划经济体制和市场经济体制两个阶段，在不同的体制下呈现出不同的制度特征（见表1）。1951年的《劳动保险条例》与1955年的《国家机关工作人员退休处理暂行办法》导致我国养老保险制度形成了企业、机关事业单位的二元化机构，这种制度安排至今都在影响我国养老保险制度的改革与发展。近20年的停滞后，随着20世纪80年代我国经济体制的改革，我国也开始进行养老保险制度的改革发展。1991年《国务院关于企业职工养老保险制度改革的决定》提出我国要建立基本养老保险与企业补充养老保险、个人储蓄养老保险相结合的多层次养老保险制度，为之后的全国养老保险改革起到了重要的推动作用。1995年所发布的《国务院关于深化企业职工养老保险制度改革的通知》又作为一重要文件，推动了"社会统筹和个人账户"相结合的改革。1997年发布的《国务院关于建立统一的企业职工基本养老保险制度的决定》标志着我国从此开始推行统一的养老保险制度，达到覆盖范围、缴费标准、管理监督、使用基金的统一，养老保险制度的改革也进入了新的阶段。2000年以来，我国不断发展改革养老保险制度，2000年国务院发布的《关于完善城镇社会保障体系的试点方案》确定了我国进一步完善社会养老保险制度的主要政策，并决定在辽宁省进行试点。2005年《国务院关于完善企业职工基本养老保险制度的决定》又对扩大基本养老保险覆盖范围的细节进行了规定。2010年在经历了地区试点经验总结后，我国以"社会统筹和个人账户"为模式的企业职工基本社会养老保险制度已经成型。为巩固发展成果，更好地保障公民权益，我国通过法律的形式在《社会保险法》中正式且详细地对基本养老保险进行规定。

养老保险二元化的结构特点除了体现于企业职工与机关事业单位的分离上，还体现在城乡二元分离上。2009年《国务院关于开展新型农村社会养老保险试点的指导意见》标志着我国新农保政策实施。与老农保相比，新农保在缴费结构、缴费标准、养老金待遇和支取等方面都做了改进与发展，有利于更好地提高农村社会保障水平。2014年，国务院出台《国务院关于建立统一的城乡居民基本养老保险制度的意见》，说明城乡居民养老保险合并的指导思想和原则性的管理办法，规定各省（区、市）人民政府要结合本地区实际情况，制定具体实施办法。《社会保险法》也提出要完善农村社会养老保险法律规范，2015 年修正《老年人权益保障法》也仅提及要通过基本养老保险制度保障老年人的生活。对于农村养老保险，法律层面多为原则性规定；各省市行政法规规章标准不一，变动较大，缺乏稳定的法律统一指导。

近年来我国越发重视基本养老保险的统筹工作，2018 年 5 月国务院下达的《关于建立企业职工基本养老保险基金中央调剂制度的通知》，提出要解决地区之间、省际之间养老保险基金负担不平衡的问题，将建立养老保险基金中央调剂金作为全国统筹的第一步。这表明了中央对于养老保险统筹的重视，也将很好地保障我国基本养老保险的平衡发展。

表 1 养老保险法律规范文件及重点内容整理

时间	名称	重点内容
1951.02	《中华人民共和国劳动保险条例》	对保险覆盖范围、企业职工保险费的征集、保管和使用、保险项目标准以及保险事业的执行和监督做出具体规定
1955.12	《国家机关工作人员退休处理暂行办法》	对政府机关、事业单位的工作人员建立了相应的养老保险制度
1957.11	《国务院关于工人、职员退休处理的暂行规定》	同意了企业、事业、国家机关职工的退休制度
1969.02	《关于国营企业财务工作中几项制度的改革意见》	国营企业停止提取劳动保险金，退休人员养老金由企业自行负担
1978.05	《国务院关于安置老弱病残干部的暂行办法》	对国有企业职工和机关、事业单位工作人员的退休条件、待遇水平做了统一规定
1986.07	《国营企业职工待业保险暂行规定》	要求建立全国县、市一级的养老保险统筹机制
1991.06	《国务院关于企业职工养老保险制度改革的决定》	逐步建立起基本养老保险与企业补充养老保险和职工个人储蓄性养老保险相结合的制度
1997.07	《国务院关于建立统一的企业职工基本养老保险制度的决定》	实行统一的企业和个人缴费比例、统一的个人账户记入比例养老金计发办法；我国"统账结合新模式"的正式形成；开始推行全国统一的养老保险制度

表 1　养老保险法律规范文件及重点内容整理　　　　　　续表

时间	名称	重点内容
1998.08	《关于实行企业职工基本养老保险省级统筹和行业统筹移交地方管理有关问题的通知》	加快试行企业职工基本养老保险省级统筹
2000.12	《关于完善城镇社会保障体系的试点方案》	进一步完善社会保障体系，将辽宁省作为完善体系试点城市
2005.12	《国务院关于完善企业职工基本养老保险制度的决定》	对扩大基本养老保险的覆盖范围、逐步做实个人账户、改革基本养老金计发办法等问题进行规定
2009.09	《国务院关于开展新型农村社会养老保险试点的指导意见》	对实施新型农村养老保险各个环节做出规定
2010.10	《社会保险法》	以法律形式明确了"基本养老保险基金逐步实行全国统筹"的政策决定，对基本养老保险作了翔实规定
2014.02	《国务院关于建立统一的城乡居民基本养老保险制度的意见》	规定城乡居民养老保险合并的指导思想以及原则性的管理办法
2017.09	《人力资源社会保障部、财政部关于进一步完善企业职工基本养老保险省级统筹制度的通知》	对保险费率政策、缴费政策、待遇政策等省级统筹具体问题做出规定
2018.05	《人力资源社会保障部、财政部关于2018年提高全国城乡居民基本养老保险基础养老金最低标准的通知》	全国城乡居民基本养老保险基础养老金最低标准提高至每人每月88元
2018.05	《关于建立企业职工基本养老保险基金中央调剂制度的通知》	强调在不增加社会整体负担和不提升养老保险缴费比例的基础上，合理均衡省际之间养老负担，追求养老基金安全可持续，养老金中央调剂制度得以最终确定

2. 第二支柱：企业年金与职业年金

我国养老金第二支柱中，面向机关事业单位职工的职业年金因具有强制性，覆盖率能达到八成，而面向企业职工的企业年金覆盖率才近一成，企业年金对养老保险的补充作用较小。我国企业年金于20世纪90年代建立以来，政府出台了一系列完善和发展企业年金的政策（见表2），推进企业年金迅速发展。

表2 企业年金与职业年金规范文件与重点内容整理

时间	名称	主要内容	配套政策
1991.06	《国务院关于企业职工养老保险制度改革的决定》	提出要逐步建立起基本养老保险与企业补充养老保险和职工个人储蓄性养老保险相结合的制度	
1994.07	《劳动法》	以法律形式规定鼓励用人单位根据本单位实际情况为劳动者建立补充养老保险。	
1995.03	《国务院关于深化企业职工养老保险制度改革的通知》	解决养老保险模式（实行社会统筹和个人结合）和计发办法改革问题，建立基本养老金正常调整机制	
1995.12	《关于建立企业补充养老保险制度的意见》	对建立补充养老保险的实施主体和条件、决策程序和管理组织、资金来源具体等环节做出规定	
1997.07	《国务院关于建立统一的企业职工基本养老保险制度的决定》	对企业缴费以及个人缴费的比例做出动态规定，提出过渡性养老金	
1998.08	《关于实行企业职工基本养老保险省级统筹和行业统筹移交地方管理有关问题的通知》		
2000.12	《国务院关于印发完善城镇社会保障体系试点方案的通知》	提出有条件的企业可为职工建立企业年金，并实行市场化运营和管理；企业年金实行基金完全积累，采用个人账户方式进行管理，企业缴费在工资总额4%以下的部分可从成本中列支，费用由企业和职工个人缴纳。选择辽宁省进行完善城镇社会保障体系试点	
2001.7	《国务院关于同意辽宁省完善城镇社会保障体系试点实施方案的批复》	方案中提出了建立企业年金的企业条件和年金管理、运营方式	

表2 企业年金与职业年金规范文件与重点内容整理 续表

时间	名称	主要内容	配套政策
2003.03	《国务院批转劳动保障部等部门关于辽宁省完善城镇社会保障体系试点情况报告的通知》	进一步落实建立企业年金方案，逐步扩大试点范围	
2004.01	《企业年金试行办法》	对建立企业年金的企业条件、方案应包括的内容、年金基金组成等具体内容做出规定	企业年金基金管理运作流程、企业年金基金账户管理信息系统规范、企业年金基金管理机构资格认定专家评审规则
2004.02	《企业年金基金管理试行办法》	对企业年金管理的信托模式、基金资产组合、信息披露制度以及投资风险补偿机制做出了具体规定	
2005.08	《国务院国有资产监督管理委员会关于中央企业试行企业年金制度的指导意见》	对央企实行企业年金制度做出更为细致的规定	
2007.04	《劳动和社会保障部关于做好原有企业年金移交工作的意见》	由社会保险经办机构、原行业管理以及企业自行管理的原有企业年金均应移交给具备资格的机构管理运营	
2009.06	《财政部、国家税务总局关于补充养老保险费、补充医疗保险费有关企业所得税政策问题的通知》	不超过职工工资总额5%标准内的部分，在计算应纳税所得额时准予扣除	
2011.02	《企业年金基金管理办法》	对企业年金基金投资权益类资产进行规定并对企业年金基金投资提供了更多的选择。	

表 2 企业年金与职业年金规范文件与重点内容整理 续表

时间	名称	主要内容	配套政策
2013.03	《人力资源和社会保障部、银监会、证监会、保监会关于企业年金养老金产品有关问题的通知》	对养老金产品投资范围、产品类型、投资比例、产品发行等环节做出规定	
2013.03	《人力资源和社会保障部、银监会、证监会、保监会关于扩大企业年金基金投资范围的通知》	扩大企业年金基金投资范围对资产投资比例进行调整	
2013.12	《财政部、人力资源社会保障部、国家税务总局关于企业年金、职业年金个人所得税有关问题的通知》	在年金缴费环节和年金基金投资收益环节暂不征收个人所得税，将纳税义务递延到个人实际领取年金的环节	
2017.12	《企业年金办法》	首次规定了领取企业年金资格条件；首次规定了企业缴费归属行为、限额、期限；弱化企业年金的自愿性质，鼓励引导符合条件的企业建立企业年金；下调了筹资规模上限，在企业适用范围上也进一步扩大	

我国企业年金自实行以来覆盖率一直不高，很重要的原因之一便是税收政策没有起到激励作用。根据表 2，无论是 2009 年发布的《财政部、国家税务总局关于补充财政部、国家税务总局企业所得税政策问题的通知》，还是 2013 年《财政部、人力资源社会保障部、国家税务总局关于企业年金、职业年金个人所得税有关问题的通知》法律层次均不高，约束力较小。具体到各地区的企业年金税收优惠政策，各地政策差异很大，有些省市甚至尚未出台具体方案，对年金的运作造成了很大阻碍。且税收优惠多以工作意见、管理办法等形式体现，没有上升至法律层面，导致实施力度不强。政策内容方面，税收优惠力度十分有限（我国企业缴费税收优惠比例为 5%，个人缴费税收优惠比例 4%，最高免税额度为 9%，与国际上常行的 15% 左右的税收优惠政策相差较大），难以起到很好的激励作用。与发达国家相比，我国现行的社保缴费率偏高，企业的

缴费负担本就太重；由于企业年金是自愿建立，企业也就更不愿意购买年金。

3. 第三支柱：个人商业养老保险

被寄予厚望的税收递延型养老保险将作为推动第三支柱的主力军，推动我国多支柱养老模式的发展，为养老保障事业注入推动力。税延型养老保险是指个人在购买商业养老保险时，其支付的保费可在一定限额内于交纳个人所得税之前扣除，同时其商业养老保险账户在存续期间累积的收益也可免税，个人只在领取养老金时纳税。由于在通常情况下个人退休前的收入会高于退休后的收入，因而这种税延型商业养老保险实际上给了个人一项税优政策，从而鼓励民众积极参与商业养老保险。与基础养老保险不同，此种保险是一种出于个人意愿购买的商业保险。

2018 年 4 月，财政部、税务总局、人力资源社会保障部、中国银行保险监督管理委员会、中国证券监督管理委员会联合印发《财政部、税务总局、人力资源社会保障部等关于开展个人税收递延型商业养老保险试点的通知》，文件中将上海市、福建省（含厦门市）和苏州工业园区作为个人税收递延型商业养老保险（下文简称"税延型养老保险"）的首批试点省市，试点期限暂定 1 年。

表 3　个人商业养老保险试点政策具体内容

试点地区	上海市、福建省（含厦门市）、苏州工业园区
政策适用对象	个人在试点地区有工资薪金、连续性劳务报酬所得（持续半年），且个人所得税的扣缴单位位于试点地区；获取生产经营所得的个体户、有承包承租经营所得的经营者、个人独资企业投资者、合伙企业的自然合伙人，且其实际经营地位于试点区
缴纳商业养老保险阶段	支付保费可在申报当月个人所得税时在一定限额内于交纳个人所得税之前扣除。扣除限额按当月工资薪金、连续性劳务报酬收入的6%与1000元两者较低值确定；取得生产经营所得的个体户、承包承租经营所得的经营者、个人独资企业投资者、合伙企业的自然人合伙人，其支付的保费可在申报当年个人所得税时限额据实税前扣除，扣除限额按当年应税收入的6%和12000元孰低确定
养老保险账户积累阶段	个人商业养老保险账户中的累积收益，在缴费期间不课征个人所得税
个人领取养老金阶段	对个人达到规定条件时领取的商业养老金收入，其中25%部分予以免税，其余75%按"其他所得"税目，采用10%税率优惠征收个人所得税。

2018 年 6 月 7 日，全国首张税延养老保险保单在上海落地。截至 2020 年 4 月末，试点地区共 23 家保险公司参与试点，4.76 万人投保，累计保费收入 3 亿元，试点取得了初步成效。其中上海是试点区域中的主要贡献力量，其保费收入占到所有试点区域税延型保险保费收入的 3/4，整体业务量巨大。

表 4　各地商业养老保险试点情况与政策

地区	试点情况	出台相关政策
上海市	2018 年 6 月 7 日全国首单由太平洋人寿在上海签发。截至 2019 年 7 月末，上海市税延型养老保险累计保费收入 1.29 亿元，占全国试点地区保费收入的 77.94%。购买税延型养老保险投保人主要是上海机场（集团）有限公司、上海国际机场股份有限公司、保险公司内部员工。	《上海市人民政府办公厅贯彻〈国务院办公厅关于加快发展商业养老保险的若干意见〉的实施意见》
福建省（含厦门市）	截至 2019 年 7 月末，福建省（含厦门市）税延型养老保险累计保费收入 2679 万元，占全国试点地区保费收入的 16.16%。	《福建省实施个人所得税递延型商业养老保险试点工作方案》
苏州工业园区	截至 2019 年 7 月末，苏州工业园区税延型养老保险累计保费收入 2679 万元，占全国试点地区保费收入的 5.9%。	《转发财政部、税务总局人、力资源社会保障部、中国银行保险监督管理委员会、证监会关于开展个人税收递延型商业养老保险试点的通知》

分析当前公布的中央及各地政策，可以看出现行税延政策的税收优惠力度普遍偏小，对民众吸引力有限。在缴费环节，以 6% 和 1000 元限额作为个税扣除项，扣除金额本就不高，吸引力较低。个税起征点提高以及专项附加扣除政策正式实施后，民众享受个税优惠的渠道增加，税延型养老保险对中低收入群体的吸引力就更小了；而对于高收入群体，1000 元的养老投资限额则根本不能满足他们的养老投资需求，其更愿意向更高投资高回报的养老项

目投资。最终造成了中低收入群体享受不到税收优惠或税收优惠很低，而高收入者无购买意向的结果。在养老金领取环节，试点政策规定领取时的商业养老金收入的25%免税，其余的75%按10%税率缴税，并未对不同期限领取作出不同税率规定，也不利于引导公众选择长期终身领取方式。

4. 国际养老保险税收政策

国际上，为引导民众购买个人养老保险从而缓解政府公共养老压力，许多税延型养老保险发展较好的国家采用了较为完善的税延优惠政策，对这些政策的研究分析将对我国以后税延型养老保险的改革推进有很大帮助。

表5　各国养老税收政策比较

国家	养老税收政策
美国	美国私人养老金计划包括雇主养老金计划与个人退休账户计划，政府对二者的税收迟延优惠都是其重要的特点。雇主养老金又分为DB（Defined Benefit）即待遇确定型与DC（Defined Contribution）即缴费确定型两种。以DC中十分最为受欢迎的401（K）计划为代表，通过税收优惠政策鼓励雇主设立退休金计划，由雇员和雇主共同缴费，缴费和投资收益免税，只在领取时征收个人所得税。雇员退休后养老金的领取金额取决于缴费的多少和投资收益状况，即个人账户的余额。本质上是中高收入工薪阶层对退休后的投资计划，收益风险同担，投资额不得超过月收入的15%。个人退休账户计划（IRAs）是一种为参保者提供税收优惠的个人储蓄养老计划，自1974年建立以来随着社会发展，针对不同类型的群体设置不同的模式，对每一类模式对规定相应的缴费限额和税收优惠。其很大一特点是其转账机制可将不同个人的账户、个人不同的退休账户联系起来，具有很高的灵活性。
德国	位于第一层次基本养老金的吕库普养老金是一种可以享受政府大数额、高比例退税方式的个人自愿投保的商业养老保险计划，主要面向个体劳动者；位于第二层次的企业补充养老保险和里斯特养老金（个人储蓄型养老保险计划）以中低收入者为目标群体，以基础补贴、子女补贴、特别补贴和税收优惠多种方式鼓励目标人群参保。以上两种养老金虽在领取养老金时仍然需要缴纳税款，但由于德国个人所得税采用累进税制，而个人退休后的收入通常低于在职期间的收入，因而适用较低的税率纳税；又因为通货膨胀等因素，延迟纳税实质上是减税方案。
英国	英国政府为激励雇主与个人参加养老储蓄，用户所缴积累进个人账户，额外费用由政府承担。所有积累的缴费将被用于投资，投资收益则免征个人所得税，仅在领取环节征税〔1〕。最终领取到的退休金受到缴费数额、投资收益水平、领取方

---

〔1〕　参见江时鲲、江生忠：《英国商业养老保险税收政策研究及其对我国的启示》，载《理论与现代化》2016年第2期。

表5 各国养老税收政策比较 续表

国家	养老税收政策
	式等多种因素影响。针对雇主、雇员以及灵活就业者或无业者政府都推出了不同的养老金缴费的税收政策，极大地刺激了商业养老保险的需求，使得大多数人都能参加养老储蓄，获得养老保障。
日本	为了推动企业年金计划的实施，日本政府在各环节都给予了参与者不同程度的税收优惠。在用户缴费环节，企业缴费部分将作为企业经费在税前扣除；个人缴费部分，不同类型的年金给予相应的限额税前扣除，年金资产的运营环节可以递延纳税，但由于民众的反对，实际上并未纳税；支付养老金环节则设置了年金收入纳税扣除项目，减轻参保人的负担[1]。

通过对比以上四个税延政策发展较为完善的国家，可以得出其政策有着以下特点。

首先，政策覆盖的群体范围较广，保障公平。在制定政策时，以上国家不仅考虑受雇于单位的雇员，还考虑到了自由职业者、低收入群体，针对不同的参与者给予相应的税收优惠。美国的 IRA 养老计划更多覆盖未享受政府养老保险的劳动者，德国里斯特养老金给予低收入和多子家庭充分照顾，吕库普养老保险则是无差别地覆盖所有职业人群。

其次，税收限额层次化、多元化，设置合理。四个国家都针对不同职业群体推出不同的缴费税收优惠政策，制定不同的税收限额，德国里斯特养老金更是针对性地发放政府补贴以激励个人参保。至于限额的具体确定，也并非为固定限额，如美国、德国政府会根据同期通货膨胀水平、个人收入增长等因素更新税收限额，日本政府则是按照参与者的月收入水平更新养老保险缴费扣除限额。合理的税收优惠产生了良好的激励作用，极大地推动了政策的实施，同时也并未给政府财政带来较大的压力。

最后，政策有着规范严格的配套制度。政策最终能够良好的实施，还需要规范的配套政策。如德国制定了严格的保险审批制度，只有符合标准的产品才能进入市场；美国各州出台的保险法对参保的环节都细致规定，并明确监管措施，有效地保证了养老保险税收优惠政策的实施。

---

[1] 参见黄明林：《日本企业年金制度的变迁及启示》，载《财会月刊》2020年第17期。

（三）养老保险专门立法的必要性

首先，多年改革、试点经验散落于其他部门法、各部门规章及地方性规范文件中，通过专门立法的形式可以将杂乱的养老保险规范进行系统整理，并对上位法中的原则性、指引性规定进行细化落实，增强对公民行为的指引；同时剔除过时的制度，统合不一致的规范，从而减少因规范适用差异而导致的社会不公。

其次，我国如何提升养老统筹层级已成当务之急，即使国家已出台相关立法文件推动养老金全国统筹，例如《社会保险法》《国务院关于建立企业职工基本养老保险基金中央调剂制度的通知》等；但事实上仅有不多的地区可做到统收统支式省级统筹，更多的省份还处于地市级统筹层面，具体执行仍面临着来自地方政府的强大阻力〔1〕。提升规范位阶，有利于调节、统合各地区规范差异，增强规范权威性的同时也能强化规范的执行力，为实现养老保险的全国统筹奠定基础。

再次，通过养老保险的专门立法，可以有针对性地解决筹资和管理运行过程中的问题，赋权有关机关、部门对养老金运营的管理和监督，使我国养老社会保险体系常态化、稳定运转。

综上所述，通过20多年的养老保险改革和试点经验，我国养老保险制度已具备一定规模，收到成效，养老保险国家立法已经具备了较好的实践基础，应逐步将养老保险制度纳入法治化建设轨道中来。

三、老龄医疗保险立法

老年群体相较年轻人而言，呈现患病率提升、危病率高、康复周期长等特点；同时，老年人需求的保险支付模式更具多样化，除治疗外还需要护理、复健、心理疏导等帮助。即，老龄群体对医疗保险制度有着更高、更多元的需求。另一方面，随着老年群体在医疗保险中的占比提升，医疗保险基金的负担加大。因此，虽然医疗保险不是以年老为保险原因，但二者之间仍然有着紧密的联系。

---

〔1〕　参见方乐：《养老保险费改税目标下统账结合规则改进刍议》，载《税务与经济》2020年第3期。

（一）我国老年人医疗保障情况

我国基本医疗保障制度基本实现全面覆盖，医疗保障水平不断提高，老年医疗卫生服务体系逐步健全。目前，我国老年人主要依据户籍、有无工作经历、退休前参加城镇职工基本医疗保险年限等因素，通过参加特定医疗保险，对老年医疗风险予以保障。如参加城镇职工医保的老年人，在达到退休年龄前通过缴费达到国家规定年限者以及补缴至国家规定年限者，享受城镇职工医疗保险保障，支付比例虽然因地区政策不同而有差异，但总体而言保障程度较高；但对于参加城镇居民医保及新型农村合作医疗的老年人，虽然仍有一定医疗保障，但支付水平待遇较职工医疗保险明显降低。

除老年群体因参保情况不同，享受的支付水平不一致性外，在保障范围上，我国目前尚未建立起适应老年人的健康需求的，包括保健、预防、治疗、康复、护理、安宁疗护的综合性、连续性的服务体系。[1]另外，专业的老年医疗卫生服务机构、康复机构等数量有限且地区分布不均，专业从事老年健康服务的人员数量不足，基层的老年人群卫生服务力量更为薄弱。

（二）日本老龄医疗保险制度借鉴

基于老龄群体对医疗保险制度的特殊需求，日本为老年人建立了特别医疗保险制度，可以为我国应对老年人医疗保险问题打开新的思路。

2008年，日本颁布《高龄者医疗确保法》，实施高龄者医疗保险制度，将65岁以上的老年人分为65岁以上未满75岁的前期高龄者和年满75岁的后期高龄者两个群体。前期高龄者医疗制度与一般老年保障制度相似，保费由国家、地方公共团体和被保险人共同负担；[2]后期高龄者则适用独立的后期高龄者医疗制度，保险者是以都道府县为单位的所有市町村组成的广域联合，医疗费用由被保险者负担10%~30%，剩余由医疗保险负担。其中，保险给付的来源由政府财政负责50%，另由现役世代（即正在工作的一代人）医疗保险费用的支援金负担40%。[3]后期高龄者医疗保险制度将75岁以上的老人独立

〔1〕 参见曹晓航等：《健康老龄化背景下我国老年医疗保险研究述评》，载《卫生软科学》2017年第9期。

〔2〕 参见李文静：《高龄化背景下老年人医疗保险之立法因应——日本老年人医疗保险立法之考察》，载《比较法研究》2013年第3期。

〔3〕 参见朱波、周卓儒：《人口老龄化与医疗保险制度：中国的经验与教训》，载《保险研究》2010年第1期。

出来作为制度保障的对象，是一项极为大胆的创新，同时也是世界上首例以特定老年群体为保障对象的独立医疗保险制度形式。

对于该项制度，有学者质疑指出，由于后期高龄者疾病风险发生率高，仅以该群体为对象所构成的保险团体内部并无风险分散机能。[1]还有学者认为，该制度必须依靠保费之外的其他财源，这种世代分立的保障方式将后期高龄者置于绝对的所得转移受益者的地位，加剧了世代间对立。但是，即使该制度尚在探索完善中，制度背后国家对于高龄者医疗负担的特别关注、社会对高龄者医疗风险的保障思想，在我国未来医疗保险制度不断完善的过程也应当得到充分的考虑。

（三）老龄医疗保险专门立法的必要性

自上个世纪末以来，我国人口老龄化加速发展，老年人口基数庞大，并日益呈现高龄化、空巢化的趋势，需要照料的失能、半失能老人的数量也在剧增。第七次全国人口普查数据显示，我国60周岁及以上人口为26402万人，占人口比重的18.7%，与2010年相比，60周岁及以上的老龄人口增长了8637万人，比重上升了5.44%。[2]我国老龄化程度日益加深。

随着我国老龄化程度不断加深，我国医疗保险制度面临着较大的挑战。面对人口老龄化这一不可逆转的现实，我国在构建全民医疗保障体系的过程中应当重视老年人的就医问题，开展"适老化"改革，切实增进老龄人口福利。基于我国目前的经济发展水平，建立完全免费的老年人医疗保险制度尚不具备可行性，为时尚早；但是我国可以借鉴日本的经验，划分已满65周岁未满75周岁的老年人群体与已满75周岁的老年人群体，有针对性地设计相对独立的老龄医疗保险制度，满足不同年龄段的老年人的多元需求，通过提供专门化保障的方式降低老年人的医疗风险。

立法层面的指引和规范是一项新制度长久、稳定运行的重要基础。日本等国家推行的针对老龄人口医疗保险的制度之所以能够长期运行，除了得到

---

〔1〕 参见〔日〕仓田聪：《社会保険の构造分析——社会保障における'连带'のかたち》，北海道大学出版会2009年版，第292页。转引自：李文静：《高龄化背景下老年人医疗保险之立法因应——日本老年人医疗保险立法之考察》，载《比较法研究》2013第3期。

〔2〕 参见国家统计局：《第七次全国人口普查公报（第五号）》，载国家统计局网，http://www.stats.gov.cn/sj/tjgb/rkpcgb/qgrkpcgb/202302/t20230206_1902005.html，最后访问日期：2023年4月6日。

国家政策支持以及财政支持之外，最为重要的是在立法层面建立了一套完善的制度体系来指引制度在实践层面的实施。在我国，老龄医疗保险制度在立法中尚付阙如，涉及老龄医疗方面的政策多是以意见、建议等形式呈现，这些政策不具备法律的强制性，极易在实施过程中偏离原有目的。因此，我国在建立相对独立的老龄医疗保险制度的过程中，必须从国家层面进行统筹规划，以专门立法的形式给予法律支持，使得规定细则在法律层面进行细化、确定，以增强对社会公众的指引，并促使制度更好地在实践中加以执行与落实。

四、长期照护保险立法

随着我国老龄化速度加快、高龄化程度加深，老龄人口的失能失智风险显著提高；与此同时，家庭照顾功能式微，而市场化的照护服务成本较高，在自付费模式下，老人及其子女家庭容易陷入照护和经济的困境，客观上需要建立相关费用的社会化分担机制及相应的制度保障，即长期照护保险制度。目前，以社会保险形式构建长期照护保险制度的国家中，选取德国和日本为代表可资借鉴。

（一）德国长期照护保险法案

德国于 1995 年引入并推行长期照护社会保险制度，并将其作为第五大支柱纳入其社会保障体系。在此之前，因"失能"导致的长期照护需求产生的费用主要由社会救助计划支付，且支付程度非常有限。1994 年德国颁布《长期护理保险法案》，实施普遍的、强制性的长期照护社会保障体系。

在长期照护保险制度下，当失能群体无法获得家庭或医院的照护，参保人便可以获得居家或医院照护服务，以及有上限的财政补助，以满足基本的生活需求。德国长期护理保险始终强调"居家照护优先"和"预防与康复优先"原则，对受保人提供照护的同时最大程度地尊重其个人尊严。

保险的筹资方式采取的是社会保险与强制性商业保险相结合的模式，按雇员工资总收入的 1.7% 进行强制性征收，由雇员和雇主各负担一半；且退休人员支付的总费用仅占保险费的一半，另一半由养老保险基金支付。还需要注意的是，当某家庭成员的收入低于收入标准的 1/7，便可以在保险期间免缴保险费用；当参保人的配偶收入微薄或没有收入，可以在出示符合规定的证明后降低保险费用。在此种模式下，雇员的缴费比例与其工资水平挂钩，但却与最终的保费支付无关，这就使得不同收入者之间的财富能够重新分配，提高参保率的同时也维护了社会公平，体现了很强的转移支付制度设计。

同时，法律规定"护理保险跟从医疗保险"的原则，使长期照护保险的对象几乎覆盖全体国民。但针对不同收入的人群可采用不同的参保方式，将社会保险与商业保险结合，有着"收入关联"的特征。普通收入者必须参加长期护理保险，高收入者可以不参加社会保险，但必须自行购买长期护理保险。而且，为减少雇主对立法和政策推行的反对，德国政府通过立法取消了一个强制性的雇员带薪假期，该带薪假期的成本约相当于雇主所承担的长期照护保费支出的75%，[1]大大降低了雇主的成本负担。

具体照护内容上分为居家和住院两类，按需求强度分为适当、严重和超重的护理需求三级，等级不同资助的方式和内容也有差别。在失能评估方面则制定了严格的评估流程，并且根据被保人的身体状况对护理服务进行动态调整。

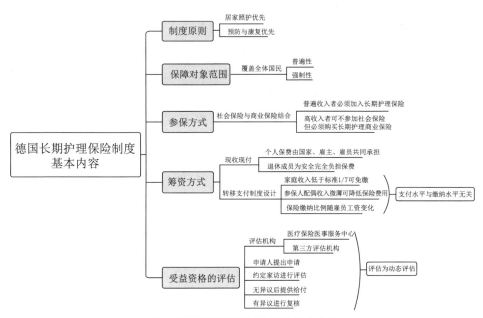

图1 德国长期护理保险制度基本内容

---

〔1〕 参见郝君富、李心愉：《德国长期护理保险：制度设计、经济影响与启示》，载《人口学刊》2014年第2期。

（二）日本介护保险制度

日本于 2000 年开始实施护理保险制度，将老年人的护理从医疗保险中独立出来，以便更好地解决老年人对护理服务的需求，减轻政府用于老年人养老护理方面的财政支出。

介护保险制度是日本养老、医疗、失业等传统保险制度之外的一项专门应对超老龄社会的举措，参保对象覆盖年满 40 周岁的所有国民。该制度将最接近居民的行政单位（在日本称为市町村）作为保险人与保险管理机构，将 40 岁以上的居民作为被保险人。在获得服务认定，认为护理为必要时，使被保险人可以通过保险获得护理护理服务，得到养老保障。

在资金来源上采取强制缴纳的方式，由个人与政府共同承担缴费负担，但针对不同年龄的被保险人设立了不同的保费机制。一类被保险人为 65 岁以上的老人，由政府与个人各自承担 50%，总缴费约占全部财源的 17%；二类被保险人为 40~65 岁的人群，由政府承担 50%，剩余部分个人与单位共同承担，总缴费约占财源的 33%。在具体养老服务上，日本养老护理行业允许营利与非营利组织进入，进行市场竞争，且十分重视专业化的服务人员培养、机构建设。

在保险给付时，使用者仅负担其护理服务总费用的 10%，其他 90% 由政府和保险基金各负担一半。[1] 同时，介护保险制度还针对家庭护理制定护理计划，在尊重参保者意愿的前提下通过提供专业的护理保健和医疗服务进行给付，在一定程度上也减轻了政府的财政压力和家庭赡养负担。

---

〔1〕 参见丁英顺：《日本推动健康老龄化的经验及启示》，载《河南社会科学》2014 年第 8 期。

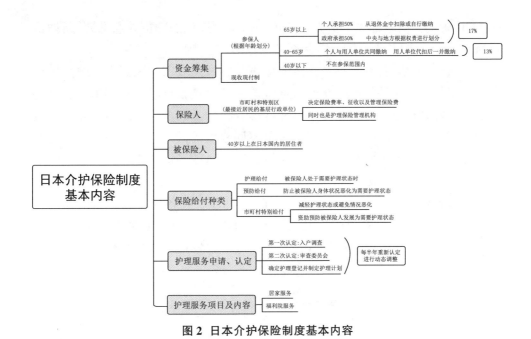

图 2 日本介护保险制度基本内容

（三）我国长期照护保险法

我国于 2016 年开始试点运行长期照护险制度，各试点地区结合当地经济发展水平和各方面承受能力积极探索长期照护保险的运行模式，出台了一系列地方性文件，积累了一定的经验。2019 年 4 月 16 日国务院办公厅印发《国务院办公厅关于推进养老服务发展的意见》进一步要求建立健全长期照护服务体系，加快长期照护保险制度建设，长期照护保险立法逐步提上日程。

通过试点地区的经验积累，反思在试运行中所暴露出的问题，长期照护保险在立法过程中应当特别注意的是，应在国家层面规范长照险的指导思想、参保对象、保险原则、基金筹集、基金管理、服务提供以及待遇支付等，并鼓励商业长期照护保险的发展，建立多层次的长期照护体系。

2016 年人力资源社会保障部印发《人力资源社会保障部办公厅关于开展长期护理保险制度试点的指导意见》（以下简称"《长照试点指导意见》"）将吉林、山东作为重点试点省份，在全国范围内共选取了 37 个城市组织开展试点工作。《长照试点指导意见》对试点的具体目标、任务、基本政策、管理服务以及配套措施进行了规定。2020 年 9 月，国家医疗保障局、财政部印发

《国家医保局、财政部关于扩大长期护理保险制度试点的指导意见》，新增试点城市 14 个，将长期护理保险制度试点范围进一步扩大。

以《长照试点指导意见》为基本依据，各试点城市均根据本市的具体情况发布了相关的文件细则，新增试点城市除甘南藏族自治州外都紧接着制定了服务机构管理办法、失能评估具体标准等更为细致的配套政策。经过一段时间的试点工作，原试点地区都取得了不同程度的效果，部分满足了失能老年人的护理服务需求，减轻了失能失智家庭成员的经济负担，同时也很大地促进了养老产业的发展。

比较各地已经出台的政策（见表 6），可以发现各地政策存在较大的差异。经济较为发达、养老产业发展较好的地区如北京、上海、青岛等地区，地区政策规定细致、配套制度较为完善，但在欠发达地区如甘南藏族自治州则缺少配套规定，试点进程推进缓慢。

表 6　我国长期医疗护理保险试点规范

序号	省	市	出台时间	名称	配套规定
1	山东省	青岛市	2012.06	《关于建立长期医疗护理保险制度的意见（试行）》	《青岛市长期护理保险暂行办法》（2018） 《青岛市长期护理保险办法》（2020） 《青岛市长期护理保险照护需求等级第三方评估工作监督管理办法（试行）》 《青岛市长期照护需求等级评估实施办法》
		潍坊市	2014.11	《职工长期护理保险试点实施意见》	《潍坊市职工长期护理保险定点护理机构医疗护理服务质量考核办法》
		日照市	2015.07	《日照市职工长期医疗护理保险制度实施细则（试行）》	
		临沂市	2017.08	《临沂市人民政府办公室关于试行职工长期护理保险制度的意见》	

表 6　我国长期医疗护理保险试点规范　　　　　续表

序号	省	市	出台时间	名称	配套规定
		聊城市	2017.08	《聊城市人民政府办公室关于试行职工长期护理保险制度的意见》	
		泰安市	2017.11	《泰安市人民政府办公室关于试行职工长期护理保险制度的通知》	
		济宁市	2017.12	《济宁市职工长期护理保险实施办法》	
		淄博市	2017.10	《淄博市职工长期护理保险暂行办法》	《淄博市长期护理保险基础护理服务项目、服务规范》《关于做好长期护理保险定点护理机构申报工作的通知》
		滨州市	2017.12	《滨州市人民政府办公室关于试点推行职工长期护理保险制度的实施意见》	《滨州市长期护理保险失能评估试行方案》
		东营市	2018.03	《关于开展东营市城乡居民长期照护保险试点的实施方案》	
		菏泽市	2018.04	《菏泽市职工长期护理保险实施办法》	《菏泽市职工长期护理保险定点护理服务机构管理办法（试行）》
		威海市	2018.04	《威海市职工长期护理保险规定》	
		枣庄市	2018.06	《枣庄市人民政府办公室关于建立职工长期护理保险制度的意见》	
		烟台市	2018.05	《烟台市职工长期护理保险实施办法（试行）》	
		济南市	2018.11	《济南市职工长期医疗护理保险实施办法》	

表 6 我国长期医疗护理保险试点规范 续表

序号	省	市	出台时间	名称	配套规定
		德州市	2018.12	《关于建立职工长期护理保险制度的意见》	《德州市职工长期护理保险实施细则》
2	吉林省	长春市	2015.02	《长春市人民政府办公厅关于建立失能人员医疗照护保险制度的意见》	
		吉林市	2016.12	《吉林市长期护理保险实施细则（试行）》	
		梅河口市	2017.08	《关于开展长期护理保险试点工作实施意见》	
		通化市	2017.09	《通化市人民政府关于开展长期护理保险制度试点的实施意见》	
		松原市	2018.08	《松原市人民政府办公室关于进一步完善全市长期护理保险制度的意见》	
3	江苏省	南通市	2015.10	《关于建立基本照护保险制度的意见（试行）》	《南通市照护保险居家服务机构定点管理暂行办法》《南通市基本照护保险失能失智预防工作实施细则》
		苏州市	2017.06	《关于开展长期护理保险试点的实施意见》	《关于明确苏州市长期护理保险居家护理服务项目内容和待遇标准的通知（试行）》《苏州市长期护理保险定点护理服务机构管理办法（试行）》
4	河北省	承德市	2016.11	《关于建立城镇职工长期护理保险制度的意见》	《承德市城镇职工长期护理保险居家护理管理办法（试行）》
5	江西省	上饶市	2016.12	《关于开展长期护理保险试点工作实施方案》	《上饶市长期护理保险试点经办规程（试行）》

表 6 我国长期医疗护理保险试点规范 续表

序号	省	市	出台时间	名称	配套规定
6	湖北省	荆门市	2016.11	《荆门市长期护理保险办法（试行）》	
7	上海市	上海市	2016.12	《上海市长期护理保险试点办法》	《上海市长期护理保险试点办法》 《上海市长期护理保险试点办法实施细则（试行）》 《上海市老年照护统一需求评估及服务管理办法》 《上海市长期护理保险社区居家和养老机构护理服务规程（试行）》 《上海市长期护理保险结算办法（试行）》
8	安徽省	安庆市	2017.01	《安庆市人民政府办公室关于安庆市城镇职工长期护理保险试点的实施意见》	
9	四川省	成都市	2017.02	《成都市长期照护保险制度试点方案》	
			2020.05	《成都市人民政府关于深化长期照护保险制度试点的实施意见》	《成都市城乡居民长期照护保险实施细则》
10	新疆生产建设兵团	石河子市	2017.01	《八师石河子市长期护理保险实施细则（试行）》	
11	黑龙江省	齐齐哈尔市	2017.07	《齐齐哈尔市长期护理保险实施方案（试行）》	《齐齐哈尔市长期护理保险护理服务项目目录》
12	广东省	广州市	2017.07	《广州市长期护理保险试行办法》	《日常生活活动能力评定量表》 《广州市长期护理保险基本生活照料服务项目》 《广州市长期护理保险医疗护理服务项目》 《广州市长期护理保险协议定点服务机构及评估管理办法》

表6 我国长期医疗护理保险试点规范 　　　　续表

序号	省	市	出台时间	名称	配套规定
13	浙江省	宁波市	2017.09	《宁波市长期护理保险制度试点方案》	《宁波市长期护理保险试点实施细则》《宁波市长期护理保险失能评估试点办法》
14	重庆市	重庆市	2017.12	《重庆市长期护理保险制度试点意见》	《重庆市长期护理保险协议护理服务机构协议管理办法（试行）》《重庆市长期护理保险服务项目和标准（试行）》《重庆市长期护理保险失能等级评定管理办法（试行）》
15	新疆维吾尔自治区	乌鲁木齐市	2018.11	《乌鲁木齐市长期护理保险办法（试行）》	《乌鲁木齐市长期护理保险实施细则（试行）》《乌鲁木齐市长期护理保险失能评定细则（试行）》《乌鲁木齐市长期护理保险定点护理服务机构管理办法》
16	北京市	石景山区	2020.11	《北京市石景山区扩大长期护理保险制度试点实施细则》	《北京市石景山区扩大长期护理保险制度试点实施细则》《北京市石景山区扩大长期护理保险制度试点失能评估管理办法》《北京市石景山区扩大长期护理保险制度试点商保经办机构管理办法（试行）》《北京市石景山区扩大长期护理保险制度试点基金使用监管办法（试行）》
17	山西省	晋城市	2020.11	《晋城市人民政府关于建立长期护理保险制度的实施意见》	

表 6　我国长期医疗护理保险试点规范　　　　　续表

序号	省	市	出台时间	名称	配套规定
18	贵州省	黔西南布依族苗族自治州	2020.11	《黔西南州长期护理保险制度试点实施方案》	《黔西南州长期护理保险失能评定管理办法（试行）》
19	陕西省	汉中市	2020.11	《汉中市长期护理保险实施办法（试行）》	《汉中市长期护理保险实施细则（试行）》汉中市长期护理保险失能人员评定暂行办法
20	甘肃省	甘南藏族自治州	2021.11	《甘南州职工长期护理保险实施细则（试行）》	
21	河南省	开封市	2020.12	《开封市长期护理保险制度试行办法》	《开封市长期护理保险失能评估标准（试行）》《开封市长期护理保险定点护理服务机构管理办法》
22	天津市	天津市	2020.12	《天津市长期护理保险制度试点实施方案》	《天津市长期护理保险制度试点实施方案实施细则（试行）》《天津市长期护理保险护理服务项目及标准（试行）》《关于长期护理保险居家护理服务有关问题的通知》《天津市长期护理保险失能评定标准（试行）》《天津市长期护理保险定点护理机构管理办法（试行）》
23	辽宁省	盘锦市	2020.12	《盘锦市开展全国长期护理保险制度试点工作实施方案》	
24	湖南省	湘潭市	2020.12	《湘潭市长期护理保险制度试点实施方案》	《湘潭市长期护理保险制度实施细则（试行）》

表 6　我国长期医疗护理保险试点规范　　　　续表

序号	省	市	出台时间	名称	配套规定
					《湘潭市长期护理保险定点护理服务机构管理办法（试行）》《湘潭市长期护理保险失能评定管理办法（试行）》
25	内蒙古自治区	呼和浩特市	2020.12	《呼和浩特市长期护理保险制度试点实施方案》	《呼和浩特市长期护理保险定点护理服务机构管理办法（试行）》《呼和浩特市长期护理保险失能评估管理办法（试行）》
26	福建省	福州市	2020.12	《关于开展长期护理保险制度试点的实施方案》	《福州市长期护理保险实施细则》《福州市长期护理保险失能评估管理办法（试行）》《福州市长期护理保险定点护理服务机构管理办法（试行）》《福州市长期护理保险服务项目及标准（试行）》
27	云南省	昆明市	2020.12	《昆明市城镇职工长期护理保险暂行办法》	《昆明市长期护理保险失能等级评定管理办法（试行）》《昆明市长期护理保险定点服务机构管理办法（试行）》
28	广西壮族自治区	南宁市	2021.03	《南宁市人民政府关于南宁市长期护理保险制度试点的实施意见》	《南宁市长期护理保险协议定点护理服务机构管理暂行办法》《南宁市长期护理保险失能评估管理办法（试行）》

对政策内容进行比较，可以发现各地政策在覆盖范围、筹资渠道、给付条件与内容方面有着很大的差异。在此，选取原试点城市中运行较好的上海

市、青岛市与新增试点地区天津市、北京市石景山区对具体的规定进行比较分析。

在保险参保范围上，除天津市外，其余三个地区均覆盖了职工医保与居民医保的参保人。在保险基金筹资上，除石景山区外，都将医保基金作为筹资渠道之一，天津市以单位和个人缴费为主，青岛市还给予财政补助，石景山区则是以参保人员缴费作为全部的资金来源。各地区还发布了不同的照护评估标准，并相应地给出了不同的保险待遇条件，差别较大。青岛市在基金管理上，除规定基金专款专用外，还设立了职工居民护理保险调剂金与延缓失能失智预防保障金，用于相关工作。各地筹资渠道不统一、给付条件参差不齐、覆盖人群也不够完全，不利于试点经验推广；过于依赖医疗保险也会使得在基金运行、责任主体划分上出现混淆、给付不足的情况，最终影响长期护理保险的发展。

表 7 我国建立长期护理保险试点城市和试点方案

	上海市	青岛市	天津市	北京市石景山区
参保范围	职工医保和居民医保的参保人	职工医保和居民医保的参保人	职工基本医疗保险参保人员	职工医保+居民医保的参保人
筹资渠道	医保基金	医保基金+财政补助	以单位和个人缴费为主+必要时安排一定比例福利彩票公益金+医保基金+大额医疗救助资金	参保人员缴费；职工保险个人与单位分担，居民保险个人与财政分担
筹资标准	职工护理保险按照用人单位缴纳职工医保缴费基数1%的比例，从职工医保统筹基金中按季调剂资金；居民医保根据60周岁以	职工护理保险资金按照基本医疗保险缴费基数总额0.5%的比例、基本医疗保险个人缴费基数0.2%的比例筹集，按照每人每年	单位和个人缴费原则上分别按照职工工资总额、上年度本市职工平均工资的0.16%确定。试点阶段，单位缴费每人每年120元，	扩大试点阶段筹资标准暂定为180元/人/年。城镇职工长期护理保险费按年缴纳，由单位和个人共同分担；城乡居民长期护理保险费按年缴纳，由

表7 我国建立长期护理保险试点城市和试点方案　　　　　　　续表

	上海市	青岛市	天津市	北京市石景山区
	上居民医保的参保人员人数、按照略低于职工医保参保人的人均筹资水平，从居民医保统筹基金中按季调剂资金	20元标准给予财政补助。居民长期护理保险资金，按照不超过当年居民社会医疗保险费筹资总额的10%，从居民社会医疗保险基金中划转	个人缴费每人每年120元。必要时从上年度福利彩票公益金中安排一定比例的资金用于充实长期护理保险基金。从职工基本医疗保险统筹基金、城镇职工大额医疗救助资金中一次性各划出5000万元作为长期护理保险基金	财政和个人共同分担（均为平分）
待遇条件	经老年照护统一需求评估，失能程度达到评估等级2至6级且在评估有效期内的参保人员，职工医保参保人还需要按照规定，办理申办基本养老金手续	因年老、疾病、伤残等原因生活不能自理已达或预期达6个月以上；申请养老服务待遇及其他入住医疗护理机构人员应是60周岁及以上老年人。	医疗机构或康复机构规范诊疗、失能状态持续6个月以上，经申请通过评估认定符合重度失能标准的参保人员	因年老、疾病、伤残等原因，经医疗机构规范诊疗、失能状态持续6个月以上，经申请通过评估认定的重度失能人员
给付内容	社区居家照护、养老机构照护、住院医疗护理	失能人员：专护、院护、家护、巡护 失智人员：长期、日间、短期照护	机构护理、居家护理	机构护理、机构上门护理、居家护理
经办机构	市医疗保险事业管理中心和各区医疗保险事务中心	市、区医疗保险经办机构	医疗保障机构、委托有资质的商业保险机构办理	区社会保险经办机构及政府购买服务的商保经办机构

表 7 我国建立长期护理保险试点城市和试点方案 续表

	上海市	青岛市	天津市	北京市石景山区
基金管理	基金纳入社会保障基金财政专户，实行统一管理、专款专用。	市级统筹、收支两线、专款专用。建立职工居民护理保险调剂金、延缓失能失智预防保障金，从护理保险资金中按比例划取。	基金单独建账，单独核算	出台监管办法进行监督管理

第七章

老龄商业方面的立法

"老龄社会不单单是老年人口多的社会，而是一个比年轻社会位阶更高的新的社会形态"。"老龄经济是从生存经济转向生命经济的一场深刻革命，是从物本经济转向人本经济的一场深刻革命，是从有限物质资源的非理性配置转向有限物质资源合理配置和无限精神资源积累创新的一场深刻革命，是竞争经济转向竞合经济的一场深刻革命，也是从低级复杂经济转向高级复杂经济的一场深刻革命。"[1]老龄经济领域的法治建设事关我国正在步入的社会是否可以持续发展，应借鉴国外老龄法律立法经验和教训，制定适合我国基本国情的老龄金融法、养老房地产法、养老企业法、老年人福利法、老年人卫生保健法、长期照护法等有关老龄的专门法律，填补老龄制度体系的空白。

一、老龄金融立法

在我国目前还没有以"金融法"来命名的单独法律，但有涉及金融类的具体法律，通常用它涉及的金融行业的名称来命名。例如，《中国人民银行法》《商业银行法》《证券法》《保险法》《票据法》等。金融法规、规章和司法解释也非常多，包括国务院颁布的金融法规和由国务院各机构颁布的金融类规章，由最高人民法院、最高人民检察院制定的金融类司法解释等，总计有近4000部。

《国务院关于加快发展养老服务业的若干意见》（国发〔2013〕35号）和《中国人民银行、民政部、银监会、证监会、保监会关于金融支持养老服务业加快发展的指导意见》（银发〔2016〕65号）提出，当前我国须改进和创新

---

〔1〕 党俊武：《树立老龄经济新思维》，载《老龄科学研究》2020年第1期。

金融服务，加大金融支持力度，广泛动员社会资本参与，保障国家老有所养的战略目标，支持养老服务的供给侧结构性改革。证券、基金、保险、信托等各类金融结构及各地方政府，应积极应对老龄化社会发展要求，开发各类养老投资及养老保障产品，创新 PPP 养老服务项目的融资机制和金融支持，满足居民养老领域金融服务需求，支持养老业发展。

"现有研究表明，人口老龄化不仅导致通货膨胀率与经济潜在产出水平下降，打破了货币政策在通货膨胀与产出增长目标之间的短期权衡，迫使菲利普斯曲线趋于平坦化；同时，该进程还将抬升失业率并可能诱发大规模国际资本流出和资产价格下跌，威胁国家金融稳定。"[1]老龄金融无疑是应对老龄社会经济发展的最重要因素，也是西方国家老龄社会法治未能有效克服的持续危机和最大教训。在研究我国老龄金融法律问题时，只有将老龄金融体系综合在一起整合完善、进行系统性研究，统筹规划，出台专门的老龄金融法，才能符合我国老龄社会金融体系化确保可持续发展的特点。如果能够吸取西方老龄社会金融制度之殇，有效克服了西方老龄社会金融梗阻的囧史，中国特色的老龄制度体系就可彰显。

（一）老龄金融概况

老龄金融法是连接老龄社会生产、交换、分配和消费等各个经济环节的纽带，是老龄社会国民经济的重要组成部分。老龄金融法是国家在宏观上调控和监管整个老龄社会金融产业，科学谨慎应对人口老龄化的挑战；在微观上规范经济主体金融活动，促进金融业朝着正确方向发展的重要法律手段之一。老龄金融的研究框架应涵盖养老金金融、老龄产业金融和养老服务金融三大领域。

养老金三大支柱体系是最早由世界银行在总结世界范围内发达国家经验的基础上提出的一种多支柱养老保险体系。在养老金三大支柱体系面世之后，各国都致力于在本国范围内建立起完备的养老金三大支柱体系，并进行了诸多尝试。我国政府在《国务院关于企业职工养老保险制度改革的决定》（国发〔1991〕33 号）中提出逐步建立起基本养老保险与企业补充养老保险和职工个人储蓄性养老保险相结合的制度。在此基础之上，我国也对建立养老金三

---

〔1〕　方显仓、张卫峰：《人口老龄化与货币政策：研究进展与政策启示》，载《上海财经大学学报》2019 年第 1 期。

大支柱体系进行了相关探索。经过几十年的改革和发展，我国目前基本已经建立起包括公共养老金、企业或职业年金、个人养老金在内的养老金三大支柱体系。第一支柱，是指基本养老保险制度下政府兜底的公共养老金，由政府主导，旨在保障国民养老安全，自德国在 19 世纪 80 年代建立世界上第一个养老金制度后，人们就逐步真正享受养老金待遇了；第二支柱，是指单位交的企业年金、职业年金等，一般是政府给予税收优惠、企业和个人共同缴费，由单位主导，目前我国建立企业年金制度的企业比例还不是很大；第三支柱，是指个人投资的养老金，政府给予税收优惠支持，个人自愿参加。在三大支柱中，第一支柱是基础保障，第二、第三支柱则用于进一步提升养老生活品质。在美国，第一、第二和第三支柱占养老金总资产比重分别是 9%、54% 和 37%，表明美国规模最大的是第二支柱的职业养老金、规模居中的是第三支柱的个人养老金、规模最小的是公共养老金。目前，中国养老金金融体系所面临的核心问题是，第一支柱承担了过多的职能，占比高于 80%；而第二支柱和第三支柱占比偏低，未能发挥其应有的功能，三个支柱之间存在不平衡，这进而导致我国养老金制度发展不平衡。

老龄产业金融，是指针对老龄社会形态发生的巨大变化，为应对老龄社会产业发展乏力的困局，国家采取宏观金融调控，促进老龄社会相关产业可持续发展，培育新的经济增长点所建立的金融制度体系。实体经济的发展离不开人口与产业要素，人口老龄化直接影响市场经济的供求环境和生产成本的不断增加，影响需求导向的社会产业的发展方向，最终也就需要调整金融扶持方向。由于受到个人利益至上和立法效率低下的掣肘，老龄产业金融体系是西方发达国家或没有或不能实现的金融法治，是中国特色的社会主义金融法治的体现，是保持中国速度可持续的金融应对体系。老龄产业的范围，可以从狭义方面也可以从广义方面来界定。若从狭义方面来界定，根据我国于 2020 年公布的《养老产业统计分类（2020）》，老龄产业可以被分为养老照护服务、老年医疗卫生服务、老年健康促进与社会参与、老年社会保障以及养老公共管理等十二大类，每一大类之下又可以细分为多个小类；而从广义方面来界定，老龄产业辐射范围更为广泛，主要包括受老龄社会影响较大的制药业、地产业、交通能源、智慧生活、机器人、宇宙开发、互联网和金融业等众多产业。事实上，在某些领域中老龄产业金融和养老服务金融交叉融合发展，密不可分。如医疗保健业，在提供医疗服务时，兴建医院、购置病床等需要进行大量固定资产投资，这需要金融机构的融资支持，也属于养老服务金融的领域。近年来，老龄产业的发展愈发得到政府部门的重视，其原因在于，在当前人口老龄化的大背景之下，积极推动老龄产业的开发，能够一定程度上保障和改善老龄人口的生活水平以及健康状况，实现老有所养、老有所安、老有所为等目标。

养老服务金融，是指为满足老年人日益增长的保险、投资、理财和消费等金融需求而进行金融产品和服务创新的相关金融活动，并助推服务型政府的转型。养老服务金融涉及两方面的内容。第一个方面，养老财富的管理。养老财富的管理是指在国家养老金体系之外，社会成员为了更好地满足其养老需求，自发进行的对自身为了养老所积累的财富合理管理的活动，该活动的目的在于通过合理的管理活动实现养老收益最大化，而养老收益不仅有利于社会成员自身，还能惠及家庭内部其他成员。养老财富管理的合理开展不能仅靠社会成员自身，还需要依靠专业化的金融机构，由金融机构针对不同人群个性化的养老财富管理需求研发养老金融产品，并提供相关服务。目前市场上的养老产品涵盖了养老信托理财产品、养老目标基金等。第二个方面，养老财富的消费。养老财富的消费是指社会成员在步入老年之前进行养老财富的储蓄、管理，在老年期将这些财富用于消费的过程。在这一环节，金融机构同样发挥着重要的作用，其需要调研不同人群在老年阶段的不同消费需求以及消费偏好，在此基础上制定并提供个性化的金融服务。近年来，我国的养老服务金融行业经过长期的广泛探索与发展，初步形成了多元化的产品体系，但是整个行业仍然处于初步发展阶段，尚未发展成熟。银行业、保险业等领域近年来得到了长足发展，在相关政策的鼓励与支持下，市场得以快速发展，服务产品的认购数量实现了较快增长，符合多元化养老需求的新型养老金融产品与服务如雨后春笋般涌现，为老年客户群体满足养老需求提供了更多的选择。[1]但是在对实际情况进行分析后，真实状况并不容乐观：我国养老服务金融市场虽然在短期内得到了一定的发展，但是其现实发展状况仍然与预期发展目标存在着较大的差距。

---

〔1〕　参见王波、郑联盛、郭安：《养老金融：中国实践、国际经验与发展对策》，载《西南金融》2022 年第 8 期。

（二）我国老龄金融发展面临的主要问题

自上个世纪末以来，随着社会人口结构的调整，我国人口老龄化加速发展，已成为我国社会迈入 21 世纪以来面临的重大挑战，事关我国社会经济长久发展和国家长治久安。然而，我国养老金融体系尚处于初步发展阶段，仍然存在发展不平衡、不充分的问题。为了应对人口老龄化带来的困境，必须重视我国养老金融体系三大领域存在的发展障碍，明确改革方向，促进我国养老金融的发展，以回应广大老年人群的老龄金融需求。

1. 养老金金融：养老金三大支柱体系明显失衡，制度整体可持续性较弱

我国的养老金金融存在两方面显著问题。一方面，我国养老金三大支柱的结构比例明显失衡。根据相关数据显示，截至 2018 年底，我国养老金融第一支柱占比超过 50%，比例为 76.9%；第二支柱占比 18.8%；第三支柱最为薄弱，仅占比 4.3%。从比较法的视野来看，美国的三大支柱结构比例分布与我国存在着较大的区别，其第一支柱占比约为 10%，第二支柱占比超过 60%，第三支柱占比不到 30%。[1]另一方面，在我国养老金体系的三大支柱中，对于第一支柱公共养老金的依赖度过高，而第二支柱和第三支柱发挥作用的余地有限。纵观美国以及经济合作与发展组织，养老金三大支柱发挥的作用都较为均衡，第二支柱和第三支柱发挥的作用与第一支柱并未拉开明显的差距。[2]

总体来看，我国养老金体系中三大支柱的发展呈现出不平衡的态势，第一支柱承受的压力过大，第二支柱和第三支柱却发展缓慢。这导致整体制度的可持续性较弱，不仅将给政府财政带来较大的负担，使得政府在养老方面需要承担更重的责任；也对养老金三大支柱保障养老的效果产生了影响，不利于我国养老事业的长久、稳定发展。

2. 老龄产业金融：缺乏足量金融资本支持，发展停滞于初级阶段

目前，我国老龄产业金融仍然处于初步发展阶段，尚未迈入行业发展的成熟期。由于实践中我国老龄产业金融处于发展的初步阶段，大部分老龄产业以中小型企业为主导。此外，由于老龄产业自身的特性，其发展过程中往

---

[1] 参见陆岷峰：《关于金融供给侧结构性改革与养老金融制度设计研究》，载《农村金融研究》2020 年第 2 期。

[2] 参见娄飞鹏：《我国养老金三支柱体系建设的历程、问题与建议》，载《金融发展研究》2020 年第 2 期。

往需要大量金融资本的投入，但相比于其他产业，其回收周期较长，这在一定程度上弱化了老龄产业对金融资本的吸引力；因此，老龄产业金融长期以来存在严重的资金短缺矛盾，亟待金融资本的投入与支持。与其他产业相比较，老龄产业兼备经济效益和社会效益，这也使得政府在发展老龄产业金融时不仅要运用市场化手段，也需要重视政策性手段的使用。从实践情况来看，目前老龄产业投融资仍然偏重政策性工具，包括 PPP、政策性贷款、专项债券、政府产业基金等工具；而纯粹市场化的金融工具诸如 IPO、私募股权基金、一般性债券等则相对较少。[1]因此，政府有关部门需要重视市场化手段在老龄产业金融发展过程中的运用。

正如上文所述，老龄产业的发展离不开金融资本的支撑。但是实践中金融资本对于老龄产业的支持作用较弱，这也是老龄产业金融发展尚处于初步阶段的原因之一。金融资本对老龄产业发展的支持程度过低的原因可以分为两个方面：一方面，源于老龄产业自身的特性，其发展对于资金量的需求较高，但是相较于其他产业而言回收周期较长，这意味着老龄产业的投融资在过程伴随着较高风险的同时收益具有不确定性；另一方面，现阶段我国与老龄产业金融相关的法规政策虽有但尚不完善，现有法规政策的社会适应性较低，因此金融资本支持老龄产业发展缺乏法律上的保障，一定程度上影响了金融资本投入老龄产业的积极性。

3. 养老服务金融：养老金融产品存在同质化现象，市场供给不足

在我国人口老龄化日益加深的背景下，我国老龄人口的规模巨大，这也意味着我国市场面临着庞大而丰富的养老金融需求。据《中国养老金融调查报告（2022）》显示，公众普遍通过金融市场中的多元化渠道进行养老财富储备，主要包括银行存款、商业养老保险、银行理财、基金、股票、信托以及进行房产投资等渠道。然而，我国养老服务金融市场中存在着严重的养老金融产品单一化、同质化的情况，并且产品的供应能力不足，难以满足老年客户群体的多元养老金融需求。

我国养老金融产品品种较少，在老年客户群体中的推广普及程度也较为有限。根据《2020 年新发行养老理财产品分析：占比不足 1%，同质化严重》

---

〔1〕参见董克用、孙博、张栋：《从养老金到养老金融：中国特色的概念体系与逻辑框架》，载《公共管理与政策评论》2021 年第 6 期。

一文中的数据显示，截至 2020 年 7 月 31 日，市场上一共发行了 64228 款银行理财产品，而养老理财产品仅发行了 149 款，占总产品的 0.23%，不足 1%。从这可以看出，目前养老金融市场的供给能力难以满足庞大的老年金融需求。此外，市场中的养老理财产品的开发深度明显不足，难以发挥产品特性以吸引客户群体。例如，在众多产品中，养老信托类产品虽然具有独特的优势，但是近几年市场中推出的特定养老安排的集合资金信托、消费类权益类集合资金信托、养老产业发展信托类产品的市场回应以及产品设计均未达到预期效果。[1]

（三）老龄金融发展问题的对策建议

我国老龄金融的发展与前进离不开政府部门的支持。在新阶段，老龄金融的创新与改革应当在有关政府部门的指导下循序渐进。在明确改革方向之后，政府部门应当通过出台相关政策、提升行业监管力度等方式加强社会力量对老龄金融发展的支持力度。在对我国老龄金融存在的主要问题进行梳理、分析之后，对我国老龄金融的发展提出以下几点对策建议。

1. 养老金金融：明确养老金三大支柱的改革方向，推进体系发展完善

针对我国养老金三大支柱发展不平衡的现状，首先需要明确这样一个共识，即第一支柱的作用在于保基本，第二支柱和第三支柱能够起到额外的补充作用。以此共识奠定改革方向，政府应当根据三大支柱各自的特性及其功能，从稳存量和扩增量两个方面对养老金体系进行结构调整。[2]在稳存量方面，第一支柱的作用侧重于继续扩大基本养老保险的覆盖范围，重点推进全国范围内基础养老金的统筹和管理工作，缩小不同地区之间养老金水平的差异；在扩增量方面，需要充分发挥第二支柱和第三支柱对养老金的重要补充作用与税收激励作用。

在对养老金三大支柱进行改革的过程中，政府部门应当结合自身实际情况，合理运用政策性手段，改变当前社会养老对于第一支柱公共养老金高度依赖的情况，加强第二支柱和第三支柱的发展，充分发挥其应有的作用，鼓励单位和个人积极制定养老计划并进行养老资金的储备，以缓解政府在社会

---

〔1〕 参见熊鹭：《养老金融国际比较与借鉴》，载《中国金融》2021 年第 5 期。

〔2〕 参见张田：《中国养老金融的改革路径：中国现状、美国案例与应对策略》，载《西部金融》2023 年第 2 期。

养老中的压力。除了政策的指引，现实制度的确立和实施同样需要立法的保障，因此，养老金三大支柱体系的完善与发展也离不开法律的规范。政府部门应当出台并完善相关的法律法规，充分发挥法律的引导和规范作用，完善养老金金融发展的法律保障。同时，通过市场化等手段促进第二支柱和第三支柱的发展，提升养老金金融中第二支柱和第三支柱的比例，改变原有的失衡局面，进而形成合理有序的多层次养老保障体系，为老龄人口进行养老财富储备提供便利，为满足老年人实现美好晚年生活的需要保驾护航。

2. 老龄产业金融：拓宽融资渠道，加强对老龄产业的政策支持

老龄产业金融，是撬动老龄社会可持续发展的利器。面对老龄产业金融发展滞后、缺乏足量金融资本支持等迫切问题，我们需要重点总结西方发达国家近 30 年法治阻碍老龄社会发展的教训，在借鉴他国宝贵经验的基础上尽快推进对我国老龄产业金融的改革，为老龄社会经济的发展保驾护航。

促进我国老龄产业金融的发展可以从以下几方面入手。第一，进一步拓宽老龄产业的融资渠道。从比较法的角度看，美国的老龄产业金融发展相较于我国更为成熟，已经形成了相对独立完备的体系。美国多元化的融资模式为其老龄产业的良性发展提供了足量的资金支持，而充足的资金支持不仅能够促进老龄产业的发展，也能够对养老服务的创新起到推动作用。日本的老龄产业金融经过多年的改革与发展，也逐步形成了以政府为主导、社会为主体的发展模式。在借鉴他国经验的基础上，我国应当结合客观实际，坚持政府在老龄产业金融发展过程中的主体地位，鼓励社会主体积极参与养老产业发展；在原有模式的基础上，进一步创新政府与社会资本的合作模式，通过采取利益共享、风险共担的形式，降低运营成本和风险，从而吸引更多的社会力量积极参与到其中，以拓宽老龄产业的融资渠道。第二，政府部门加强对老龄产业的政策支持。发展老龄产业不仅能够带来经济效益，还能促进民生水平。因此，政府部门对于鼓励和支持老龄产业的发展负有重要的责任。依据现状，目前已经出台的有关老龄产业金融发展的政策尚不完善，对于老龄产业金融发展的支持力度不足。因此，有必要加强政策对于老龄产业金融发展的支持力度，提高相关政策的精准性，确保相关政策对老龄产业金融的支持能够落到实处，并贯穿于老龄产业发展的全过程，真正实现产融结合，加深产融互动。此外，适时运用税收优惠、减免费用等财税政策手段，激励

社会资本积极投入社会养老项目的建设和运营。

3. 养老服务金融：创新养老金融产品，满足多元化养老金融需求

目前市场上的养老金融产品类型较为单一，存在高度同质化的现象，且市场供给能力低下，难以满足老年人群的多元化的养老金融需求。面对这一问题，美国的养老金融市场根据其老年人群的养老金融需求以及社会大背景，创新并推出了一系列养老金融产品，如反向抵押贷款、长期护理保险、生命发展基金等。我国可以借鉴美国的经验，根据自身实际创新推出新型的养老金融产品；但是我们不能奉行拿来主义，直接盲目照搬美国模式，可能导致外来制度在他国的社会环境中出现水土不服。典型的案例是，我国于2014年引入并出台了源于荷兰的住房反向抵押贷款制度，但是该制度由于与我国传统观念存在背离之处，难以被我国的消费群众所接纳认可；实践中制度运行的监管环节也存在着严重漏洞，[1]因此该制度的试点效果并不理想。

在符合国情的基础上，金融机构可以通过多种渠道实时把握并分析老年人群的养老金融投资偏好以及养老金融需求，针对公众多元化、多层次的养老金融需求，在现有产品的基础上研发并推出新型的养老服务金融产品，增强客户人群的体验感。如可以引导商业银行按照一定规范开发证券类、保险类、基金类、信托类、房地产类以及组合型的养老服务金融产品，为公众提供更多元的选择机会，吸引公众有效地进行养老金融投资。金融机构在丰富客户投资参与形式的同时需要正确引导客户进行选择，负有向客户介绍不同养老金融产品的功能、属性、定位以及费用等细节的义务，便于客户进行比较和选择，从而更为有效地在客户群体中推广养老金融产品，兼顾稳健和效益。

二、养老房地产立法

房地产法是调整房地产所有权人之间、房地产所有权人与非所有权人（包括房地产使用人、修建人、管理人等）之间在房地产开发经营、房地产交易（包括房地产转让、房地产抵押和房地产租赁）、房地产权属、房地产管理等过程中发生的各种关系的法律规范的总称。房地产法可以表现为一部系统

---

[1] 参见张田：《中国养老金融的改革路径：中国现状、美国案例与应对策略》，载《西部金融》2023年第2期。

的法律，即房地产法法典；也可由众多的房地产法律规范组成为一个整体。我国目前采用后一种立法模式。我国提出的在居家基础上，依托社区和机构作为补充，提倡医养结合，倡导"9073"的养老格局，即90%居家养老、7%社区养老，3%机构养老；而目前三种模式占比分别约为96%、1%和3%，这意味着有很大数量的老年人将从居家养老转为社区和机构养老，养老服务行业发展空间加大，养老地产即将迎来黄金发展期[1]。

（一）养老房地产的概况

养老房地产，既包括养老机构地产（一般只租不售）、养老社区（用于养老的商业地产）、住宅小区配套支持居家养老服务设施，也包括适老性改造带来的房地产权益的变化。随着我国人口老龄化的日益严峻，开发养老房地产已经变得越来越重要，成为了房地产领域的最大板块，并存在巨大的发展空间。养老房地产是老龄化时代所形成的特有的概念，它结合了养老和地产商业的概念，是一种"养老+地产+服务"的复合地产开发模式。

养老房地产概念，来源于20世纪70年代率先进入老龄社会的西方发达国家，其含义就是将养老主题融合于地产开发项目之中，以满足日益增长的养老市场需求。

目前，美国的养老地产有三种类型。第一种是太阳城模式，针对活跃长者进行房地产出售，此模式基本为传统房地产开发模式，重资产运营，盈利水平低。第二种模式是持续护理退休社区，由运营商主导，主打精细化管理服务。其中有相当一部分是从传统养老院转型而来，因此约82%为非营利性组织所有。此种模式以政府主导，市场化程度不高，复制性不强。第三种为REITs模式，即金融机构完成前期投资净出租模式。REITs作为一种成熟的房地产融资模式，在面对美国老龄化的问题时，发挥其优势，成为了美国养老地产的主要模式。

为解决住房问题，德国联邦各州因地制宜地对老年用房进行了政策扶持，其中最著名的当属慕尼黑模式，即"以建筑指标换取相对便宜的地价用于公共事业"，通过给予房地产商急需的建筑指标从而换得退休人员可以接受的房价，来解决老龄住房需求与房价上涨之间的矛盾。地产商与护理公司的联合

---

[1] 陈玲：《房地产信托投资基金（REITs）应用于我国养老地产的研究》，中国政法大学2020年硕士学位论文。

促使大量专业的居家式公寓得以建立。以养老为目的设计公寓图纸，加上专业附属设施的协助，使得居家护理养老成为热点。政府方面也会为每个床位发放相应补贴，老龄退休人员可以凭借较低的价格获得更安心的护理服务，一定程度上维护了社会公平。这种公寓护理的养老模式内容丰富、受欢迎程度高、推广速度快，很大程度上解决了退休人员对住房与护理的需求。这种模式一方面会产生大量的护理岗位需求，提供众多的工作岗位，促进服务业的发展；另一方面，公寓供应的增加也会缓解老龄化下的住房需求问题，从而保证了房地产业的长期稳定。

以房养老制度是众多人口老龄化国家推行的一种利用房屋价值保障老年人退休生活的制度，有房者通过为自己的房屋设立抵押获得贷款维持日常生活开销。如东京的以房养老政策，需要申请人达到退休年龄、拥有完整房屋所有权、不能有子女同住等要求。申请通过后，申请人会获得不超过房屋价值70%的贷款额度。这项制度要求极为严格、申请门槛高，且限制在有房阶层，将众多无房者排除在外，目前陷入了一种窘迫的境地。日本的养老地产大体上可以分为"设施"和"住宅"两种形态，其概念也有所不同。"设施"强调公益性，主要由政府和地方公共团体等组织负责建立和运营，其资金来源主要是公共财政；而"住宅"强调私有性和市场性，其资金来源主要在金融市场。也有部分国家的以房养老政策与日本不同，如将房屋出租给留学生，既能获得租金收入，也能得到学生的照顾，取得了较为明显的成效。

（二）养老房地产的立法

养老房地产，从建筑设计、园林规划、装饰标准、配套设施到服务细则都必须经过适老化设计。传统意义上的养老房地产开发，非常接近于高端住宅产品的开发规律，然而养老房地产是老龄社会必须关切的基本民生事项，应当专门立法保障和规制。

随着养老地产融资模式在我国不断发展，目前配套的养老地产法律制度早已无法满足房地产企业的融资需求，需要健全现有的法律制度，规范 IPO、发行债券、金融机构贷款、产业基金等养老地产融资模式，推进优惠的税收制度，保障养老地产健康、可持续发展。养老房产市场也应当有细致的法律引导，规范养老物业的服务价格，保障更多的中低端人群享受到先进的养老地产服务。通过建立市场运营机制，将空置的房子及时出租以控制养老地产成本，让闲置的房子变成资产。建立区域性养老地产的集中经营机制，把养老房产（包括越来越多以房养老回流房产）统一租给一些经营机构，加强对绿色、智慧功能的改造，让真正有需要的养老人群能以较低的成本享受到最佳的养老服务。建立对养老房产运营企业、养老地产开发企业的激励和保障机制，协助引导其市场运作，提升资金加快回流，降低运营成本，提升开发速度。

REITs（不动产信托投资基金）是发展我国养老地产先进出路，而完善的法律保障是 REITs 发展的基础和保障。REITs 是一种通过证券化形式投资房地产的金融工具，可以通过购买 REITs 股票获得房地产投资的收益。REITs 通常持有多种不同类型的房地产资产，包括商业地产、住宅地产和工业地产等。REITs 对于发展我国养老地产具有积极的作用。首先，通过发行养老地产投资信托基金，可以吸引更多的资金进入养老地产领域，促进养老地产市场的发展和壮大。其次，REITs 可以提供一种流动性较好的投资方式，为投资者提供更灵活的选择，同时也可以提高养老地产投资的透明度和规范性。最后，REITs 可以帮助降低养老地产项目的融资成本，提高资金使用效率，从而为养老地产的发展提供更多的支持。

美国的 REITs 随着《REITs 法案》的颁布诞生，《国内税收法》为 REITs 扫除了税收障碍，规定了成立 REITs 需要满足的各方面要求，最终形成了成熟的 REITs 市场；新加坡在证券交易所提出设立 REITs 后，通过金融管理局颁布《财产信托指引》明确 REITs 可以公司法人或者信托形式成立并上市，并对 REITs 的投资活动进行了明确的规定；日本则通过修改《投资信托及投资法人法》让投资信托进入房地产市场，东京交易所也对 REITs 上市规则进行了规定。我国香港地区也采用 REITs 专项立法来正式推出标准 REITs 产品。

此外，政府还在推动 REITs 市场的相关法规和政策的制定，以创造更好的环境和条件，促进 REITs 市场的健康发展。例如，《中国证监会、国家发展改革委关于推进基础设施领域不动产投资信托基金（REITs）试点相关工作的通知》，提出了 REITs 试点发展的具体要求和措施。2020 年 3 月 1 日起施行的《证券法》将"存托凭证"首次与股票债券一同列入上市发行和交易品种，把 REITs 的法律地位确定下来，这是历史性的一大步，但相应的规则仍需进一步制定。

《民法典》中的相关规定为养老服务合同的立法提供了基础和保障。结合《民法典》的相关规定，促进养老房地产立法可以从以下几个方面入手：第一，必须要明确养老房地产的法律地位和权利义务。应明确养老房地产的所有权、使用权和收益权等权利，明确养老房地产服务提供者的责任和义务，明确老年人的权利和保障措施。第二，需加强养老服务合同的法律规定。应根据养老房地产的特点和老年人的需求，制定相应的养老服务合同法律规定，明确养老服务的内容、标准、价格、期限等，规定合同违约责任和解决争议的程序。第三，应鼓励社会资本参与养老房地产建设，通过优惠政策和金融支持等手段，吸引更多的社会资本投入养老房地产行业，推动养老房地产的发展和壮大。

税收优惠政策也是促进养老房地产发展的重要手段之一，通过免征或减免相关税负，激发养老房地产行业的活力。具体而言：首先，对于养老服务设施的土地使用，可以给予一定的免征或减免土地使用税的政策，以减轻企业的负担，降低成本，从而促进养老房地产的发展。其次，对于从事养老服务的企业，可以给予一定的免征或减免企业所得税的政策，以提高企业的盈利能力和市场竞争力，从而促进养老房地产的发展。再者，对于养老服务设施的建设和运营，可以给予一定的免征或减免增值税的政策，以降低企业的成本，提高市场竞争力，从而促进养老房地产的发展。最后，还可以根据具体情况，制定其他税收优惠政策，如减免房产税、城市维护建设税等，以促进养老房地产发展。此外，为了避免税收优惠政策被滥用和误用，需要建立相应的监管机制和评估制度，确保税收优惠政策的合理性和有效性。

党的十九届四中全会《中共中央关于坚持和完善中国特色社会主义制度推进国家治理体系和治理能力现代化若干重大问题的决定》指出，通过"加快建设居家社区机构相协调、医养康养相结合的养老服务体系"来解决人口老龄化问题。以老年康养体系建设为轴，探索出以医疗机构为中心、以养老机构为中心及以康复租赁机构为中心的三种康养联合体模式。从顶层设计角度，养老体系建设的相关法律法规和政策仍旧缺失，需要立法层面明确康养体系的建设定位、服务对象、部门职责、重点内容和协同机制等，以推动养老服务体系进一步深化。因此，老年康养体系作为养老地产关键一环的后期运营，还需从制度层面到内部治理机制立法引导和规制。

（三）我国"以房养老"的问题及解决路径

我国"以房养老"市场存在推广遇冷和市场乱象的双重难题。一方面，社会中"以房养老"产品供需不平衡，使得不法分子利用老人的养老需求行骗；另一方面，我国"以房养老"试点模式在法律制度方面存在挑战，在政府监管方面存在缺位。

"以房养老"在中国的实践以政策为主导，并没有相应的规范性法律文件规定"以房养老"的具体制度。住房反向抵押养老保险的设计与我国现有的法律制度之间存在冲突，从而导致"以房养老"模式推广困难，保险公司热情不高、市场反应不佳。在法律方面，"以房养老"模式对物权、土地管理制度以及老年消费者保障均具有挑战。

首先，"以房养老"模式对物权具有挑战。"以房养老"模式中的核心是反向抵押贷款，也被称为"倒按揭"。目前，反向抵押贷款适用《民法典》物权编有关抵押权的相关规定，而反向抵押贷款中的抵押权与物权编中规定的抵押权在内容上并不完全相同。我国《民法典》物权编的抵押制度适用于正向抵押贷款，与反向抵押贷款具有以下不同之处：一是正向抵押贷款是由借款人向贷款人按期付款，反向抵押贷款则由贷款人向借款人付款；二是正向抵押贷款的数额在合同订立时已经确定，反向抵押贷款的数额随着借款人年龄的增长逐步累加，金额不确定；三是我国《民法典》物权编的禁止流押条款，规定"抵押权人在债务履行期限届满前，与抵押人约定债务人不履行到期债务时抵押财产归债权人所有的，只能依法就抵押财产，优先受偿。"而反向抵押贷款可能需要对流押条款进行部分解禁以达到产品设计的最优效果。此外，"以房养老"模式中还涉及对赎回权、无追索权的特殊规定，这都有别于传统抵押权的内容。

其次，"以房养老"模式对土地管理制度具有挑战。根据我国《土地管理法》的规定，一户农村居民只能申请一处宅基地，且宅基地使用权只能在村民内部转让，不得对外进行流转。这样的规定使得在农村宅基地上建造的农村自有住房无法如城市市区住房一样自由地转让、抵押等，因此目前我国的住房反向抵押养老保险均不适用于农村住房。然而随着城镇化的推进，农村留守老年人物质保障难以满足的现象凸显。不能利用农村自有住房进行反向抵押贷款，不利于扩大农村老年人养老保障的物质基础。广大的农村老年人无法适用"以房养老"模式解决养老问题，其推广效果必然大打折扣。此外，反向抵押贷款受到土地使用权年限的影响。根据我国《城镇国有土地使用权出让和转让暂行条例》第 12 条规定，居住用地的使用权年限最高为 70 年。根据现行政策，保险公司拥有抵押房屋的处置权之后，可能面临土地使用权期限到期的问题，制约了"以房养老"中房产价值的评估，增加了风险。尽管《民法典》物权编规定房屋到期后自动续期，但目前却没有明确续期和缴费的标准和条件，这是保险公司对于"以房养老"模式态度不积极的重要原因之一。

最后，"以房养老"模式缺失对老年消费者的保障。"以房养老"的受众是老年人，与一般消费者相比，老年人在脑力、体力、信息获取能力等方面都处于相对弱势的地位；而包括住房反向抵押养老保险在内的"以房养老"模式无不牵涉房地产估值、抵押、年金发放等多个环节，法律关系和业务内容较为复杂，老年人难以厘清内容，甚至还有可能受到不法分子的欺骗，造成的巨额损害往往难以挽回。

对于第一项挑战，基于物权法定的原则，反向抵押贷款与《民法典》物权编的冲突需要在立法层面解决。有必要在《民法典》物权编中设置住房反向抵押贷款制度，对反向抵押贷款的主体资格、抵押权客体、借贷人的权利和义务以及贷款机构的条件和权利等作出规定，使住房反向抵押贷款业务在法律的规范和引导下推行。

对于第二项挑战，土地使用权的到期问题并非必然影响住房反向抵押客体的处分。一方面，应当积极推动有关土地使用权自动续期的立法进程，为反向抵押贷款扫清制度上的障碍；另一方面，可以在合同签订时，约定土地使用权期限届满时该宗土地续期的费用应由谁承担，调整反向抵押贷款的受偿份额，从而明确风险负担。

对于第三项挑战，我们应当意识到老年消费者的权益保护是推行"以房养老"模式的关键性、基础性问题，有必要通过制定针对性的法律法规和行业行为规范，对老年消费者加以倾斜性的保护，对老年人的住房保障权、知情权、处置权等合法权利予以制度上的确立。同时，还应该在政策上给予老年人充分的保障。可以参考美国的强制咨询前置主义，由政府相关部门向老年人提供咨询服务，向老年人明确住房反向抵押贷款模式的内容、权利、义务以及可能存在风险，逐步建立住房反向抵押保险消费者保护机制，降低市场的信息不对称、减轻老年人面临的道德风险、弥补老年人和市场经营者之间地位不平等的关系，营造更加公平、透明的市场环境，切实维护老年人的利益。此外，还应当对"以房养老"产品的经营者和中介机构进行准入、义务、法律责任方面的规制，对保险公司支付养老保险金的义务、不得行使追索权、对抵押人居住权的容忍义务、信息披露义务、保密义务等在法律层面进行规定；政府还应积极建立有关"以房养老"的评估、担保、法律、房产经济和金融服务等中介体系，制定严格的准入条件，对其资质进行定期审核，使得中介机构真正专业化、中立化，实现中介服务高效率、低成本，保护住房反向抵押贷款中借贷人和贷款人的利益。

此外，政府应加强"以房养老"市场监管。"以房养老"作为多元化养老方式的一种，除了金融产品的定位以外还具有很强的公共属性，涉及到社会公共福祉。推进"以房养老"模式、保护老年消费者权益可以通过立法、执法、司法几个方面来进行，其中司法途径基于其被动性、事后性，难以成为规范市场的主要武器。因此，我国处在"以房养老"模式推广初期，政府应当在"以房养老"有序发展的过程中发挥主导作用，通过积极参与产品和政策的设计、对有关机构进一步监管、加强社会宣传和教育来进一步建立规范的"以房养老"市场。

首先，政府应参与产品和制度设计。作为一种新型补充养老方式，"以房养老"在推广初期缺乏完善的制度保障和成熟的市场，应该由政府在政策、风险承担和监管方面承担责任并对市场进行引导。这需要各部门积极参与，为"以房养老"产品提供政府背书、税收优惠、政策倾斜，力求试点地区起到表率作用，为进一步的推广奠定良好基础。总结国外实行"以房养老"的实践经验，可以发现该模式推广的初期离不开政府的主导作用。在总结试点经验的基础上，待条件成熟时可以通过立法构建农民住房反向抵押贷款制度，突破反向抵押贷款的客体限制。政府还应对"以房养老"不同经营模式、经营主体进行进一步探索。目前"以房养老"在中国的成功实践仅有反向抵押养老保险一种形式，而不同群体在财产状况、风险承受能力、年龄、健康状况等各个方面都存在差异，仅提供单一的产品并不能充分满足市场需求。政府应积极探索"以房养老"的其他模式，设计多样化的产品。例如，即将实施的《民法典》中有关居住权的制度可以为"以房养老"提供新的思路：将居住权的设定运用于反向抵押贷款，房屋所有权人将房屋出让以获得养老资金的同时在房屋上设定居住权以保证自己晚年居有定所，从而不必履行繁琐的保险手续和抵押手续，有利于简化交易程序，扩大"以房养老"的交易市场。此外，还可以尝试拓宽"以房养老"产品提供主体的类型，将经营者的范围从保险公司扩大到商业银行等金融机构乃至民营机构，以建立多层次的"以房养老"市场。

其次，政府应加强对有关机构的监管。面对"以房养老"市场乱象，总结国内"以房养老"试点经验，一些与住房反向抵押相关的贷款咨询机构、贷款发放机构、地产评估机构、商业保险机构、社会公证机构等，都或多或少地存在着经营不规范、认可度低等问题。2019 年 4 月 16 日发布的《国务院办公厅关于推进养老服务发展的意见》中指出："发展养老普惠金融。支持商业保险机构在地级以上城市开展老年人住房反向抵押养老保险业务，在房地产交易、抵押登记、公证等机构设立绿色通道，简化办事程序，提升服务效率。"意见表明，政府应该加大监管力度，对于反向抵押贷款各环节中涉及的各机构，明确其在"以房养老"模式运行过程中的职责，制定具体的政策和细节，提供相应的政策优惠措施，并加强对各参与主体的有效监管。以公证处为例，对于反向抵押养老保险中涉及的公证环节，应当提前对公证人员进行培训，并在办理过程中简化程序、提高办事效率，体谅老年人在体力、脑力方面的弱势，避免老年人面对繁琐的流程而不知所措。在针对老年人的"以房养老"骗局中，公证处亦是重要一环。老年人在被"忽悠"做全权委托书公证的过程中，公证处在公证文件的时候有义务告知他们相关做法的风险和后果，不能将解释和告知的过程沦为形式。对于公证处存在过错、没有尽到审查材料真实性的义务，或不法分子和公证员恶意串通、实施欺诈等情形，则还可以追究相关人员的法律责任并撤销公证。在类似案件多发的情况下，公证员应该提高警惕，对当事人勤勉负责，有必要增加相关的针对性法律法规或者行业规定，以更好地避免老年人在不能够理解文件的含义的情况下就进行公证，造成难以挽回的损失。

最后，政府可以购买律师的法律服务。近几年来，"以房养老"骗局使北京成百上千的老年人失去了安生养息的住所，关键原因是缺少必要的法律服务。"以房养老"是经银保监会批准的保险公司销售的产品，目前市场上仅有少数几家保险公司正在经营，而大部分所谓"以房养老"的骗局通常借以房养老之名行民间借贷之实。近些年我国以房养老乱象就是缺乏法律的监管与律师的介入，例如规定公证材料必须包含律师签字的意见，针对老年人的以房养老骗局就可以得到有效避免。以房养老中的涉及诸多事务，如法律文书签订、有关法律协议的审议，包括协议执行时的跟踪维护等，一般人群所难以凭借自身能力完整处理的，需要律师根据其专业技能为活动双方提供评估、建议等法律服务。

总之，中国老龄人口多、老龄化速度快以及未富先老的国情，使得我国养老体系面临严峻挑战。我国推行"以房养老"作为补充养老方式，为保障老年人老有所养提供了新思路，但仍面临法律挑战和政府监管的不足。市场乱象反映出供求关系失衡、执法不力、经营者缺乏监管等问题。应当在法律层面加以完善，合理制定扶持政策，在试点推广期发挥政府的主导作用，促进"以房养老"市场健康平稳发展，同时注意对消费者利益的保护。

三、养老企业立法

企业法，是指调整企业在设立、组织形式、管理和运行过程中发生的经济关系的法律规范的总称。企业法旨在确认企业法律地位、规范企业经营行为。我国企业法对养老企业的设立以及企业在养老方面行为的规定体现着深深的人文情怀。本节主要介绍我国企业在设立以及经营管理过程中涉及到养老服务的内容。

（一）养老机构与企业年金制度现状概述

新修改的《老年人权益保障法》于 2018 年 12 月 29 日公布实施。自此，不再实施养老机构设立许可，可直接向市场监管部门申请经营性养老服务机构登记；或依照《民办非企业单位登记管理暂行条例》规定，向民政部门申请民办公益性养老机构登记；符合《事业单位登记管理暂行条例》规定的，可以向编制部门申办事业单位设立登记。养老机构、社区养老服务驿站等养老服务机构完成法人登记后即可开展服务活动，并应当向所在地的民政局养老服务部门备案，真实、准确、完整地提供备案信息及相关材料，填写备案书和承诺书。随后，民政部下发《民政部关于贯彻落实新修改的〈中华人民共和国老年人权益保障法〉的通知》，对"依法做好登记和备案管理"提出具体要求。养老机构设立许可的取消，有利于全面放开养老服务市场，促进更多社会力量投身于养老事业和养老产业，有效缓解人口老龄化带来的养老服务需求压力。通过优胜劣汰的市场选择，有利于促进养老机构服务质量整体提升，也能逐渐培育养老消费市场，为形成养老产业知名品牌奠定基础。但在取消设立许可之后，如何综合监管成为一项新的重要课题，养老机构的诸多管理难题也一直有待法律破解，养老企业法的立法无疑会填补这一空白。

企业年金是一种建立在养老保险基础上的，国家鼓励企业自由自主设立的补充养老金制度。早在上个世纪末，伴随经济社会的发展，人口老龄化现象显现，诸多国家认识到公共养老金已不足以应对社会养老需求，改革社会养老体系迫在眉睫。在应对人口老龄化问题上走在前列的德国确立了由法定养老金体系、企业养老金体系和私人养老金体系三大支柱构成的投保资助型养老金体系，这一体系充分发挥了企业在承担社会责任中的作用，有效地缓解了公共养老保险的压力；同时又避免了私人商业保险风险性高、费用高导致的社会公平问题。这种三方共担的养老体系逐渐为诸多国家所接受。伴随数十年的发展改革，2017年我国颁布了《企业年金办法》，此部规章由人力资源社会保障部及财政部审议通过，于2018年正式实施。这一规章对企业年金的制定与监督方面都作出了具体规定，标志着企业年金制度在我国的新发展。

（二）养老机构与企业年金制度的现存问题

首先，在养老机构备案的问题上，《民政部关于贯彻落实新修改的〈老年人权益保障法〉的通知》，对"依法做好登记和备案管理"提出具体要求，但各地在实际操作中，备案流程设置不尽相同，工作要求存在较大差别，一些特殊问题缺乏明确应对处置手段。

其次，在养老机构的经营风险问题上，养老机构面临老年人因意外情况造成死亡或伤残、养老机构被起诉至人民法院的问题，有媒体以"一个老人倒下击倒一个院"来形容住养老人意外给养老机构带来的经营风险。人民法院审理该类案件时，因为法官对养老机构服务行为是否达到了尽到了足够注意义务的标准缺少法律依据，一般不得不以幼儿园、学校侵权认定标准对养老机构做出很不利的判决，多数案件看上去有失公平正义的法治原则。研究老年人意外产生的规律、养老服务行为实现标准化、尽快规范法院对住养老人意外纠纷裁判的标准，几乎是所有养老机构经营者最为关切的问题之一。此外，目前国内险企针对养老机构养老服务责任保险的保费较高，但保险赔付金额上限较低，一般不超过 20 万元（有的险企 2019 年刚刚上调至 30 万元），同时还存在机构投保率不高的现象。以北京市朝阳区观音堂养老院沈宏老人摔伤案为例，养老机构承担 70% 责任就被判决赔付高达 103 万元人民币的一期赔偿，责任保险顶额赔付也难免其关停命运。何况判决养老机构侵权责任还成立了保险公司的免赔事由，保险公司据此可能只赔付养老机构 6 万元（20 万责任保险的 30%）；基本医疗保险也可能因为养老机构侵权责任成立的判决而拒绝支付此后的医药费等。对养老机构来说可谓是雪上加霜，对于受伤的住养老人来说其境况变得更加糟糕。

再次，目前养老企业管理人才和养老服务专业人才缺口大、质量不高、流失严重，是制约养老企业发展的主要掣肘。在法治社会越来越深入的现今，以地方政策调整困难重重，解决这些问题构成了养老企业法立法调整客观而急切的需求。

最后，在企业年金问题上，我国企业年金覆盖率较低，没有起到强有力的第二支柱的作用，与发达国家仍有很大差距。一方面，由于企业年金制度为政府鼓励、企业自主设立，所以很容易存在行业、地区之间发展不平衡的问题。另一方面，建立企业年金制度会增加企业的经济负担，所以众多企业缺乏建立年金制度的动力。

（三）相关问题的解决路径

对于养老机构的问题，首先应从法律层面明确规定养老机构不备案的后果，养老机构具体备案时间，养老机构备案材料的真实性验证方式，以及民政部门是否可以对养老机构备案信息进行现场核查、核查时间如何确定，发现问题的处理措施。其次，应对养老机构的侵权注意义务施加限制条件，使养老服务合同中的注意义务高于法定侵权注意义务，且该种注意义务应以老人健康状况为基础产生动态变化；若在司法中当事人仅引用合同约定的注意义务，养老机构仍有权适用法定免责事由。最后，还应建立健全养老人才激励约束机制，体现好人力资本的价值，吸引和留住各种养老人才，充分调动养老人才的积极性、主动性和创造性，为养老企业发展提供重要的组织保障和人才支撑。

对于企业年金的问题，应强化我国企业年金的管理，完善相关法律法规，并建立统一监管的年金保险制度，降低社会成本。具体而言，加强对企业年金的法律法规制定，明确企业年金的管理规范和责任，加强对企业年金的监管，防范企业年金管理风险；建立国家统一的企业年金保险制度，规范企业年金的投资、管理和运营，加强企业年金监管，保障企业年金基金的安全和稳定；建立企业年金管理机构的退出机制和信息披露机制，加强企业年金管理的透明度和公开性，保护企业年金参与者的合法权益；建立相关运营绩效评估制度，加强对企业年金管理机构的监督和管理，提高企业年金基金的运营效率和管理水平；健全和完善各环节规章制度和政策解释与实施细则，明确企业年金的管理流程和责任，加强对企业年金的监管和管理；出台鼓励其发展的税收优惠政策，吸引更多企业参与企业年金计划，提高企业年金的覆盖率和参与率；建立信托型资产管理制度，加强对企业年金基金的管理和保障，提高企业年金基金的安全性和稳定性；加快培养相关专业队伍，建设专业投资机构，提高企业年金基金的投资水平和管理水平。通过上述措施，我国可改善现存的企业年金管理及运行问题，提高企业年金基金的安全性和稳定性，保障企业年金参与者的合法权益。

第八章

老年人社会参与方面的立法

　　社会参与是老年人在晚年实现自我价值、提高生活质量的重要途径。1982 年《维也纳老龄问题国际行动计划》指出："……今天的老龄问题不仅是保护和照顾年长者和老年人的问题，而且也是年长者和老年人参与和参加的问题。"1999 年世界卫生组织提出"积极老龄化"的倡议，并将积极老龄化的目标界定为"尽可能增加健康、参与和保障机会的过程，以提高人们老年时的生活质量"。之后，健康、参与和保障成为实现积极老龄化的三根支柱。[1]2002 年《马德里政治宣言与国际老龄行动计划》将积极老龄化写入该文件中，老年人社会参与被正式纳入"积极老龄化"发展战略，成为各国应对 21 世纪人口老龄化的政策框架。积极老龄化以尊重老年人的人权为前提，以独立、参与、尊严、照料和自我实现为原则，以"承认人们在增龄过程中，他们在生活的各个方面，都享有机会平等的权利"为出发点，强调"从工作中退休下来的老年人和那些患病或有残疾的人，能够仍然是他们家属、亲友、社区和国家的积极贡献者"，老年人是过去、现在和未来的中介，"他们的技能、经验和资源是一个成熟、充分融合、高尚社会发展的宝贵财富"[2]。积极老龄化最重要的改变在于，"它把一个战略计划从'以需要为基础'转变为'以权利为基础'，不仅承认社会参与是老年人的固有权利，更致力于把老年人社会参与的权利还给老年人，这样，老年人就从社会问题的制造者，变成为问题的解决者；从社会财富的耗费者，变成为财富的创造者；从社会发展

---

　　〔1〕　参见段世江、张辉：《老年人社会参与的概念和理论基础研究》，载《河北大学成人教育学院学报》2008 年第 3 期。

　　〔2〕　刘颂：《积极老龄化框架下老年社会参与的难点及对策》，载《南京人口管理干部学院学报》2006 年第 4 期。

的拖累者，变成为发展的推动者"，因此，"老龄化对社会经济的压力就转化成为促进可持续发展的动力"。积极老龄化意义就在于此。而实现这一意义的途径正是社会参与。社会参与是积极老龄化的核心和精髓。[1]

一、老年人社会参与的法律规定

(一) 老年人社会参与的含义

在有关老年人研究中，最早引入"社会参与"概念的是美国社会学家欧内斯特·W·伯吉斯。其在20世纪40年代提出，社会参与的概念主要是指老年人逐渐丧失社会权利、与社会相脱离、重新社会化时，社会参与可以使得老年人重新与社会融合。[2]

国际社会对老年人社会参与的相关界定有：1991年在《联合国老年人原则》中，分别从几个层面对老年人社会参与进行了界定，即保障老年人的社会融合性；在参与过程中给予老年人相应的福利政策及利益分配；老年人的经验的传承和发展；老年人创造性的参与社会活动并创造价值；老年人可以担任社会职务并进行相应管理；老年人有组织社会活动的权利。[3]世界卫生组织在《积极老龄化：政策框架》中对老年参与的范围、支持以及贡献做出了阐述。[4]

由此可知，老年人的社会参与主要包括了这样几个方面内容：第一，老年人的社会活动参与层面应该是全社会，不能局限于某一个方面而造成权益的不平等；第二，老年人应与其他参与者分享多方面的资源，在相互帮助、相互分享的过程中，老年人会产生强烈的社会责任感和集体归属感；第三，社会参与需要进行联系，而非孤立活动；第四，老年人社会参与是实现自我价

---

〔1〕 参见刘颂：《积极老龄化框架下老年社会参与的难点及对策》，载《南京人口管理干部学院学报》2006年第4期。

〔2〕 参见邬沧萍、姜向群主编：《老年学概论》，中国人民大学出版社2015年版，第159页。"老年人社会参与"是指劳务市场、就业、教育、卫生及社会政策和项目可以根据个人的基本人权、能力、需要和喜好，对老年人参与社会经济、文化和精神活动予以支持，人们在进入老年以后还可以通过收入性和非收入性的活动为社会继续作出生产性的贡献。

〔3〕 参见联合国大会：《联合国老年人原则》，载联合国网站：http://un.org/zh/documents/treaty/A.RES-46-91，最后访问日期：2023年3月6日。

〔4〕 参见邬沧萍、姜向群主编：《老年学概论》，中国人民大学出版社2015年版，第159页。转引自盖永霖：《我国老年人社会参与权法律问题探究》，山东大学2020年硕士学位论文。

值认同的重要途径。[1]

老年人社会参与这一概念，我国学术界目前没有明确统一的界定。我国官方在涉及老年人社会参与的表述有"老有所为""参与社会发展"。在1994年的《中国老龄工作七年发展纲要（1994—2000年）》中，首次出现"老有所为"的定义，并提出的五个"老有"工作目标[2]。

《老年人权益保障法》中对老年人的权益保障从"五个老有"方面作出了明确规定，之后又根据我国现有国情基础提出了"老有所教"，合起来称之为老年人的"六个老有"。在《老年人权益保障法》第7章中采用了"参与社会发展"的表述。

（二）我国老年人社会参与的相关法律规定

1. 宪法层面的相关规定

老年人社会参与的根本依据在我国的《宪法》中第2条[3]管理国家权、第33条[4]人权、第34条选举权[5]和第41条[6]的批评监督权一般规定中有明确体现。宪法中规定的选举权与被选举权，言论、出版、集会、结社、游行、示威自由，劳动权，休息权，退休权，受教育权等都关乎老年人的社会参与，而宪法的规范结构具有开放性，通过解释宪法的途径，可以使老年人的社会参与权得到更明确的宪法支持。[7]

---

　　[1]　参见成红磊：《社会参与对老年人生活满意度的影响》，载《老龄科学研究》2016年第5期。

　　[2]　老年人社会参与即低龄和健康老人在自愿量力的前提下，参与社会发展，推动社会精神文明和物质文明建设；五个"老有"即老有所养、老有所依、老有所为、老有所学、老有所乐。

　　[3]　《宪法》第2条规定："中华人民共和国的一切权力属于人民……人民依照法律规定，通过各种途径和形式，管理国家事务，管理经济和文化事业，管理社会事务。"

　　[4]　《宪法》第33条规定："……国家尊重和保障人权。任何公民享有宪法和法律规定的权利，同时必须履行宪法和法律规定的义务。"

　　[5]　《宪法》第34条规定："中华人民共和国年满18周岁的公民，不分民族、种族、性别、职业、家庭出身、宗教信仰、教育程度、财产状况、居住期限，都有选举权和被选举权；但是依照法律被剥夺政治权利的人除外。"

　　[6]　《宪法》第41条规定："中华人民共和国公民对于任何国家机关和国家工作人员，有提出批评和建议的权利；对于任何国家机关和国家工作人员的违法失职行为，有向有关国家机关提出申诉、控告或者检举的权利，但是不得捏造或者歪曲事实进行诬告陷害……"

　　[7]　参见肖金明主编：《老年人社会参与政策与法律研究》，山东大学出版社2015年版，第173页。

2. 基本法层面的相关规定

《老年人权益保障法》是老年人权益保障的基本依据，老年人的社会参与权体现在该法的一般规定与专章规定中。首先，该法第 3 条[1]对老年人社会参与作了总体性规定，对国家提出了要求，并对老年人参与社会成果的共享也进行了明确的肯定，奠定了老年人社会参与的地位。第 4 条[2]和第 66 条[3]则针对老年人社会参与所需要的方方面面的切实保障，对国家和社会应当采取的积极措施进行了规定。

其次，《老年人权益保障法》在第 7 章"参与社会发展"以专章的形式，全面规定了老年人进行社会参与所涉及的具体内容。其中第 69 条[4]对 8 项规定采取列举的形式，将老年人的社会参与活动具象化，同时又用兜底规定的方式保证老年人更多活动的参与。

再次，《老年人权益保障法》对老年人社会参与的途径予以了明确。该法第 67 条[5]明确了老年人组织在老年人社会参与中的重要作用。第 68 条[6]对老年人组织的权利做出了具体的规定。

最后，《老年人权益保障法》对老年人社会参与的劳动所得以及劳动面临

---

[1]《老年人权益保障法》第 3 条规定："国家保障老年人依法享有的权益。老年人有从国家和社会获得物质帮助的权利，有享受社会服务和社会优待的权利，有参与社会发展和共享发展成果的权利……"

[2]《老年人权益保障法》第 4 条规定："……国家和社会应当采取措施，健全保障老年人权益的各项制度，逐步改善保障老年人生活、健康、安全以及参与社会发展的条件，实现老有所养、老有所医、老有所为、老有所学、老有所乐。"

[3]《老年人权益保障法》第 66 条规定："国家和社会应当重视、珍惜老年人的知识、技能、经验和优良品德，发挥老年人的专长和作用，保障老年人参与经济、政治、文化和社会生活。"

[4]《老年人权益保障法》第 69 条规定："国家为老年人参与社会发展创造条件。根据社会需要和可能，鼓励老年人在自愿和量力的情况下，从事下列活动：(1) 对青少年和儿童进行社会主义、爱国主义、集体主义和艰苦奋斗等优良传统教育；(2) 传授文化和科技知识；(3) 提供咨询服务；(4) 依法参与科技开发和应用；(5) 依法从事经营和生产活动；(6) 参加志愿服务、兴办社会公益事业；(7) 参与维护社会治安、协助调解民间纠纷；(8) 参加其他社会活动。"

[5]《老年人权益保障法》第 67 条规定："老年人可以通过老年人组织，开展有益身心健康的活动。"

[6]《老年人权益保障法》第 68 条规定："制定法律、法规、规章和公共政策，涉及老年人权益重大问题的，应当听取老年人和老年人组织的意见。老年人和老年人组织有权向国家机关提出老年人权益保障、老龄事业发展等方面的意见和建议。"

的环境、风险两方面的保障也有了明确的规定，体现在该法第 70 条〔1〕。要推动老年人社会参与的积极发展，必须要意识到老年教育对老年人参与的前提即社会能力有着非常重要的影响，因此老年保障法第 71 条〔2〕专门对老年人受教育权作出明确规定。同时，该法第 73 条〔3〕对老年人的权利救济进行了具体规定。

除了上述《宪法》和《老年人权益保障法》的相关规定外，我国其他单行法中也有对公民社会参与方面的规定，作为老年人的公民当然也受这些法律规定的保护。其中《全国人民代表大会和地方各级人民代表大会选举法》第 4 条〔4〕的规定对于老年人的政治性参与权利的行使提供了明确保障。《教育法》第 42 条〔5〕对公民的受教育权作出了明确规定，该条规定涉及老年人受教育的权利，作为老年人不应仅因年龄问题而失去受教育的权利。《劳动法》第 3 条〔6〕、5 条〔7〕、《就业促进法》第 3 条〔8〕等规定与老年人经济参与权利密切相关。

3. 政策层面与地方立法的相关规定

1982 年，我国在《中共中央关于建立老干部退休制度的决定》中提出了

---

〔1〕《老年人权益保障法》第 70 条规定："老年人参加劳动的合法收入受法律保护。任何单位和个人不得安排老年人从事危害其身心健康的劳动或者危险作业。"

〔2〕《老年人权益保障法》第 71 条规定："老年人有继续受教育的权利。国家发展老年教育，把老年教育纳入终身教育体系，鼓励社会办好各类老年学校。各级人民政府对老年教育应当加强领导，统一规划，加大投入。"

〔3〕《老年人权益保障法》第 73 条规定："老年人合法权益受到侵害的，被侵害人或者其代理人有权要求有关部门处理，或者依法向人民法院提起诉讼。人民法院和有关部门，对侵犯老年人合法权益的申诉、控告和检举，应当依法及时受理，不得推诿、拖延。"

〔4〕《全国人民代表大会和地方各级人民代表大会选举法》第 4 条规定："中华人民共和国年满 18 周岁的公民，不分民族、种族、性别、职业、家庭出身、宗教信仰、教育程度、财产状况和居住期限，都有选举权和被选举权……"

〔5〕《教育法》第 42 条规定："国家鼓励学校及其他教育机构、社会组织采取措施，为公民接受终身教育创造条件。"

〔6〕《劳动法》第 3 条规定："劳动者享有平等就业和选择职业的权利、取得劳动报酬的权利、休息休假的权利、获得劳动安全卫生保护的权利、接受职业技能培训的权利、享受社会保险和福利的权利、提请劳动争议处理的权利以及法律规定的其他劳动权利……"

〔7〕《劳动法》第 5 条规定："国家采取各种措施，促进劳动就业，发展职业教育，制定劳动标准，调节社会收入，完善社会保险，协调劳动关系，逐步提高劳动者的生活水平。"

〔8〕《就业促进法》第 3 条规定："劳动者依法享有平等就业和自主择业的权利。劳动者就业，不因民族、种族、性别、宗教信仰等不同而受歧视。"

重视老年干部的社会贡献。虽然这项规定主要还是针对老年干部、知识分子群体，但是它为日后老年人参与社会活动指明了道路。1986 年，我国发布了《关于发挥离休退休专业技术人员作用的暂行规定》，该规定最早对离休、退休专业技术人员继续从事专业技术活动作出了明确规定。因为离休、退休专业技术人员是我国一支重要的专业技术力量。

2005 年全国老龄工作委员会办公室颁布了《全国老龄委办公室、中宣部、国家发改委等关于加强老年人优待工作的意见》，指出在新时期国家建设中，对老年人的参与权益进行保障要着重从政治、经济、文化等方面入手，专门的保障体系要予以建立，相关工作的开展由专属机构负责，并在生活、医疗等方面建立相应的保障措施。

2017 年的《"十三五"国家老龄事业发展和养老体系建设规划》单独列专章第 9 章"扩大老年人社会参与"，构建老年人社会参与体系，着力发挥老年人积极作用。2021 年 12 月的《"十四五"国家老龄事业发展和养老服务体系规划》中重申了促进老年人社会参与。

目前，地方 32 个省、自治区、直辖市均对老年人权益保障进行了立法，在地方立法中，基本于总则部分或相当于总则部分纲领性地对老年人社会参与进行了规定。如 2016 年施行的《上海市老年人权益保障条例》〔1〕和 2017年施行《福建省老年人权益保障条例》〔2〕均在总则部分规定了实现"五个老有"的社会参与内涵。

总的来看，我国从中央到地方均有老年人社会参与的相关立法，但现有的老年人社会参与立法还不够完善，中央层面并没有形成完整的老年人社会参与配套体系，地方层面老年人权益保障立法也不够完备，关于老年人社会参

---

〔1〕《上海市老年人权益保障条例》第 5 条第 2 款规定："本市建立健全保障老年人权益的各项制度，逐步改善保障老年人生活、健康、安全以及参与社会发展的条件，关心老年人的精神文化需求，实现老有所养、老有所医、老有所为、老有所学、老有所乐。"

〔2〕《福建省老年人权益保障条例》第 4 条第 1 款和第 2 款规定："发展老龄事业，保障老年人的合法权益遵循政府主导、社会参与、全民行动的原则，促进应对人口老龄化与经济社会协调发展。健全完善保障老年人权益的各项制度，改善和保障老年人生活、健康、安全以及参与社会发展的条件，关心老年人的精神文化需求，实现老有所养、老有所医、老有所学、老有所为、老有所乐。"

与的规定缺乏明确性和可操作性。[1]

二、我国老年人社会参与的主要问题

随着时代的进步和社会的发展，我国人口老龄化趋势逐渐显著，实施积极的老龄化应对策略、积极促进老年群体既全方位又多层次地进行社会参与，正在从应然层面转至实然层面。老年人的社会参与不仅需要社会政策的支持，更需要通过现实中相应的法律制度加以保障，并通过相应的政策和法律加以促进与实现。老年人的社会参与涉及政治、经济、文化、社会等多方面，应该有相关老年人社会参与的系统性法律制度；但我国虽然在《宪法》以及《老年人权益保障法》等法律中对老年人的社会参与进行了一些规定，可规范有限，而且仅仅是对于老年人的政治、经济、文化、社会层面的参与作的倡导性和原则性的规定，缺乏具体的操作性，难以应对老龄化带来的冲击及老年人对社会参与的现实需求。

（一）老年人政治参与的主要问题

政治参与是指公民试图影响和推动政治系统决策过程的活动，是现代民主政治制度赖以存在和发展的重要基础。依据程序化程度和参与规模这两个衡量维度，政治参与可以被划分为：制度化个体参与、制度化集体参与、非制度化个体参与、非制度化集体参与。（制度化是指一国政治制度下合法的常规性参与渠道，非制度化则表示合法或非法的政治抗争或极端行动。[2]）

政治参与是社会参与的关键环节。老年人进行政治参与的全过程以及最终结果，极大地影响着老年人在经济、公益、社会组织等诸多方面的参与。在实践中将老龄人群与政治参与相结合，从个体的角度上观察，有助于老年群体降低其随着年龄的增长从而产生的心理层面上落后于社会的"脱节感"和"孤独感"，有效地使老年群体与社会再融合；从集体的角度上观察，老年群体作为社会群体的一部分具有其独特优势，开发老龄人口资源所蕴含的巨大政治潜能有助于将老龄人口的独特优势转化为社会和谐发展的部分动能。

---

〔1〕　参见肖金明主编：《老年人社会参与政策与法律研究》，山东大学出版社 2015 年版，第 181 页。

〔2〕　参见宁晶、孟天广：《成为政治人：政治参与研究的发展与未来走向》，载《国外理论动态》2019 年第 11 期。

在我国宪法及相关法律的语境下，老年人进行政治参与以制度化个体参与以及制度化集体参与为主，主要形式为民主选举、民主决策、民主管理、民主监督。十八大以来，党和政府全面贯彻落实全过程人民民主，社会主义民主政治建设取得瞩目成就。然而，老年人这一群体能够在民主政治建设之中发挥的重要作用并未被完全激发出来，老年人群体在民主政治建设之中的潜能仍有发挥空间。

根据我国部分学者针对老年人政治参与现状的调研分析，我国老年人政治参与现状的特征可被总结为以下四点：

1. 政治参与意识较弱

政治参与意识较弱，主要指老年人主动通过民主选举、民主决策、民主管理、民主监督等制度化方式参与政治活动的意识较为淡薄，对政治参与持"知道但不参加"以及"不知道且不参加"态度的老年人在老年人群体中所占据的比重较高。

在2018年中国老年社会追踪调查中，以"近三年您是否参加过本地居民委员会或村民委员会的投票选举"来衡量老年人通过基层管理的形式进行政治参与的程度，调查结果显示仅有40.96%的老年人参加了社区或村委会选举。[1]这项跟踪调查的数据指出，老年人通过基层管理的形式进行政治参与的比例不足二分之一；也就是说，大部分的老年人并没有在基层管理的过程中正确行使自己本应享有的政治权利。也许在具体的政治实践之中，促进老年人参与基层管理存在一定的客观障碍；但从思想意识层面对老年人的政治参与意愿进行考察，也能说明老年人参与政治活动的意识较为淡薄。

2. 政治参与主体不均衡

政治参与主体不均衡是指老年群体在政治参与中，基于性别、城乡、受教育程度、物质条件、政治身份的不同而呈现出的政治参与程度的差异。该差异可概括总结为：老年男性、农村老年人、受教育程度高的老年人、物质条件优越的老年人、具有政治身份的老年人政治参与程度高；而老年女性、城市老年人、受教育程度低的老年人、物质条件一般的老年人、不具有政治身份的老年人政治参与程度相比而言更低。

---

〔1〕参见杜鹏主编：《中国老龄化社会20年：成就·挑战与展望》，人民出版社2021年版，第333页。

在上文所提及的 2018 年中国老年社会追踪调查的统计结果中，男性参加选举的比例为 41.65%，女性的为 40.26%。多项老年人政治参与现状的调查结果也显示，相较于老年男性群体，我国老年女性群体消极政治参与的问题尤为突出。出现这样现状的历史性根源，既在于世界范围内男性主导下的父权制社会模式导致了女性长期以来深受"男外女内"观念的桎梏；又在于我国曾长期处于封建制社会形态，思想的代际更迭与政治现代化步伐不匹配。这两大历史性原因在社会主义现代化的中国相互纠缠，共同导致大部分未受教育的老年女性持有"政治是男人们的事情"的想法，从而使她们对政治参与表现出比老年男性更低的敏感度。

2018 年中国老年社会追踪调查数据还显示：农村地区老年人参加选举的比例为 42.83%，高出地区老年人城市 4 个百分点；但受教育程度的高低似乎并未显著影响老年人进行政治参与，仅受过私塾/扫盲班教育、初中学历与高中/中专学历的老人参加社区选举的比例基本相当，整体而言，参加社区选举的概率并没有随着文化程度的提高而增加，内部差异并不明显。[1]

这一调查结果与 2010 年中国社会综合调查中关于老年人政治参与现状部分所呈现的结果存在较大差异。在 2010 年的报告中，调查结果显示老年人受教育程度与老年人政治参与程度呈现正相关样态，相对于受教育程度较低的老人，受教育程度较高的老年人政治参与意识比较强，政治参与程度相对较高。

有学者根据调查认为：中国老年人的政治参与以精英群体的政治参与为主，缺少非精英群体老年人的政治参与；具有较高政治地位和文化水平的老年人，政治参与态度积极，参与途径多样，他们的政治参与能够引起有关部门的重视。[2]

在部分学者针对特定地区内老年人政治参与现状的调查分析中，物质条件的好坏也是导致该地区老年人政治参与程度存在差异的原因。在某项针对浙江农村村民政治参与现状的调查中，不同村庄村民的政治参与积极性往往

---

〔1〕 参见杜鹏主编：《中国老龄化社会 20 年：成就·挑战与展望》，人民出版社 2021 年版，第 334 页。

〔2〕 参见董亭月：《中国老年人的政治参与及其影响因素研究——基于 2010 年 CGSS 调查数据的实证分析》，载《人口与发展》2016 年第 5 期。

与该村落经济发展水平以及家庭经济收入存在关联，经济发达村落的村级选举要比经济落后的村落村级选举激烈，家庭经济收入较高的村民的政治参与热情也高于家庭收入较低的村民。[1]

在某项针对安徽省老年人政治参与现状的调查中，老年人政治参与程度也因其政治身份的有无呈现一定的差异性。[2]政治身份的有无并不影响被动式的政治参与，如社区选举；但对于主动式的政治参与，比如向政府建言献策，所呈现的差异较大。在参与民主管理这一政治参与事项中，具有党员身份的老年人的积极性更强，而不具有党员身份的老年人则并不是十分主动。

3. 政治参与理念与社会现实不符

政治参与理念与社会现实不符是指部分老年人通过各项途径进行政治参与的理念并非是出于政治学所提倡的公共理性，而是将政治参与作为其实现个人利益的手段。经济利益是农村老年人政治参与的主要动机，农村老年人在感受、认识到所参与其中的事件与他本人或他家庭的利益关联之后，才会参与政治活动。[3]相较于处在"市民社会"中的城市老年人，在信息闭塞的乡村，老年人对国家大事的关心程度低于与其自身利益具有直接关联的村内事务。

要求老年人完全基于公共利益而进行政治参与是对人性的过度苛责，不止老年人做不到，社会中的任何一个人都无法保障自己从事某项活动是完全出于公心，而全无私欲。但单纯以利己和私欲作为老年人政治参与的出发点，容易导致老年人政治参与方式从制度化滑向非制度化，一旦个人的利益诉求无法通过制度化途径得到满足，老年人有可能会采取更加激烈、极端的方式去满足其个人私利，将会导致不同利益群体的直接冲突，从而危害现有的社会秩序。

4. 政治参与途径单一

政治参与途径单一是指目前我国老年人进行政治参与的方式仍然以被动

---

[1] 参见杨华、欧阳爱权：《浙江农村老年群体政治参与现状解析》，载《浙江学刊》2014年第4期。

[2] 参见汪圆圆：《老年人社会参与视角下政治身份研究——基于安徽省调查数据》，载《劳动保障世界》2019年第12期。

[3] 参见姜勇：《浅析我国农村老年人的政治参与》，载《法制与社会》2009年第13期。

式的选举投票为主，进行政治参与的渠道仍以面对面式的交流为主。

被动的选举投票，在一定程度上能够发挥老年人在政治参与上的主观能动性，但并不能完全展现老年群体的政治智慧。已有的针对老年人政治参与状况的调查多以"投票选举"作为调查的主要内容，从某种程度上反映了我们对老年人政治参与的期待仅止步于要求他们参与选举、进行投票，这在一定程度上带有对老年人政治参与行为的不信任与歧视。单一的选举投票有可能导致老年人政治参与的形式意义大于实质意义的后果。

除此之外，互联网渠道作为当下的诸多政治参与渠道之一，老年人因落后的观念、无法掌握正确的网络使用方法等原因，并不能通过这一高速、便捷的渠道表达其观点、意见、建议。在信息化高速发展的今天，老年人正因为技术原因成为互联网时代网络参政的"弃儿"。

（二）老年人经济参与的主要问题

《老年人权益保障法》第 70 条〔1〕将老年人获得经济利益的方式界定为"参加劳动"，因此老年人经济参与的核心权利是劳动权，或者说是就业权。由于创业是就业的另一种特殊表现形式，根据老年人经济参与活动的特性，可以将老年人经济参与过程中的权利细分为就业权和创业权。〔2〕实践中老年人在就业过程中面临的首要问题就是年龄歧视问题，这也导致老年人的平等就业权难以实现。再进一步，即使是实现就业的老年人群体，他们的就业现状也由于自身技能更新、工作环境等原因存在就业质量较低的困境。同时，目前在我国劳动领域实行的强制退休政策更阻碍着超过法定退休年龄的老年人经济参与方面的就业权的实现。创业方面，老年人创业需要更多的资源和社会支持，我国目前支持老年人创业的政策并不完善。

1. 我国老年人就业权实现面临困境

（1）年龄歧视阻碍老年人实现平等就业权

就业歧视是指没有合法原因，基于种族、宗教、民族、性别、年龄等原

---

〔1〕《老年人权益保障法》第 70 条规定："老年人参加劳动的合法收入受法律保护。任何单位和个人不得安排老年人从事危害其身心健康的劳动或者危险作业。"

〔2〕参见袁文全、王志鑫：《老年人社会参与的法权建构及制度回应——基于积极老龄化框架的分析》，载《吉林大学社会科学学报》2021 年第 4 期。

因，采取任何区别、限制或优惠，损害劳动者的就业平等权。[1]年龄歧视具体表现形式有：招聘时，以年龄作为条件或作为决定性标准；在职时，工资调整、职位晋升等考量基于年龄进行区别对待；裁员时，将年龄作为决定性因素或者基于年龄做出解雇决定等。[2]其中，我国现阶段在录用时设置最高年龄限制形式的年龄歧视非常普遍。实证研究表明，广告招聘中，40岁以上的劳动者普遍受到招聘要求的年龄限制，这种现象无论是管理类的职位招聘，还是服务类、技术类的招聘，都比较严重。[3]而我国在劳动领域实行的"达到法定退休年龄，劳动合同终止"的规定导致老年人就业机会丧失、经济与生存难以保障，也带来了精神上的痛苦。

目前我国对老年人的平等就业权保障的规定主要停留在宪法和劳动法的原则性规定层面，针对实践中出现的年龄歧视问题缺乏具体的可操作性。我国《宪法》的平等原则[4]以及劳动权[5]的规定是老年人就业平等权的根本依据，《劳动法》也规定了平等就业权。[6]

在就业歧视方面，年龄因素并不是我国法律所包含的歧视的类型之一，是否能将就业过程中对于年龄的区别对待解释到我国年龄歧视法律体系中存在争议。2007年的3月25日颁布的《就业促进法（草案）》[7]规定中有"年龄"因素，但是正式颁布的《就业促进法》仅包括"民族""种族""性别""宗教信仰"，再加上"等"字作为兜底，[8]。条文中虽有"等"这个概括性的词语进行兜底，但并不能明确年龄因素成为就业歧视的原因之一。

---

[1] 参见林嘉主编：《劳动法和社会保障法》，中国人民大学出版社2016年版，第87页。

[2] 参见刘勇：《高龄劳动者就业促进中的法律问题》，载《法学》2012年第10期。

[3] 参见周伟：《我国就业中年龄歧视的实证研究——以1995～2005年上海和成都两市30万份招聘广告为例》，载《政法论丛》2007年第3期。

[4] 《宪法》第33条第2款规定："中华人民共和国公民在法律面前一律平等。"

[5] 《宪法》第42条第1款规定："中华人民共和国公民有劳动的权利和义务。"

[6] 《劳动法》第3条第1款规定："劳动者享有平等就业和选择职业的权利、取得劳动报酬的权利、休息休假的权利、获得劳动安全卫生保护的权利、接受职业技能培训的权利、享受社会保险和福利的权利、提请劳动争议处理的权利以及法律规定的其他劳动权利。"

[7] 《就业促进法（草案）》第5条第2款规定："劳动者就业，不因民族、种族、性别、宗教信仰、年龄、身体残疾等因素而受歧视。"

[8] 《就业促进法》第3条规定："劳动者依法享有平等就业和自主择业的权利。劳动者就业，不因民族、种族、性别、宗教信仰等不同而受歧视。"

因此《就业促进法》没有明确体现禁止年龄歧视的要求，使得因年龄因素而遭受就业歧视的老年人缺乏法律上的强有力救济，平等就业权的实现面临困境。

（2）超龄老年人劳动权益缺乏保障

随着我国人口老龄化不断加剧、老年人口抚养系数不断上升，超过法定退休年龄的就业人员（以下简称"超龄劳动者"）选择继续就业不仅仅是老年人精神需求，更是生存物质的需要，相关调研发现，退休后收入水平在 2001 至 4000 元的老年人最多，其退休后继续工作的意愿最高。[1]超龄劳动者就业情形已经广泛存在，我国劳动者退休后再就业的比例为 32.23%。[2]由于我国对于超龄劳动者的法律规定并不明确，超龄劳动者就业的法律性质认定以及各项劳动权益保障均存在一定困境。

第一，超龄老年人就业与用工单位之间的法律关系认定存在争议。根据《劳动合同法》的规定，劳动者开始享受养老保险待遇则劳动合同终止[3]。而《社会保险法》规定要同时满足退休年龄和缴费满 15 年的条件才可以享受养老保险待遇。[4]2008 年《劳动合同法实施条例》明确了达到法定退休年龄劳动合同终止的规定。这种由立法作出的制度性安排，将达到退休年龄作为劳动合同终止的情形，使得超龄老年人很难继续就业，建立劳动关系，严重阻碍老年人就业权的实现。

对于退休并已经享受养老保险待遇的，司法解释作了规定[5]；但对超过法定退休年龄继续就业，同时未享受养老保险待遇的，是否认定劳动关系，

---

〔1〕　参见北京大学高龄社会创研所：《专题报告｜中国中老年就业创业 2020 年调研报告》，载北京大学汇丰商学院网站，https://thinktank.phbs.pku.edu.cn/2021/zhuantibaogao_1231/57.html，最后访问日期：2023 年 3 月 6 日。

〔2〕　参见杨筝、张苏、宁向东：《受教育水平与退休后再就业：基于 CHARLS 数据的实证研究》，载《经济学报》2018 年第 3 期。

〔3〕　《劳动合同法》第 44 条规定："有下列情形之一的，劳动合同终止……劳动者开始依法享受基本养老保险待遇的……"。

〔4〕　《社会保险法》第 16 条第 1 款规定："参加基本养老保险的个人，达到法定退休年龄时累计缴费满 15 年的，按月领取基本养老金。"

〔5〕　《最高人民法院关于审理劳动争议案件适用法律问题的解释（一）》第 32 条第 1 款规定：用人单位与其招用的已经依法享受养老保险待遇或者领取退休金的人员发生用工争议而提起诉讼的，人民法院应当按劳务关系处理。

司法解释并未给出明确回应和解决办法，司法实践中对达到法定退休年龄的劳动者是否能够建立劳动关系的裁判标准不一。

第二，超龄老年人就业的劳动权益保障不足。以工伤保险为例，关于超龄再就业人员是否适用《工伤保险条例》，国家立法层面和各地立法、司法实践之间标准不一、尺度不同。[1]现行工伤体系认定工伤需要以劳动关系为前提条件，超龄就业人员能否认定为工伤与劳动关系的认定息息相关，前述超龄老年人就业与用工单位之间的法律关系认定存在争议的情形，导致无法认定劳动关系的超龄就业人员的工伤认定在实践中也存在困境。虽然对于寻求超龄就业人员的工伤保障的途径，各地也在进行积极探索，但这也导致各地超龄就业人员的待遇不同、标准不一的局面。[2]

(3) 老年人就业质量较低

从在业老年人的工作种类来看，我国老年人主要从事农、牧、渔类的农业生产劳动，比例高达 78.11%；个体户、灵活就业者占比为 9.51%；商业、服务业、制造业相关行业，占比为 7.10%；而担任国家、企事业单位领导人员，以及专业技术人员、办公室一般工作人员的老年人比例较低，只有1.95%；特别是担任专业技术人员的老年人比例最低，仅为 1.21%。[3]

总体而言，我国高龄劳动者目前的就业呈现两端集中的现象，一方面低技能、低经验的低端岗位就业占比较重，另一方面退休返聘的高技能、高经验的高端岗位就业也比较普遍。[4]其中低技能、低经验的低端岗位就业实践反映出部分老年人就业因为其自身文化水平、技能经验等原因只能从事安保、门卫、保洁等工作，以进城务工的农民为主，而这个群体本身就没有退休保障或者享受待遇较低的农村居民养老保险。同时，由于前述超龄老年人就业与用工单位之间的劳动关系认定存在困境的原因，一些企业为了降低雇用成本、规避劳动法对于劳动者的保护，反而愿意招用老年人。现有法律和政策

---

[1] 参见李娜：《退休再就业人员工伤损害赔偿的困境与出路》，载《中国人力资源开发》2020 年第 3 期。

[2] 参见林嘉：《退休年龄的法理分析及制度安排》，载《中国法学》2015 年第 6 期。

[3] 参见杜鹏主编：《中国老龄化社会 20 年：成就·挑战与展望》，人民出版社 2021 年版，第 335 页。

[4] 参见范围：《从排斥到促进：中国高龄劳动者就业规制的反思与转型》，载《中国劳动关系学院学报》2020 年第 2 期。

缺少针对老年人的就业技能培训，老年人就业面临就业质量低、工作环境差的问题。

2. 我国老年人创业权实现缺乏支持

老年人创业是相对于就业而言的经济参与，更需要国家提供创业、金融、土地政策等方面的支持。但目前老年人在进行创业时面临较多障碍。首先，老年人在融资贷款方面就面临着现实困境。如建设银行推出的个人助业贷款，其发放的条件之一为年满18周岁，不超过60周岁，[1]这对老年人而言就是无法克服的障碍。其次，国家层面缺乏对老年人才自主创业的具体支持政策。很多国家和地区在积极老龄化、健康老龄化的过程中，已经开始鼓励、支持、引导老年人创业，但是我国目前支持老年人创业的政策还比较少，不够完善。辽宁省发布的《辽宁省人口发展规划（2016—2030年）》首先提出了鼓励支持老年人才自主创业，并出台了一系列政策，值得各地学习。在没有政策支持和资金支持的情况下，普通老年人很难进行创业，这导致有意愿、有经验、有能力创业的老年人不得不放弃，只有社会对老年人创业提供充分的环境和资金支持，才能真正激发老年人创业的热情。

（三）老年人公益参与的主要问题

推动老年人参与公益活动，不仅有利于老年人个体参与到社会生活之中，也可以为社会注入新的活力，促进社会的全面发展。我国传统社会中，老年人公益参与活动就已经非常丰富：集丧葬互助、佛教活动与公共活动于一身的社邑，明清时期盛行的善会善堂以及申明亭制度，都为老年人参与公益提供了广泛的途径。[2]针对老年人参与公益，发达国家的研究和制度已经较为完善，以美国为例，其早在20世纪90年代就通过《国家与社区服务法案》《国家与社区信托服务法案》确立了志愿服务的制度支持，并开发了大量适合老年人的"老人团项目""经验团项目""跨年龄项目""家庭朋友喘息项目""社区志愿服务队项目"等志愿活动。[3]我国在老龄事业建设中也同样重视

---

〔1〕　中国建设银行：《个人贷款——个人助业贷款》，载中国建设银行网站：http://www.ccb.com/cn/personal/grdk/grjyldkyw/grzyk/index/shtml，最后访问日期：2021年6月10日。

〔2〕　参见肖金明主编：《老年人社会参与政策与法律研究》，山东大学出版社2015年版，第136页。

〔3〕　参见肖金明主编：《老年人社会参与政策与法律研究》，山东大学出版社2015年版，第139~142页。

老年人进行公益参与，但是实践中还存在一些问题。

1. 老年人公益参与的选择权尊重的缺乏

老年人作为特殊群体参加志愿服务，可以充分发挥他们的社会经验、人生阅历、专业能力，为公益事业做出贡献，实现其自我价值和社会价值；特别是退休老年人，有大量时间可以投入公益活动。但是由于缺乏法律保障和政策引导，社会公众目前对于老年人参与公益性志愿服务的选择权缺乏尊重。老年人在公益参与中具有选择权，既有是否进行公益参与的选择权，也有选择如何进行公益参与、进行何种类型公益参与的自由。实践中对于老年人公益参与选择权尊重的缺乏既有来自传统"孝"文化影响下的家庭内部阻碍，也有法律保障缺位下来自一些组织、单位的强迫进行公益参与。

相关调查显示，在维护社区社会治安、协助调解邻里纠纷、维护社区卫生环境方面，老年人与子女居住的生活方式下的参与公益的比例与和配偶居住的生活方式的下的老年人参与公益比例明显降低〔1〕。基于我国传统的"孝文化"观念，与子女居住的老年人在进行公益参与过程中会在一定程度受到来自家庭的阻拦。而事实上，是否进行公益参与的选择应当由老年人自己根据自身的身体状况及意愿进行判断，由老年人自己作出选择。

同时，除了家庭内部不支持老年人进行公益参与的自由选择，实践中还存在一些组织和单位对老年人公益参与的选择权实现带来外部阻碍。基于老年人公益参与的低成本性，老年人容易成为被迫进行义务"公益"的对象，这实际上是侵犯老年人进行公益参与选择权的行为。这样的外部阻碍比家庭内部的干扰更为恶劣，违背了老年人进行公益参与的目的意义，给这部分组织和单位节省人力成本，并不能达到老年人公益参与的真正效果。而且此种不尊重老年人参与公益的自主选择权的行为，会打击老年人参与公益的积极性，造成恶性循环的不良后果。因此，应当对老年人的公益参与提供相应的法律保障，配合各地方的政策支持，有针对性地引导老年人公益参与依法、有序进行。

2. 老年人公益参与的保障权无法充分实现

老年人公益参与并不是短期的、暂时的志愿服务活动，而是一种长期的、

---

〔1〕 参见胡宏伟、袁水苹、郑翩翩：《中国城乡老年人社会参与状况分析》，载党俊武主编：《老龄蓝皮书：中国城乡老年人生活状况调查报告（2018）》，社会科学文献出版社2018年版，第274~309页。

系统性的活动，充分实现老年人公益参与所享有的保障权，才能促进老年公益参与持续、健康发展。除了为老年人公益参与提供相应的保险、医疗服务，还应当重视老年人公益参与长足发展需要的保障。由于国家层面志愿服务立法的缺位以及缺乏政策上的支持，我国老年人进行公益参与的保障比较落后，主要表现在教育培训和奖励促进机制两方面。

老年人公益参与的教育培训机制具有重要意义。部分老人由于未接受系统的教育培训，其所从事的公益类型受到限制，不利于老年人公益参与的整体发展。调查显示，2015 年全国范围内进行公益活动的老年人达到了老年人口总数的一半，而其中超过五成的老人参与的活动限于邻里、社区。参与率排名前三的活动分别为：帮助邻里、维护社区卫生环境、协助调解邻里纠纷，而参加文化科技推广活动仅占 8.63% 和 2.34%。[1] 帮助邻里和维护社区卫生环境相对于参加文化科技推广活动较少受到客观环境以及教育培训的限制，因此成为大部分老年人公益参与的选择。

公益参与虽然是基于自愿、无偿的原则，但是也需要完善的奖励促进机制推动老年人持续进行公益参与。一方面，老年人公益参与更多是为了精神层面的满足，奖励促进机制是对公益参与的一种认可；另一方面，对公益参与过程中有突出贡献的人员予以表彰、奖励，也是对老年人公益参与的一种保障。

3. 老年人志愿服务的立法及配套措施缺失

2017 年我国颁布并实施了《志愿服务条例》（以下简称《志愿条例》），该条例的出台对于鼓励和规范志愿服务、促进志愿服务事业的发展具有重大意义。但该《志愿条例》缺乏对老年志愿服务的特别规定，对老年人参与志愿服务的相关主体权利义务关系划分不明，对参与志愿服务的老年人的法律保障不到位，由此影响到老年人参与志愿服务的积极性。《志愿条例》除了在内容上未对老年群体进行特别规定外，在法律位阶上，该条例属于行政法规，志愿者和志愿组织都是作为行政相对人；但在志愿服务活动中还存在其他主体，《志愿条例》对其与行政机关的关系进行调整，难以全面调整志愿活动所涉及的各方权利义务，如不属于行政相对人的社区、党组织部门以及共青团组

---

〔1〕　参见杜鹏主编：《中国老龄化社会 20 年：成就·挑战与展望》，人民出版社 2021 年版，第 341~342 页。

织等。[1]因此，对于老年人公益参与过程中的权益保障，仍缺少国家层面的志愿服务立法及配套措施进行完善。

（四）老年人社会组织参与的立法与实践问题

老年人参与社会组织是老年人社会参与的重要途径。老年人的组织参与权是老年人社会参与权的一部分，是老年人参与各类社会组织的结社权。[2]《马德里政治宣言与国际老龄行动计划》将老年人参与的组织作为老年人社会参与的一种重要工具。我国《老年人权益保障法》也把组织作为老年人社会参与的方式加以规定，其第67条规定老年人可以借助组织开展活动。[3]在《"十三五"国家老龄事业发展和养老体系建设规划》当中也对老年社会组织建设进行了明确规定。[4]《"十四五"国家老龄事业发展和养老服务体系规划》中同样提出鼓励和引导建立基层老年协会等基层老年社会组织，指导和促进基层老年社会组织规范化建设。[5]

老年社会组织的大力发展一方面可以提高老年人自身的组织能力，另一方面还可以促进老年人的其他方面的参与。因为个人的行为和力量往往对于发现和使用权利是有限的，而通过组织去整合资源和力量则成为权利追求和发展的重要的途径。[6]老年人的社会参与对机构和组织依赖性较强，社会组

〔1〕 参见汪地彻：《权利维度下老年人社会参与的法律保障》，载《老龄科学研究》2020年第6期。

〔2〕 参见汪地彻：《权利维度下老年人社会参与的法律保障》，载《老龄科学研究》2020年第6期。

〔3〕 我国《老年人权益保障法》第67条规定："老年人可以通过老年人组织，开展有益身心健康的活动。"第68条规定："制定法律、法规、规章和公共政策，涉及老年人权益重大问题的，应当听取老年人和老年人组织的意见。老年人和老年人组织有权向国家机关提出老年人权益保障、老龄事业发展等方面的意见和建议。"

〔4〕 该通知对老年社会组织建设进行的规定是"加强老年社会组织的培育扶持和登记管理。采取政府购买服务等措施加大对公益性、互助性、服务性、专业性基层老年社会组织的支持力度。继续推动老年社会组织加强能力建设和规范化建设，提高专业素质、服务能力和社会公信力，促进老年人通过社会组织实现自我管理、自我教育、自我服务。支持老年社会组织参加或承办政府有关人才培养、项目开发、课题研究、咨询服务等活动。"

〔5〕 该通知提出促进老年人社会参与，鼓励和引导老年人在城乡社区建立基层老年协会等基层老年社会组织，搭建自我服务、自我管理、自我教育平台。指导和促进基层老年社会组织规范化建设。

〔6〕 参见盖永霖：《我国老年人社会参与权法律问题探究》，山东大学2020年硕士学位论文。

织的发展情况对老年人社会事务参与意愿有显著影响。[1]老年社会组织所具有的服务功能和维权功能使其成为政府老龄工作职能转移的促进者与主要承接者。[2]目前我国老龄事业发展中政府失灵和市场失灵的双重困境也使得第三部门尤其是老年社会组织的作用凸显。[3]老年组织发挥着参与社会治理、架起沟通桥梁、实现"老有所为"、投身社会公益事业和充实老年人群体精神世界的作用。[4]

当前我国的老年社会组织主要分为综合型组织、专业型组织、志趣型组织和服务型组织四种类型。[5]我国目前已建立十余家全国性老年社会组织。截止到2016年,基层现有的老年协会组织已逾55万个,其覆盖面之广已包含全国95%以上的城镇社区和80%以上的农村社区,涉及基层社会公益事业和社会治理等各个方面;[6]全国性老年社会组织积极发挥引领示范作用,以老年协会为代表的城乡基层老年社会组织广泛参与社会治理的方方面面,在老年人权益维护和促进老年人社会参与中发挥着重要作用。基层老年人组织认可度较高,调查显示对老年协会组织的活动开展感到满意的老年人占比超过七成。[7]

目前我国规范社会组织的制度集中见于1998年颁布的《社会团体登记管理条例》(2016年修订)《民办非企业单位登记管理暂行条例》和2004年颁布的《基金会管理条例》中,整体来说相关规定的概括性较强、较为抽象,缺乏具体性规定,在实践中难以操作,导致监管执法依据不足;且三个条

---

〔1〕 参见李宗华、李伟峰、高功敬:《城市老年人社区参与意愿的影响因素分析》,载《山东社会科学》2011年第3期。

〔2〕 参见黄乾、原新:《构建和谐社会过程中的基层老年群众组织作用研究——以老年人协会为例》,载《人口学刊》2006年第3期。

〔3〕 参见李伟旭:《老年社会组织的发展状况及其路径》,载《新视野》2015年第3期。

〔4〕 参见李伟旭:《老年社会组织的发展状况及其路径》,载《新视野》2015年第3期。

〔5〕 参见汪地彻:《权利维度下老年人社会参与的法律保障》,载《老龄科学研究》2020年第6期。

〔6〕 康登慧、常红:《我国老年协会组织55.4万个 老年志愿者达2000万人》,载人民网,http://world.people.com.cn/n1/2016/0511/c190970-28342587.html,最后访问日期:2023年5月11日。

〔7〕 基层老年人组织认可度较高,调查显示76.71%的老年人对老年协会组织的活动感到非常满意和比较满意。参见党俊武主编:《老龄蓝皮书:中国城乡老年人生活状况调查报告(2018)》,社会科学文献出版社2018年版,第292页。

例主要是规范登记程序的，既缺乏对社会组织发展过程中权益保障的法律规范，亦未对社会组织与其他组织及个人之间的权利义务关系等法律关系予以体系化的规范。[1]同时，对于实践中社会组织存在的许多亟待明确、亟待解决的现实问题，三个条例都未通过明确规定予以回应，因而引发实践中的问题。

1. 立法方面

（1）老年社会组织法律属性未加明确

目前我国社会组织在发展中面临的共同问题是法律属性的不清晰，一般通行的社会团体、基金会、民办非企业单位三种形态的划分标准仍较为含混，非标准的组织形态处于性质不明的窘境，相应地，政策适用不可避免地产生诸多混乱。[2]老年人组织的发展也受到法律地位未加明确的桎梏。部分地方将其定位为民间自治组织，要求老年人组织按照《社会团体登记管理条例》和《民办非企业单位登记管理暂行条例》的规定申请成立并在各级民政部门登记注册；[3]也有的地方将其归为地方老龄委的下属机构，由离退休的地方官员担任领导；或将其作为二级协会，由上级协会进行管理。[4]

双重管理体制的制约为老年人组织的设立在会员数量、开办资金、住所要求等设立登记条件方面设置了过高的准入门槛，使得实践中部分老年人组织未在民政部门登记注册而进行活动。法律地位的模糊使得老年人组织合法性难以明确。部分基层老年协会因经费问题无法注册，为取得合法地位转而以备案的形式挂靠在村（居）委会，成为其内设组织；但因无法建立独立的账户或直接承接政府的购买服务和转移支付，面临长期发展的困境。[5]

（2）政策支持缺乏体系化

当前对老年人社会组织的促进政策亦缺乏完整的法律规范，导致政府对

---

〔1〕 参见郑功成：《制定〈社会组织法〉时机已经成熟》，载《新京报》2015年3月13日，第A02版。

〔2〕 参见郑功成：《制定社会组织法刻不容缓》，载《中国党政干部论坛》2018年第5期。

〔3〕 参见黄乾、原新：《构建和谐社会过程中的基层老年群众组织作用研究——以老年人协会为例》，载《人口学刊》2006年第3期。

〔4〕 参见刘颂：《积极老龄化框架下老年社会参与的难点及对策》，载《南京人口管理干部学院学报》2006年第4期。

〔5〕 参见李伟旭：《老年社会组织的发展状况及其路径》，载《新视野》2015年第3期。

社会组织提供资金支持的随意性较大。政府政策支持细目标准缺失、有关机制公开性不够、牵涉过多非制度化程序、[1]税收减免等优惠政策缺少统一性和体系化、财政扶持力度较弱，导致老年人组织持续发展的资源不足。

（3）监管体制不完善

社会组织的监管体制不完善使得有关机关的监管效率大打折扣。虽然老年人社会组织归于民政部门管理，但双重管理体制使得多部门介入，民政部门只能在登记环节把关，而对社会组织的整个活动缺乏全过程监管的法律依据；监管责任推诿与监管内容重复并存，事前审查流于形式与事后处罚过于自由并存。[2]监管体制不完善导致的监管缺位与无力使得监管部门难以对实践中部分社会组织的发展乱象加以纠正。

2. 实践问题

（1）老年社会组织行政化倾向较强

我国社会组织的发展历史决定了其浓厚的行政化色彩。老年人社会组织产生方式先天地决定了其在组织架构和治理、日常监管、经费与人事等方方面面渗透的行政影响，[3]社会组织与政府的关系不清，在现行法规规定的双重管理体制已迫使许多社会组织依附于行政机关或类行政机关的情况下，"政社不分"的格局持续干扰着政府与社会组织之间的良性互动[4]。现有的老年人组织同样存在较强的行政化倾向，在人员组成和管理体制等方面延续行政思维、在实际运行中定位为隶属于基层政府的事务执行机构而非非政府组织。这种行政化倾向导致老年人社会组织的独立性严重不足，一方面制约了老年人组织的自治功能实现，降低了老年人参与老年人组织的积极性；[5]一方面也使得老年人组织的效率有所受限，[6]最终导致老年人社会组织基于自身的

---

〔1〕　参见马立、曹锦清：《基层社会组织生长的政策支持：基于资源依赖的视角》，载《上海行政学院学报》2014 年第 6 期。

〔2〕　参见周红云：《中国社会组织管理体制改革：基于治理与善治的视角》，载《马克思主义与现实》2010 年第 5 期。

〔3〕　参见祝建兵、向良云：《社会组织行政化及其治理》，载《长白学刊》2011 年第 3 期。

〔4〕　参见郑功成：《制定社会组织法刻不容缓》，载《中国党政干部论坛》2018 年第 5 期。

〔5〕　参见黄乾、原新：《构建和谐社会过程中的基层老年群众组织作用研究——以老年人协会为例》，载《人口学刊》2006 年第 3 期。

〔6〕　参见李伟旭：《老年社会组织的发展状况及其路径》，载《新视野》2015 年第 3 期。

代表性而应具有的利益和诉求表达能力被极大削弱。[1]

（2）经费短缺

经费不足是实践中各级各地老年人组织所面临的普遍问题。无经费来源的老年组织占比较高；即使在有经费的老年组织中，经费数额亦较为有限，会员自筹的经费承担了满足绝大多数日常运行需要的责任，社会捐赠占比微乎其微、杯水车薪。[2]充足、持续且稳定的资金来源的缺失直接制约着老年人组织日常活动的开展，也限制了长期发展中成员数量的增加与活动领域的拓展。有数据指出，在老年人对老年协会活动的需求方面，超过一半的老年人希望老年协会开展学习/娱乐活动和困难老人帮扶活动，这也是老年人对老年人组织的首要需求。[3]现实中老年人需求难以得到满足与老年人组织的经费短缺不无关系。

（3）老年人社会组织内部治理不规范

社会组织治理作为组织体的内在机制是其持续发展的基础，亦是我国社会组织发展的困局。目前由于治理依据缺失，老年人社会组织存在治理不规范的问题，内部治理法治化水平不高，[4]内部运行机制并非以责任配置、权责对等和权力制衡的逻辑展开，权力制衡机制中决策机构、执行机构和监督机构之间的关系往往形同虚设，亦未形成经由合法程序作出决策的运行常态。因此整体上老年人社会组织内部治理尚处于不够规范和专业的较为混乱的状态。

（4）人员短缺

老年人社会组织面临着人员短缺的问题：一方面，掌握相关技能、拥有相关经验的专业人员不足，老年社会组织的运行缺少专业的坚实的支持；另一方面，老年人的身体条件受到限制，成员参与日常事务的精力整体上难以

---

〔1〕 参见杨炼：《论非政府组织与社会弱势群体的利益表达》，载《湖北社会科学》2008年第10期。

〔2〕 参见黄乾、原新：《构建和谐社会过程中的基层老年群众组织作用研究——以老年人协会为例》，载《人口学刊》2006年第3期。

〔3〕 参见党俊武主编《老龄蓝皮书：中国城乡老年人生活状况调查报告（2018）》，社会科学文献出版社2018年版，第301页。

〔4〕 参见张清、武艳：《包容性法治框架下的社会组织治理》，载《中国社会科学》2018年第6期。

达到一般社会组织的水平，健康状况的影响也使得组织成员组成具有不稳定性、变动较多，组织运行也难免因此受到影响。[1]

三、老年人社会参与方面的立法建议

老年人社会参与的专门立法还存在空白领域，这极不利于促进和保护老年人的社会参与，应当针对老年人的政治参与、经济参与、公益参与、社会组织参与等各方面的具体问题，进行专门立法予以规范，从而更好地推动老年事业的发展。

（一）完善《全国人民代表大会和地方各级人民代表大会选举法》等宪法性法律，保障老年人的政治参与权

我国《宪法》第34条、35条、41条[2]笼统地授予了我国公民政治参与的权利，《老年人权益保障法》第68条[3]则进一步规定，在涉及老年人权益重大问题的事项上应当充分保障老年人的政治参与权利得到行使。

宪法及相关宪法性法律与《老年人权益保障法》为老年人政治权利的行使搭建了基础框架；但是为了更好地促进老年人进行政治参与，法律、行政法规、地方性法规、部门规章应在老年人政治参与的各环节给予更细致、充分的制度性保障。

1. 完善现有的法律制度

有学者认为，最大程度地为老年人提供政治参与行动上的便利，应该成

---

〔1〕参见董悦：《人口老龄化背景下盐都区老龄协会参与社会治理作用的研究》，中国矿业大学2020年硕士学位论文。

〔2〕《宪法》第34条规定："中华人民共和国年满18周岁的公民，不分民族、种族、性别、职业、家庭出身、宗教信仰、教育程度、财产状况、居住期限，都有选举权和被选举权；但是依照法律被剥夺政治权利的人除外。"《宪法》第35条规定："中华人民共和国公民有言论、出版、集会、结社、游行、示威的自由。"《宪法》第41条规定："中华人民共和国公民对于任何国家机关和国家工作人员，有提出批评和建议的权利；对于任何国家机关和国家工作人员的违法失职行为，有向有关国家机关提出申诉、控告或者检举的权利，但是不得捏造或者歪曲事实进行诬告陷害。对于公民的申诉、控告或者检举，有关国家机关必须查清事实，负责处理。任何人不得压制和打击报复。由于国家机关和国家工作人员侵犯公民权利而受到损失的人，有依照法律规定取得赔偿的权利。"

〔3〕《老年人权益保障法》第68条规定："制定法律、法规、规章和公共政策，涉及老年人权益重大问题的，应当听取老年人和老年人组织的意见。老年人和老年人组织有权向国家机关提出老年人权益保障、老龄事业发展等方面的意见和建议。"

为针对老年人政治参与的立法目标。具体措施包括完善《全国人民代表大会和地方各级人民代表大会选举法》《全国人民代表大会议事规则》等宪法性法律，通过完善投票机制、丰富参政议政的优待措施等制度化规定，拓宽老年人政治参与的渠道，提升老年人政治参与的便利性，从而充分保障老年人政治权利的实现。[1]

但如果仅仅从规范层面上使老年人政治参与的权利得到落实，而不设置相应的法律责任承担机制是不够的。没有法律责任的约束、威慑，法律所规范的对象将并不能在现实生活中良好地实施法律。《全国人民代表大会和地方各级人民代表大会选举法》《老年人权益保障法》等涉及老年人政治权利行使的立法，应当针对有关组织、机构、个人在未能保障公民政治权利正确行使的情形下，为其设置相应的法律责任，以此来促进老年人政治参与相关法律的实施。

2. 制定细致化、详尽化的区域性法规和规章

细致化、详尽化的地方性法规、规章应具体落实到老年人政治参与的实处。具体而言，即与老年人政治参与相关的法规、规章所涉及的内容应落实到民主选举、民主管理、民主决策、民主监督这些参与方式的每一环节。

涉及老年人政治参与的程序性事项，下位法，尤其是"实施办法""指导意见""程序细则"，或者"明白纸""公告"等具有较强可操作性的基层规范性文件，应当尽可能地为老年人政治参与提供更多客观条件上的便利，给予老年人更多的引导、鼓励、支持。杜绝老年人因"不知道""不方便""不会"而被"剥夺"政治权利。尽最大努力，争取克服制度障碍和物质条件困难，使老年人的政治参与"一个也不落下"。

针对老年政治参与方式单一这一问题，应为老年人开辟更多的政治参与渠道，在立法层面上促进老年人政治参与形式的多元化，尤其是在社区层面上的基层自治。例如，当部分老年人未主动或者暂时没有能力进行政治参与时，其所在居委会或村委会的工作人员不应该仅仅只是将"无法行使政治权利"或者"弃权"记录在案，而是应当采取更主动的工作方式聆听他们的意见、建议、想法，并向上级组织反馈。为使得老年人更好地借助互联网技术

---

[1] 参见汪地彻：《权利维度下老年人社会参与的法律保障》，载《老龄科学研究》2020年第6期。

进行网络参政、议政，社区工作人员可以在必要的情况下对辖区内无法熟练掌握互联网使用技术的老年人进行具体的一对一的辅助。

涉及政治参与的实体性事项，应在合理范围内运用各项规则和制度，尽可能地激发老年人的政治参与意识、增强老年人的政治参与能力。针对老年人政治参与意识淡薄这一问题，可通过促进老年教育事业的发展从而间接地实现推动老年人政治参与这一目标，在老年大学、老年学校等设置老年人政治参与相关课程，帮助老年人形成正确的政治参与观念，培育老年人的政治参与素养，提高老年人的政治参与水平；在社会层面上，应当大力建立健全与老年人社会组织相关的制度体系，鼓励老年人加入代表老年人利益的老年互助组织，在老年人群体内部构建一支自我驱动型的、具有公共理性的、高水平的政治参与力量。

3. 制定类型化的、具有针对性的区域性法规和规章

以《宪法》及相关宪法性法律、《老年人权益保障法》为基础性的框架制度，各地区应根据老年群体性别比例、城乡比例、物质条件、受教育程度、政治身份差异"量身定制"，出台最有利于保障当地特定老年人群体进行政治参与的法规、规章，有针对性地解决部分老年群体因客观条件不允许，"想说的话没处说""说出话来没人听"等不符合社会主义政治文明的状况。

根据上文所提及的我国老年人政治参与现状相关调研所呈现的政治参与主体差异大、不均衡这一显著特征，以统一的标准要求全国各地区老年人以相同的标准进行政治参与，既不现实，也不科学。各地区人大、政府、基层自治性组织应因地制宜，在充分了解掌握本地区老年人政治参与基本情况的前提下，兼顾到每一部分老年人群体的特殊政治参与需求，制定相应的老年人政治参与的规则。

（二）制定反就业歧视法，保障老年人的平等就业权

老年人社会参与的核心是平等，保障老年人平等进行经济参与首先要实现老年人的就业平等权，因此解决就业年龄歧视问题是当务之急。我国《劳动法》和《就业促进法》在禁止就业歧视的类型上只是规定了民族歧视、种族歧视、性别歧视、宗教歧视四种类型，同时《就业促进法》第 3 条用了"等"字进行兜底，从而可以将单行立法中的残疾歧视、健康歧视和户籍歧视这三种类型解释到禁止就业歧视类型的体系中。就业年龄歧视不仅在实际上

阻碍老年人获得工作机会，也会给老年人带来心理负担，从而否定自身的工作意愿。我国对于就业歧视类型的界定范围过于狭窄，由于并没有明确规定禁止年龄歧视，实践中对于就业年龄的限制比比皆是，甚至我国公务员招考就明确有年龄限制，司法实践中年龄歧视是否能解释到"等"字中存在争议。另外，在反就业歧视的内容上没有对就业歧视的概念、就业歧视的认定规则、实施就业歧视的法律责任等方面作出具体规定，难以发挥禁止就业歧视的作用。因此，制定反就业歧视法，规制就业年龄歧视、完善反就业歧视的实施机制势在必行。

保障老年人平等就业权，首先要将就业年龄歧视明确纳入法律的规制。在制定反就业歧视法过程中，充分论证就业年龄歧视的非正当性和法律规制的必要性，扩大我国现有禁止就业歧视的范围，将年龄歧视列为就业歧视的类型之一。其次，要建立专门的反就业歧视监管机构，特别关注老年人就业年龄歧视，保障其合法权益，及时进行救济。[1]除了司法上的救济，还可以借鉴域外反歧视经验，成立前置性的就业歧视评议委员会，更加高效地处理纠纷、做出行政裁决，[2]由此可以更有效处理就业歧视争议。

（三）完善《劳动法》《劳动合同法》和《就业促进法》等相关劳动立法，推动老年人经济参与的顺利实施

老年人参与经济生活的重要方式就是劳动就业与创业。在我国随着社会的发展、竞争的激烈和老年人口的剧增，使老年人的就业与创业越发困难。其中现有法律制度的缺失使得这样的困难更加严峻。因此要加快相关劳动法律制度构建，对老年人的就业与创业提供法治保障。其核心就是在老年人有意愿、有能力继续参加工作的情况下，不能通过强制退休或歧视行为将老年人排挤出他们的工作岗位，相反应该为这种有意愿有能力的老年人提供继续就业的条件及相应的制度保障。

1. 将已达退休年龄就业者纳入《劳动法》的保护

修改《劳动法》《劳动合同法》，将已达到法定退休年龄但继续就业者纳

---

〔1〕 参见李涛：《高龄劳动者就业中年龄歧视的法律规制》，载《江海学刊》2019 年第 1 期。

〔2〕 参见王显勇：《公私兼顾论：我国反就业歧视法行政实施机制构建研究》，载《法律科学（西北政法大学学报）》2019 年第 2 期。

入《劳动法》的保护范畴，这不仅符合法理，也可以为已达法定退休年龄就业者提供应有的法律保护。[1]我国现行的劳动立法所规定的"达到法定退休年龄，劳动合同终止"的规定是从法律层面给高龄者在劳动关系建立方面设置的不平等对待，这样的制度安排不仅不能为企业用工提供正确的导向，同时也限制了企业的用工自主权。[2]因为有些达到法定退休年龄的劳动者其工作经验丰富、身体状况良好、职业能力强，是用人单位所需要的，对于是否继续建立劳动关系，是否继续履行劳动合同，应更多尊重劳动者与用人单位双方当事人的意愿。《劳动法》第15条[3]规定了招用劳动者的最低年龄，根据该条规定来看，劳动法并未对就业年龄上限作出明确规定，只是对最低就业年龄作出了明确要求，因此把法定退休年龄作为就业年龄上限是没有劳动法上的明确依据的。在劳动领域由于一直存在着劳资之间经济地位的不平等，因此劳动法为追求劳资关系的实质平等，对弱势劳动者予以倾斜保护；而达到法定退休年龄的劳动者由于年龄的因素导致其在劳动领域地位更加弱势，因此为实现劳动法实质正义的价值应当对该群体给予劳动法的特别保护。

2. 构建针对老年人就业的特别保护制度

基于老年人因生理年龄导致的体力、精力、学习能力等方面的消极影响，在对老年人就业实施劳动法保护的同时，要予以特别保护，构建相应的制度措施。

第一，立法允许用人单位在劳动条件等方面对高龄劳动者进行有针对性适用劳动法。例如在无固定期限合同的适用方面，对于高龄劳动者可以不要求采取强制订立。无固定期限的劳动合同功能在于建立长期劳动关系，强制订立无固定期限合同的规则是基于我国劳动法的特点给予劳动者的可预期保障，保持用工关系的一定稳定性；但高龄劳动者因为年龄和身体条件的限制，没有建立长期劳动关系的现实需要，因此可以采取订立短期劳动合同的方式，建立短期劳动关系。第二，在高龄劳动者自愿的基础上，借鉴韩国的弹性工

<hr>

[1] 参见谢增毅：《退休年龄与劳动法的适用——兼论"退休"的法律意义》，载《比较法研究》2013年第3期。
[2] 参见范围：《从排斥到促进：中国高龄劳动者就业规制的反思与转型》，载《中国劳动关系学院学报》2020年第2期。
[3] 《劳动法》第15条第1款规定："禁止用人单位招用未满16周岁的未成年人。"

作制度，缩短高龄老人工作时长，探索适合中高龄劳动者实际情况的灵活就业方式，特别是针对已经接近退休年龄，身体状况有所下降的老年人。[1]法国也创立了一种新型的弹性合同，专门为年龄超过 57 岁的人员设计，不受最短工作时间的限制，并可以进行三次修改。[2]第三，对于已经享受养老保险待遇的劳动者，用人单位可以仅强制为其缴纳工伤保险、失业保险，而豁免缴纳其他社会保险和住房公积金。[3]

3. 完善《就业促进法》，增加高龄劳动者就业机会

高龄劳动者的经验、知识和能力是社会的宝贵财富，是重要的人才资源，应该加以有效利用，使老年人"老有所为"，为社会经济发展作出应有的贡献。因此应建立相应的就业保障制度，为高龄劳动者提供一定的就业机会。

第一，建立高龄劳动者基准就业比例。明确不同行业的中大型企业所必须聘用的高龄劳动者比例，满足条件的单位可享受一定的税收优惠政策，或必须承担一定的高龄劳动者就业保障金，改变用人单位普遍存在的倾向于使用劳动者"黄金年龄"的现状。[4]第二，建立就业激励制度。可以把给予一定比例的工资补贴或社会保险费用减免作为对用人单位雇用高龄劳动者的鼓励和支持。第三，建立专门针对高龄劳动者的公共就业服务中心。由于存在劳动力市场信息不对称，公共就业服务中心应该为高龄劳动者提供就业指导和信息服务，并积极为高龄劳动者进行就业介绍，向用人单位推荐。同时，公共就业服务中心也要为高龄劳动者提供就业咨询、举办就业讲座、开展职业培训。第四，建立高龄劳动者继续教育和培训支持制度。高龄劳动者接受继续教育对于提高其知识和技能具有重要作用。专业的职业技能培训能使高龄劳动者具备适应就业市场需要的职业技能水平，为高龄劳动者就业提供有力的保障，因此政府应当为高龄劳动者就业设立公共的教育和培训机构，为

---

〔1〕 参见喻术红：《老龄化背景下的高龄劳动者就业促进问题》，载《武汉大学学报（哲学社会科学版）》，2017 年第 5 期。

〔2〕 参见肖金明主编：《老年人社会参与政策与法律研究》，山东大学出版社 2015 年版，第 121 页。

〔3〕 参见范围：《从排斥到促进：中国高龄劳动者就业规制的反思与转型》，载《中国劳动关系学院学报》2020 年第 2 期。

〔4〕 参见范围：《从排斥到促进：中国高龄劳动者就业规制的反思与转型》，载《中国劳动关系学院学报》2020 年第 2 期。

高龄劳动者提供更多的就业机会。对于高龄就业者的就业培训内容应注重可实践性，培训形式要灵活多变，培训要与高龄就业者的年龄特征、学习心态和能力基础相结合。此外，政府还应对安排高龄劳动者参加培训的用人单位给予一定比例的工资补贴或社会保险费用减免、对自己参加培训的高龄劳动者给予培训补贴，使高龄劳动者能顺利接受继续教育和培训，发挥出继续教育和培训支持制度应有的作用。

4. 对老年人创业权给予特别保障

老年人创业更需要国家提供金融、土地政策等方面的支持。为了保障老年人的创业活动顺利开展，在老年人创业的相关政策上不能设置相比于其他群体更高的条件，应出台支持老年人自主创业的具体制度措施，比如给予税收优惠、技能培训支持以及必要的资金援助等。对于技能培训支持，积极向有经验、有成果的地方学习，为老年人创业创造良好的环境。同时，地方政府可以根据各地实际情况推动银行针对老年人创业的贷款放宽发放条件，为老年人创业进行资金助力。

（四）制定志愿服务法

老年人公益参与最主要的途径为志愿服务，《志愿条例》的出台对促进我国志愿服务发展有着极大的推动作用。《志愿条例》主要涉及以下几方面：第一，规范志愿组织的形式[1]。第二，规定了志愿者服务组织的相关义务，包括如实向志愿者说明志愿服务情况、创造条件确保志愿服务顺利开展。第三，规定可以协议的方式进行志愿活动。第四，强化志愿服务促进措施。

但该《志愿条例》主要着眼于一般志愿者制定的相关制度，缺乏对老年志愿者群体的特别规定，因此，有必要通过国家层面的专门立法，制定全国统一的志愿服务法，以发挥高屋建瓴的引导、调整和规范作用。志愿服务法应当在《志愿条例》的基础上，针对老年人公益参与考量相关因素，加强老年志愿服务的法律保障。

1. 明确志愿者的法律地位

制定志愿服务法，首先要明确志愿者法律资格。目前我国对志愿者采用登记注册的办法来进行管理，为保护未注册志愿者权益，可制定兜底条款。

---

〔1〕《志愿条例》第8条规定："志愿服务组织可以采取社会团体、社会服务机构、基金会等组织形式。志愿服务组织的登记管理按照有关法律、行政法规的规定执行。"

针对社会的老龄化趋势，鼓励退休老年人从事志愿服务活动；可以扩大志愿者主体范围，放宽年龄限制，把退休老年人纳入志愿者主体范围。

2. 建立志愿者服务活动的保障机制

完善志愿者服务活动的保障，一方面，要构建充足的资金来源。第一，政府给予财政扶持；第二，推行社会捐赠充实志愿者服务活动的资金；第三，重视基金会对志愿者服务活动的资金支持。制定志愿者服务法的过程中，应当在志愿服务资金支持方面针对老年志愿服务做出特别规定，建立起专项资金，并积极推动老年志愿服务基金会的建立与成长，为老年志愿服务的资金支持作出充足保障。另一方面，要完善志愿者服务活动中的保险制度。考虑到老年人在生理上的弱势，特别规定必须为老年志愿者购买人身意外责任险；同时扩大为志愿者购买保险的种类，建议增加财产险种类。

3. 建立完备的志愿者培训制度

第一，将开展志愿者培训作为志愿服务组织的一项基本职能。特别规定对老年志愿者的规范性培训，扩大使其参与对较为专业的服务项目，如法律援助、医疗卫生、社区矫正服务领域的服务，而不是局限限于一般性志愿活动，如帮助邻里、维护社区环境等。第二，对志愿者培训方式以及培训时间作出指导性规定。[1] 在此基础上，考虑到较为专业服务项目的基础技能需要，可以规定一定的志愿服务参与考核，保证老年志愿者循序地参与到更广泛的公益志愿中。

4. 建立监督管理机制

坚持把监督与管理放在同等地位予以重视，确立以监督促进管理的工作机制，确保志愿服务工作体制的规范运作，有效实施志愿服务法律制度的各项规定。针对老年志愿者在公益参与过程中容易遭遇的选择不自由以及保障不足进行重点监管，及时采取有效的救济措施。

5. 加强与老年人社会组织的制度衔接

老年志愿组织是老年人公益参与的渠道之一。通过老年人社会组织有组织地参与公益活动，有助于凝聚老年人力量、提升老年人公益参与的积极性和效率、增强老年人公益参与的能力，是老年人公益参与的重要形式。因此，

---

〔1〕 参见郑辉：《试论发挥立法的引领推动作用》，载《人大研究》2018 年第 3 期。

在与老年人社会组织相关制度相衔接的基础上完善对老年人公益参与的保障应为未来立法的必然选择。

首先，可依托老年志愿组织等集中开展对老年志愿者的培训、推广老年志愿者保险，发挥老年志愿组织的支点与排头兵作用，为老年志愿者培训制度和保障机制等具体时间提供切入点，提升相关制度落实的效率。

其次，充分发挥老年志愿组织等老年人社会组织在老年人公益参与监督管理机制中的作用，通过老年人组织搭建起监管主体与老年志愿者之间的沟通桥梁、畅通协商渠道，使监管工作的开展更具针对性和科学性，在确保老年人公益参与活动在法定轨道上规范开展的同时最大限度调动老年志愿者的参与意识，避免粗暴执法挫伤其积极性；

最后，考虑到老年志愿组织等充分发挥了"老有所为"的理念，更大程度上促进了老年人的社会参与，应当在老年人社会组织的政策支持体系中，针对老年志愿组织等老年人公益参与组织提供更优惠的政策待遇，以鼓励老年人的公益参与。

（五）制定社会组织法

老年社会组织的发展离不开社会组织的发展。目前，我国社会组织在政府的重视和支持下虽然有了很大发展，但还存在法律制度建设滞后、管理体制不健全等突出问题。当前社会组织立法上的缺陷不利于老年人社会组织的健康发展，迫切需要法律来加以规范。[1]通过法律手段解决实践中存在社会组织问题，能更好的推动社会组织健康发展。因此需要通过社会组织专门立法并在其中就老年人社会组织作专章规定，为老年人社会组织的发展起到根本的法律保障。

1. 对地方立法经验的吸收

针对社会组织的专门立法，地方出台的《辽宁省社会组织管理条例》[2]提供了一定可供参考的经验。该条例涉及社会组织立法的多个方面，体系相对周密、逻辑较为清晰：第一，界定社会组织，明确规定社会组织的非营利性；同时对社会组织的设立、变更和注销的条件与程序作了具体规定。第二，

---

〔1〕　参见郑功成：《制定社会组织法刻不容缓》，载《中国党政干部论坛》2018 年第 5 期。

〔2〕　该条例于 2018 年通过，于 2021 年修正，分为总则，设立、变更和注销，内部治理，监督管理，法律责任，附则 6 大章，共 35 条。

规定社会组织的内部治理规则，涉及社会组织的权力机构或者决策机构的职权；社会组织应当建立内部信息披露机制；社会组织应当执行国家规定的民间非营利组织会计制度；社会组织禁止从事的行为；社会组织重大事项书面报告及相关材料要求。第三，建立社会组织监督管理制度，包括社会组织应遵循的原则；规范登记管理机关的监督检查职责；社会组织第三方评估机制、社会组织信用档案以及社会组织信息发布平台。第四，规定法律责任，包括社会组织、登记管理机关、业务主管单位及有关部门工作人员等有关主体的责任。

该条例内容较为丰富具体，在社会组织的内部治理规则方面的规定可圈可点。在其经验基础上可以制定全国统一的更为符合老年社会组织发展方向的单行法，从而形成完备配套的规范体系，以法律保障老年人社会组织参与。

2. 社会组织法的制定

在吸收地方立法经验以及社会现实需求的基础上，可着手制定社会组织法。首先明确各类社会组织的性质和法律地位，对其服务宗旨和职能定位的取向加以厘定；其次就社会组织的内部治理而言，从组织机构、管理方式和运行机制等几方面加以规定；再次就社会组织的监管而言，从组织设立、监督检查、责任设置等方面予以规定；最后就社会组织的政策和经费扶持等方面予以规定。

第一，在总则部分就立法理念、法律地位与职能定位进行规定。

立法理念上应当有"从管理控制转向培育服务"[1]的转变，从以限制和管控为取向转向对社会组织的激励。在分类管理的前提下，明确老年人社会组织等社会组织的性质和法律地位，并通过放宽设立条件来降低准入门槛；除法定的依其性质需要前置审批的社会组织外，也可考虑允许部分社会组织采用直接登记的登记制度。

第二，就社会组织内部治理进行细化规定，为社会组织运转提供法律依据。

完善社会组织的内部治理法律依据规范体系，从而明确社会组织独立的主体地位，通过内部治理结构的制度设计充分发挥社会组织的自主性和自治

---

[1] 参见柴一凡：《新时期社会组织立法路径研究》，载《社会保障研究》2020年第3期。

性。摆脱行政主导的思维，完善社会组织各方面独立的内部运行机制。首先，以法治化的框架构建合理的组织治理结构，明确权力机构、决策机构、执行机构和监督机构等各机构的权责；在作出决策的过程中坚持程序公正的原则；加强专业人才的选任和培养；通过完善信息披露制度提升组织的公开透明程度；促进监事会行使财务监督和程序监督的职权，保障监督权有效行使。通过规范社会组织的内部治理，能够提高运行效率、充分发挥职能作用；针对老年人社会组织内部治理也应作出符合老年人组织特点的专门规定，保障老年人社会组织持续稳定发展。

第三，就社会组织监督管理进行细化规定，为监督管理提供法律依据。

完善社会组织监督管理机制，构建包括行政监督、社会监督和社会组织自律的多元化的监管体制。行政监管的重心从事前的审批登记转移到事后监督，在立法为社会组织自治章程设定基础性的标准的前提下，行政主管部门以备案方式监督监管社会组织依法依规章开展活动的情况；司法权以司法审查方式实施事后监督；[1]在社会组织自身依法充分信息披露的基础上，依托社会组织利益相关者以及社会公众的监督权的行使建立公众监督和舆论监督机制，对社会组织日常活动的开展加以规范；引入第三方的专业评估机构根据法定的评价评估指标体系和等级评价制度对社会组织进行评估，为政策扶持资源的配置提供依据，[2]最终通过多元化的监管机制的建立保障老年人社会组织的长期健康发展。[3]

第四，就针对社会组织的政策扶持进行规定，助力社会组织发展。

对社会组织的政策扶持应当从多个维度开展。对于当前社会组织需求最迫切的经费问题，通过完善直接性的政府财政支出政策体系解决资金困难，根据其发展的实际需求建立统一且完备详尽的财政补贴政策，确定补贴比例和补贴指标，通过专项资金建立长期的扶持政策制度。在资金补贴之外，通过政府采购服务政策加强资金支持，扩大政府购买服务的范围和规模，通过

---

〔1〕 参见张清、武艳：《包容性法治框架下的社会组织治理》，载《中国社会科学》2018年第6期。

〔2〕 参见马立、曹锦清：《基层社会组织生长的政策支持：基于资源依赖的视角》，载《上海行政学院学报》2014年第6期。

〔3〕 参见柴一凡：《新时期社会组织立法路径研究》，载《社会保障研究》2020年第3期。

公开招标和完善评估制度调动社会组织自身的积极性，将等级评估与政府购买服务优先权挂钩，从而激励社会组织发展，实现国家治理和市场机制合作；建立针对社会组织的税收管理制度和相应的实施细则，对现有的税收优惠政策作体系化的网罗归纳。

此外，也应通过间接保障性政策加强扶持和保障的力度，明确公益产权保护的原则[1]，明确有关主体违反法定职责或侵犯社会组织财产时的法律责任。[2]同时国家也应积极推进专业社会工作人员制度建设以增强社会组织人才储备。

3. 在社会组织法中专章规定"老年人社会组织"

在社会组织法单行立法搭建起的框架下，对以老年人组织为代表的各类社会组织加以专章的特殊规定，以适应其特殊性质和发展需要。老年人社会组织相较于其他社会组织而言更为弱小，因此需要立法上予以倾斜保护，提供更多的支持。在具体的规定中体现为老年人组织的设立过程中相对于一般社会组织更低的门槛、对老年人组织的管理中相对更少的限制、经费筹措中相对更宽的渠道，并在必要情况下加以强制性规定以维护老年人社会组织的权益。

第一，对老年人社会组织秉持倾斜保护的理念，遵循平等性原则和差别化原则。[3]

由于老年人在身体条件上受到限制，其参与社会组织和投入社会组织日常运转的精力都将不可避免地受到影响；同时，社会角色理论视角下老年人经历的角色中断也导致了老年人在社会组织参与中的弱势地位。[4]总的来说，老年人社会组织的发展受到更多不利因素的影响，因此，有必要要在对老年人社会组织的专章规定中明确倾斜保护的原则，并在具体制度设计中加以实现；这同样有助于为未来立法活动和政策制定提供方向上的指引。

---

〔1〕 参见马立、曹锦清：《基层社会组织生长的政策支持：基于资源依赖的视角》，载《上海行政学院学报》2014年第6期。

〔2〕 参见柴一凡：《新时期社会组织立法路径研究》，载《社会保障研究》2020年第3期。

〔3〕 参见袁文全、王志鑫：《老年人社会参与的法权建构及制度回应——基于积极老龄化框架的分析》，载《吉林大学社会科学学报》2021年第4期。

〔4〕 参见盖永霖：《我国老年人社会参与权法律问题探究》，山东大学2020年硕士学位论文。

对老年人社会组织的倾斜保护应遵循平等性原则和差别化原则。一方面，平等性原则要求制度设计应以老年人与一般主体平等的社会参与权为基础，消除老年人在社会组织参与制度中所面临的歧视与障碍；另一方面，差别化原则要求制度设计充分考虑到老年人群体自身基于生理条件和社会环境所面临的特殊情况、所具有的特殊需求和所表现出的一般规律，在法律规定中设置针对老年人的特别适用条款。还应充分论证差别待遇的正当性、必要性以及合理性，避免以"保护"为名行歧视之实的不合理待遇，避免因制度设计带来"反向歧视"。

第二，明确老年人组织的职能，促进其作用发挥，从而吸引老年人参与老年人社会组织。

现有立法已涉及到老年人社会组织在老年人权益维护和老年人事业发展中的作用，未来立法应当进一步明确老年人组织的职能，即作为老年人群体的代表者和维护者参与老年人合法权益保障、促进老龄事业发展、促进老年人的社会参与。职能的明确有助于促进老年人社会组织影响力进一步扩大，从而全面提升老年人参与社会组织的积极性，鼓励和促进老年人的社会参与，增强老年人社会组织的代表性和独立性，促进其利益表达能力提升。

第三，就老年人社会组织的成立加以特殊规定。

考虑到老年人社会组织自身的条件，可作出特别规定，适当减免对成员数量与资金等设立登记条件的要求，从而鼓励符合条件的老年人社会组织积极登记；简化登记程序，减少老年人社会组织发展的阻力，激发老年人社会组织的活力。

第四，就老年人社会组织的内部治理加以特殊规定。

在完善一般社会组织的内部治理结构设计、完善社会组织各方面独立的内部运行机制的基础上，针对老年人组织成员身体条件受限、精力相对不足的特殊情况，在选举、主要负责人和内部机构的任期规定、换届等人事变动的规定上对老年人社会组织予以特殊规定，可在保证程序正当的基础上对具体条件予以适当放宽。另外，为增强老年人社会组织的自治水平，可规定由政府主导为组织和成员提供定期的必要的培训。亦可通过建立和完善老年人社会组织的职业管理制度，建立必要的职业资格认证制度及职业教育和培训制度等，通过促进专业人才培养为老年人社会组织发展提供充足的人力资源。

第五，就老年人社会组织的管理加以特殊规定。

对于老年人社会组织的管理，应明确行政主管部门，对老年人社会组织日常活动的开展加以合理有效的监督和管理；保障老年人社会组织的合法权益，避免有关主体滥用职权对老年人社会组织权益的损害。通过系统全面规定监管部门的具体职能设置、执法基准和必要限制来确保监管力量的高效发挥，避免监管缺位、错位和越位的情况发生，[1]使有效监管保障和规范社会组织的健康发展。考虑到老年人社会组织自身的发展和建设整体上仍处于较为初级的阶段，在日常的管理和监督中应当建立畅通的沟通和协商机制，监管部门应在充分了解老年人社会组织的实际情况和诉求的基础上通过有效的沟通来提高监管的科学化、人性化水平。

第六，就老年人社会组织的经费筹措加以特殊规定。

一方面，在现有制度的基础上，通过政府专项资金、税收政策优惠、政府购买等措施给予老年人社会组织必要的经济的支持：可参照英国于20世纪90年代出台的《政府与志愿及社区组织关系协定》中的制度构建，为老年人社会组织提供长期、稳定的资金支持，[2]还应通过政府购买服务，在进一步增强老年人社会组织经费支撑的同时促进和鼓励其自身的发展。另一方面，应在立法上作倡导式规定，鼓励社会捐赠从而扩充老年人社会组织的资金筹措渠道。

---

〔1〕 参见何园洲：《老年社会组织发展的政府扶持政策研究》，上海工程技术大学2020年硕士学位论文。

〔2〕 参见高红、朴贞子：《三元整合的社会组织能力培育机制构建及其制度支持》，载《学习与实践》2015年第6期。

第九章

老年人救助与援助方面的立法

目前我国社会面临着老龄化社会和风险社会两重挑战，老年人合法权益的保护也面临着老龄化进程加快与风险社会全面来临所带来的双重考验。老年人存在财产被骗、无法适应人工智能和大数据时代、失能失智等情况。此外，我国法律对于老年人权益的保护不完善，当老年人的合法权益被侵害时，对老年人的救助与援助不足。这就要求我国立法工作必须制定详细、有效的法律，从而对老年人的权益进行更加全面和有效的保护，因此，《社会救助法》和《法律援助法》应当承担起对老年人合法权益进行救助与援助的任务，从而维护好老年人的合法权益。

一、老年人社会救助状况

（一）老年人社会救助

社会救助是指国家对由于某种原因陷入生活困顿中的群体，进行接济与扶助，以满足其最低生活需求的活动，包括最低生活保障、特困人员供养、受灾人员救助、医疗救助、住房救助、就业救助等措施。社会救助与社会福利、社会保险共同组成社会保障体系，是社会保障的"最后一道防线"，在社会生活中起到兜底作用，维持受助人员的基本生活。有学者认为，由于我国现在已经进入"风险社会"，市场经济的不确定性与政府社会保障体系的尚未完善，需要社会救助制度发挥作用，否则将使得许多人成为社会环境的"牺牲品"[1]。

老年人因其身体健康与心智随年龄的增加逐渐减弱，属于弱势群体，其

---

〔1〕 参见吴振宇：《公私协力保障生存权——以社会救助制度为例》，载《法治研究》2011年第9期。

生存等利益在"风险社会"中首当其冲，更加容易受到社会波动的影响，应该成为社会救助重点考虑与关照的对象。国家和社会则应当对无法定义务扶养人、无劳动能力、无生活来源的老年人，或者因天灾人祸造成社会困难、不能完全保障基本生活的老年人给予接济和帮助。且针对老年群体的自身特点与特殊需要，这种接济与帮助不能仅局限于生活资金的补贴，还需要包括老年医疗、法律援助在内的各项服务活动，使应获得社会救助的老年群体获得基本的、有尊严的晚年生活。

（二）我国老年人社会救助的不足

新中国成立后，政府即建立了对包括城市"三无"人员和农村"五保"人员在内的救济和供养制度，社会救助（特别是对老年人的生活救助）是我国最早出现的社会保障方式，也是社会保障体系的重要组成部分之一[1]。但是，受限于当时的生产力水平和救助能力，社会救助还处于"有病治病"的阶段，对于"防病"的能力还不足；且大量依靠政府力量的投送，也存在救助不均等、不及时的问题[2]。虽然我国当前的社会救助制度同我国社会主义市场经济都在不断发展完善，实现了从传统救助模式走向现代民政下社会救助的转变；但由于我国经济基础和发展水平限制，以及"人口老龄化"问题的加剧，现有老年救助体系仍然存在诸多不足。

1. 经济救助不足

如前文所述，截至 2023 年底，我国 60 岁以上人口比重已经占我国总人口的 20%以上。在一个人口总数 14 亿多的人口大国，要对比例如此巨大的老年人群体进行救助需要极其深厚的经济基础；然而，虽然我国新世纪以来经济迅猛发展、经济基础不断夯实，但是我国仍然是一个发展中国家，并不是物质文化高度发展的发达国家。"我国进入老龄化时的人均国内生产总值为 840 美元，远低于发达国家在进入老龄化阶段时的水平，老龄化呈现出'未富先老'的特征，"[3]我国的有些省份基本养老保险的支付已经呈现出入不

---

〔1〕 参见李涛：《我国人口老龄化问题的法律应对研究》，武汉大学出版社 2017 年版。

〔2〕 参见侯学元等：《现代民政视角下的老年社会救助研究》，载《社会政策研究》2017 年第 4 期。

〔3〕 李涛：《论人口老龄化背景下的养老法律制度完善》，载《江汉论坛》2015 年第 12 期。

敷出的状态，依靠中央进行调剂才得以继续运行。自 2018 年中央实行调剂制度以来，调剂比例几乎以每年 0.5% 的速度上升。因此，我国老年人救助制度的实行必定会考验着我国的经济基础和发展水平。

2. 司法救助不足

老年人作为特殊人群一直被各级法律援助机构所关注着，但与农民工和妇女相比，法律援助受援老年人人数的增长较为缓慢，主要存在以下几个问题：

（1）经费保障不足。各地对老年人法律援助标准的确定受限于地方财政收入。有些地区经济发展比较好，当地政府对法律援助事业重视程度比较高，经费保障就比较充足，针对老年人的法援标准就比较低。如浙江省就规定，对高龄老人申请法律援助免除经济困难审查。而另有一些地区可能受限于自身经济发展水平，当地因经费原因使得对符合法规规定情形的老人都不能做到"应援尽援"。

（2）老年人寻求法律援助的意识不强。由于缺少对法律援助相关制度的宣传与教导，大部分老年人对法律援助制度的认识相当不足。诚如前文所说，当老年人的权益受到侵害时，大部分老年人有所顾忌而忍气吞声，认为寻求法律援助是不光彩的行为，这是对法律援助制度的极大误解。

（3）法律援助与社会救助等机制衔接不畅。有些法律援助案件同时也需要其他社会救助的介入，比如老年人遭受虐待的案件，单纯的法律援助可能无法解决老年人的实际困难，需要社会作出临时救助，如为老人提供临时居所等帮助，而目前的法律对此衔接的执行主体与流程均无规定。

（4）老年人维权难。当老年人的财产、人身等合法权益受到侵犯时，他们不知道如何维权，也不知道找谁寻求帮助；即使找到相关部门，相关法规的缺乏使得有关机关也可能存在相互推诿的情形；想要提起诉讼更是告状无门，缺乏相应知识使其在公安机关或法院很难实现独立立案。

3. 救助的法律及法规存在缺失

我国《宪法》第 45 条第 1 款规定："中华人民共和国公民在年老、疾病或者丧失劳动能力的情况下，有从国家和社会获得物质帮助的权利。国家发展为公民享受这些权利所需要的社会保险、社会救济和医疗卫生事业。"该款内容明确规定我国公民享有受到国家物质帮助、取得社会救济的权利，其将社会救助作为一项公民普遍应得的权利而非传统意义上认为的"国家恩赐",在公民要求获取保障活动中具有积极意义;但是在我国司法审判中,审判人员无法直接适用宪法条文,这便使得该款内容更多地作为对权力机关履行其立法职责的督促或是对政府机关对出现该情形的公民及时进行救助的要求。一般认为,其应作"抽象性权利"理解,而很难作"具体权利"进行使用。

目前社会救助法迟迟没有出台,我国规定社会救助法规条例包括:《社会救助暂行办法》《城市居民最低生活保障条例》《城市生活无着的流浪乞讨人员救助管理办法》及其细则,《农村五保供养工作条例》《特困人员认定办法》《救灾捐赠管理办法》《国务院关于全面建立临时救助制度的通知》等,2020年8月中共中央办公厅、国务院办公厅还印发了《关于改革完善社会救助制度的意见》。虽然已经制定了如此繁多的社会救助法规,但其最大的问题是仅停留在条例、办法层面,缺乏法律这一层级的规定,相对散乱、缺乏统领;且完备的社会救助法律体系缺失,也导致我国社会救助工作存在随意性与多变性,甚至有学者曾总结说:"从总体上说,中国社会救济工作的历史,实际上是一部没有法律界定的历史……带有很大的主观随意性"[1]。不仅如此,在现行有效的《城市居民最低生活保障条例》《城市生活无着的流浪乞讨人员救助管理办法》《防震减灾法》《法律援助条例》等法规或文件中,由于当时立法理念与技术的限制以及社会实际情况的变化等原因,还存在效力偏低、覆盖面窄、内容残缺等问题。

同时,我国老年人社会救助的政策不仅在体系建设方面不够完善,其对所规制的事项也呈现出城市和农村分立的"城乡二元制格局",例如虽然国务院在2016年下发《国务院关于进一步健全特困人员救助供养制度的意见》要求将城市"三无"人员与农村"五保"人员统一为特困人员救助供养;但其落实为补助时,城市居民适用《城市居民最低生活保障条例》,而农村的"鳏寡孤独"则需要另外适用《农村五保供养工作条例》,彼此补助标准差距仍旧较大。如云南省民政厅发布的《云南省民政厅关于提高2021年城乡居民最低生活保障和特困人员救助供养标准的通知》规定:2021年,城市最低生活保障省级指导标准将提高到每人每月660元,农村最低生活保障省级指导标准

---

[1] 种明钊主编:《社会保障法律制度研究》,法律出版社2000年版,第352页;转引自李涛:《我国人口老龄化问题的法律应对研究》,武汉大学出版社2017年版。

将提高到每人每年 4770 元。这种区别对待的救助模式很难说同《宪法》的规定相一致。

而且，我国老年人的救助法规也存在条文简单、更新速度慢，难以同社会发展相适应的问题。如 1999 年颁布的《城市居民最低生活保障条例》仅仅17 条，20 多年过去，物价指数上涨几倍，该最低生活保障所规定的标准已然滞后。

（三）国外老年人的社会救助

英国是老龄化非常严重的国家之一，从 20 世纪 70 年代以来，政府大力提倡和支持职业养老金和私人养老金，以及国家基本养老金和补充养老金。英国的老年人社会救助政策不仅解决老年人的贫困问题，对特殊老人还要解决其生活照顾问题。二战后，英国对老年人采取的是现金型社会救助和服务型社会救助并重的政策。

1999 年，工党推出最低收入保障制度，对低收入的家庭进行补贴。在养老保障方面，规定 75 岁以下的单身退休人员家庭和 75 岁以上的夫妇双退休家庭，如果领取的退休金加上其他收入低于政府规定的最低收入，政府将发放补贴，将家庭收入至少补足到国家规定的最低收入水平。2003 年出台的"养老金税收补贴计划"是解决老年贫困问题的最重要举措，该计划取代了最低收入保障金——后者单纯提供最低收入保障，而养老金税收补贴在此基础上增加了对老人储蓄、参加国家第二养老金或通过就业获取收入的奖励成分，进一步提高了养老金的保障水平享受养老金税收补贴，老人还被免除了老年看护费用。2003 年 10 月，养老金补贴制度取代了最低收入保护制度。养老金补贴包括保证补贴和储蓄补贴两个部分，其中保证补贴是一项针对 60 岁以上老人的收入支持计划，其发放对象是经过收入调查的、收入和资产都很低的60 岁以上人群，该补贴免征个人所得税。保证补贴的资金来源于个人所得税，并专款专用于补助低收入者，因此保证补贴具有较强的收入再分配功能。[1]

日本的济贫制度始于 1932 年，当时实施了《救护法》。1946 年又颁布了《生活保护法》（相对于《社会救助法》），二战刚刚结束，许多国民的生活陷于困境，为了保障国民的生存权，制定了此法；但因为该法有诸多不完善

---

〔1〕　参见刘苏荣：《战后英国社会救助制度研究》，云南大学出版社 2015 年版，第 129~134 页。

的地方，1950 年修改了《生活保护法》（称为"新《生活保护法》"），该法实施了长达 64 年之久，2013 年和 2018 年对其进行了修改，但总体变化不大。日本的社会救助不仅是对贫困人员，还有不幸者，如因疾病、受伤、失业等原因陷入困境，还有受到家庭暴力者等。在日本，社会救助是国家的责任，责任的主体是各级政府，即各级政府应承担保障贫困者基本生活的义务，而地方政府的福祉事务所是承担社会救助具体工作的机构。救助资金由财政负担，中央政府财政承担救助费用的 3/4，地方政府财政承担救助费用的 1/4，地方政府对辖区内的贫困者负有社会救助的义务。[1]

日本的社会救助是多方面的，不仅包括生活救助还有教育救助、住房救助、医疗救助、护理救助、生育救助、就业救助、丧葬救助等。此外，救助方式还有给贫困者提供住宿，以及帮助他们就业与创业予以援助等。

二、社会救助法即将出台

对于老年人群体的救助来说，最为必要的就是颁布《社会救助法》；尤其是对于没有生活来源的孤寡老人而言，相对稳定且具有体系性的法律将有助于其获得更为有效的救助。

（一）我国社会救助法的立法沿革

当前，我国尚未制定专门针对老年人的社会救助法律。实际上，即便是针对全部受助人群的社会救助法也经历了漫长的斟酌过程。早在 2005 年，相关部委就开始着手进行社会救助法的起草工作。当初，专家认为我国已经制定了城乡居民最低生活保障、自然灾害救助、农村五保供养、农村特困户生活救助、城市生活无着的流浪乞讨人员救助以及医疗救助、教育救助等法律法规，需要一部法律对其进行统合，使社会救助制度更加具有体系性。2008 年 8 月国务院法制办公室公布了《社会救助法（征求意见稿）》，面向社会公开征集意见。但是由于当时我国立法对于社会救助制度与社会保险制度的关系尚未厘清，且国家经济基础较弱、财政的承受能力同社会救助的需求难以形成有效匹配等原因，致使社会救助法迟迟不能出台。

在没有社会救助法的情形下，为了便于开展社会救助工作、使之有规可

---

〔1〕 参见王海燕、焦培欣编著：《日本社会救助》，中国劳动社会保障出版社 2022 年版，第 19 页。

依，我国于 2014 年颁布了《社会救助暂行办法》，指导各部门的救助工作。这虽然一定程度上使得社会救助整体上有章可循，但其立法位阶偏低，在法律层面对社会救助进行立法仍需酝酿。

为加强对社会救助工作的指导，2020 年 8 月 25 日，中共中央办公厅、国务院办公厅联合印发《关于改革完善社会救助制度的意见》，督促建立更加成熟的社会救助体系、形成更为完备的法律制度，使社会救助体制机制高效顺畅。同年 9 月 7 日，民政部、财政部起草的《社会救助法（草案征求意见稿）》（以下称"《社会救助征求意见稿》"）全文公布，就草案内容向全社会公开征求意见，有力地推动了社会救助的立法进程。2021 年 4 月 16 日，经第十三届全国人民代表大会常务委员会第 91 次委员长会议修改的《全国人大常委会 2021 年立法工作计划》中也提到"围绕健全多层次社会保障体系，扎实推动共同富裕，修改妇女权益保障法，制定法律援助法、社会救助法等。"[1]明确将社会救助法作为丰富新时代法律体系的立法任务。按照我国立法工作的惯例，"法律"层级的社会救助法有望正式颁布，填补该领域立法的空白。

但是从目前的《社会救助征求意见稿》来看，并没有把对老年人的社会救助做专章规定，更遑论单独制定老年人社会救助法。该《社会救助征求意见稿》分为八章，包括总则、社会救助对象、社会救助内容、社会救助程序、社会力量参与、监督管理、法律责任、附则，共计 80 条。本书认为，对老年人进行有效社会救助的最现实选择是在即将出台的社会救助法之中增设专章，其内容就是专门针对老年人的救助，包括救助的主体、原则、方式、对象、救助措施、救助程序等等。

（二）老年人救助的立法考量因素

1. 老年人救助的主体

根据我国《老年人权益保障法》的规定，国家建立和完善社会养老服务体系，各级人民政府负责老龄事业的发展、鼓励社会各方面投入，县级以上人民政府的老龄工作机构负责组织协调有关部门做好老年人权益保障工作。由此可见，在《老年人权益保障法》中，老年人合法权益保护的主体是以国

---

〔1〕 全国人民代表大会常务委员会：《全国人大常委会 2021 年度立法工作计划》，载全国人大网，http://www.npc.gov.cn/npc/c2/c30834/202104/t20210421_311111.html，最后访问时间：2021 年 5 月 27 日。

务院为代表的各级政府以及政府的职能部门，但是将救助主体仅局限于政府及其部门可能无法做到对老年人群体合法权益的全面保护，且随着市场经济的不断发展，我国对老年人进行救助的方式也愈发多样化，不仅包括政府救助，而且包括民间救助。比如，养老服务的提供者已经不再局限于政府出资设立的养老院，以民间资本为基础的社会养老机构也在逐渐增多。这种情况下，如果在社会救助法中设置单独章节对老年人进行救助，那么实施救助活动的主体应当拓宽，既应包括各级政府也要积极吸纳民间机构，比如社区、大型企业等。

2. 老年人救助的原则

本书认为，将来无论是制定社会救助法还是专门的老年人救助法，都必须明确对老年人救助的原则，这是老年人救助工作的指南。

第一，平等救助原则。

凡是生活在我国境内、具有我国国籍的老年人，无论其民族、种族、性别、籍贯、家庭出身、宗教信仰、教育程度、财产状况，均有享受来自政府或者其他社会机构救助的权利，包括现金救助、医疗救助、法律援助等。

第二，特殊保护原则。

对于没有独立生活来源、劳动能力丧失或者减弱、没有子女或者子女不履行赡养义务等原因，导致生活困难的老年人群体，政府机构和民间机构需要对这一类弱势群体进行特殊救助，比如上门服务、定期赠与一定数额的金钱和生活必需品、定期组织免费体检等；如有条件的，可以为其提供一定的心理疏导服务，维护其心理健康。

第三，最低生活补助原则。

不同区域的经济发展水平不同，因此各地最基本的生活水平也不相同。一线城市，如北京、上海、深圳等由于人均收入较高，物价房价也较高，老年人维持最基本生活水平的成本就比较大；而在部分西部地区，人均收入相对较低，老年人维持基本生活的成本就比较小。因此，不同区域要采取不同的标准，对老年人群体进行救助。这一方面可以借鉴日本对于老年人群体的社会保障制度，日本对于老年人的救助遵循的原则是维持最低生活水准，这一水准"由政府根据不同地区的具体情况分别加以确定，然后根据申请保护人的财产收入与该基准之间的差额进行相应补助。"而我国社会救助法完全可以采取这一原则，不同地区的政府在计算出本地区最低生活成本以后，将需要救助的老年人能获得的收入与最低生活成本的差额补助给需要救助的老年人。但需要注意的是，最低生活成本计算需要按照一定时间进行更新，对其补助的标准应随物价的上涨而有所增加，避免因"通胀增长而标准不涨"的标准变更不及时，导致"国有救助而民有饥色"的情况出现。

3. 老年人救助的方式

第一，金钱救助。对于老年人的救助而言，最基本、最有效的形式就是金钱救助；而金钱救助应当覆盖老年人生活的各个方面，包括但不限于：医药费救助、护理费救助、生活费救助、房租房贷救助、生活必需品救助、（残疾）生活辅助具费救助以及丧葬费救助，这些金钱救助不仅包括老年人本人，而且包括依赖老年人扶养的近亲属。

第二，文化救助。老年人救助的形式中，一种无形但作用巨大的方式就是文化救助。文化是国家、民族乃至个人生生不息的活力源泉，脱离了文化的生活和社会就丧失了存在的根基。我国社会学泰斗费孝通教授指出："人不能离开社会生活，就不能不学习文化。文化得靠记忆，不能靠本能，我们不但要在个人的今昔之间筑通桥梁，而且在社会的世代之间也得筑通桥梁，不然就没有了文化，也没有了我们现在所能享受的生活。"因此，对于老年人，尤其是晚年孤独的老年人来说，文化救助是驱除其孤独感的一种很重要的方式。具体包括：组织观看演出，组织集体合唱、参演，组织红色旅游，组织参观革命旧址等。

第三，基础设施救助。如前所述，即使是一线城市和省会城市，用于方便老年人衣食住行的基础设施也难言完善。因此，社会救助法如果增设老年人救助的专章，基础设施救助或许是需要写进去的内容。具体包括：公共交通工具的救助设施规定（如在公交车上加装用于行动不便的老年人上下车的缓坡设施）、大型公共场所的救助设施规定（如大型百货超市里增加电动购物车）、居民生活区救助设施的规定（如在单元门旁增加轮椅专用道）、在智能设备周围增加老年人辅助人员的规定（如老年人不会扫描健康码时，工作人员应现场帮助老人）。

（三）《社会救助征求意见稿》

根据全国人大常委会的立法计划，社会救助法即将出台，填补社会救助在法律领域的空白；《社会救助征求意见稿》中的大部分内容则可能作为正式文本加以推行，对我国的社会救助工作产生效力，必然也会对老年人救助产生极大影响。

1. 《社会救助征求意见稿》对社会救助的积极作用

《社会救助征求意见稿》作为立法草案，是国务院两部门在结合以往社会救助工作经验与我国经济发展水平的基础上加以制定的，总结了我国社会救助的先进经验，也对以往社会救助法规的不足之处进行了补充，对我国社会救助事业具有积极的作用。

（1）统合现有社会救助法规，加强体系性

《社会救助征求意见稿》作为行将颁布的社会救助法的法律草案，其内容对我国社会救助工作的原则、对象、工作内容、救助程序、监督方式等做出规定，对现有社会救助政策法规进行了一定的统合，使中央与地方的社会救助法规更加具有体系性，成为社会救助法律体系中的"组织法"，处于各社会救助法规的核心地位。其内容对形成完备健全的社会救助法制、高效顺畅的体制机制、便民惠民的服务管理、功能有效发挥的兜底保障，帮助城乡困难群众及时获得救助[1]方面，具有积极意义。

（2）确立救助原则，指导救助工作执行

《社会救助征求意见稿》明确了积极社会救助的兜底救急原则，明确社会救助是社会保障的最后一道防线、是保障居民最低生活水平的最后一张安全网[2]。社会救助应满足被救助人最低限度的需求、鼓励被救助人自力更生走出困境，同时防止社会救助被滥用，使救助被更加需要的人所获得，也令救助工作更精确、更可持续。如第24条规定："获得社会救助，家庭成员之间和其他负有赡养、抚养、扶养义务的组织和个人应当先行履行法定赡养、抚养、扶养义务。"即"社会救助的法定义务优先"，也即在未请求具有法定义务人履行义务且义务人确定不履行之前，不能成为社会救助的对象。

---

〔1〕 参见新华社：《中共中央办公厅 国务院办公厅印发〈关于改革完善社会救助制度的意见〉》，载中国政府网，https://www.gov.cn/zhengce/2020-08/25/content_5537371.htm，最后访问时间：2021年9月20日。

〔2〕 参见侯学元等：《现代民政视角下的老年社会救助研究》，载《社会政策研究》2017年第4期。

同时，《社会救助征求意见稿》还明确了城乡统筹和救助水平与经济发展水平相适应的原则，确定社会救助要因地制宜、不搞"一刀切"的模式，使得社会救助工作的开展更加灵活、更加符合本地方实际；而我国旧有社会救助体系中存在的"救助不力与过度并存"的问题也可以逐步得到解决。有关部门应着重解决本地需要救助的中心问题，以防因小失大。

社会救助的公开性原则也被加以强调。如社会救助的申请结果、救助政策、救助标准均应予以公开，便于社会各界监督，使社会救助工作运行更加公正、合理。如第45条即规定："作出确认决定的县级人民政府社会救助管理部门或者乡镇人民政府、街道办事处，应当公示社会救助审核确认结果。"

（3）明确社会救助职责，防止推诿

原有庞杂的社会救助法规，可能导致部门间存在相互推诿、需要受助者（特别是申请者）难以受到及时有效的援助的情形。针对这一情况，《社会救助征求意见稿》明确厘清了涉及社会救助活动的执行主体，为其划定工作范围与相应职责，基本形成"乡镇、街道负责'出、入'，各级民政总领救助"的格局，保证救助工作确实有人执行。

以社会救助申请为例，为了防止需要接受救助的申请者投书无门或者办理手续"永远跑在路上"，《社会救助征求意见稿》明确将受理与走访职责统一授予乡镇人民政府与街道办事处，改变以往"各管一套"的局面，将社会救助申请工作下放到基层政府，由乡镇人民政府与街道办事处统一负责审查并报核，且承担定期核查与抽查的任务，民政部门有权复审，与申请人打交道的工作仍为乡镇和街道；同时，《社会救助征求意见稿》的第49条规定："已经被确认为最低生活保障对象、特困人员、低收入家庭、支出型贫困家庭的，确认结果信息共享互认，其他社会救助管理部门不再重复审核其家庭经济状况。"申请人一经确认，无需"多头申报"，这样便使得一般性社会救助资格确认完全沉淀到乡镇与街道，离受助人更近，使其更加"亲民"。

（4）加强主动服务，引进先进技术帮助社会救助运行

根据人道主义精神和社会救助自身所存在的"主动性"，除基层群众自治组织帮助申请外，乡镇和街道还应当对需要救助的群体进行主动排摸，避免该群体出于自身羞耻心或行动能力的不足而导致损害。如《社会救助征求意见稿》第40条第2款即规定："乡镇人民政府、街道办事处应当主动了解本

行政区域居民的生活状况，发现需要救助的困难家庭和个人，及时组织救助。"

同时，互联网信息技术等先进技术也被加以运用，除了提高社会救助机关运行的效率外，对于不方便进行线下申请、投诉的困难群众，应当提供线上服务；县级以上人民政府作为责任主体，应为其提供支持、创造条件。

（5）强化临时救助，加强社会救助的应急能力

此前，我国突发公共卫生事件方面的应急法律、法规，并未将社会救助的应急机制纳入其中，如《突发事件应对法》主要规定了对自然灾害等预防和应急准备、处理、恢复与重建等事项，缺乏突发事件发生后的社会救助问题的考量。而包括《社会救助暂行办法》在内的社会救助立法，则主要是针对"平时状态"进行规制，鲜有应对突发事件的救助机制，即我国在突发事件应急机制的社会救助领域还存在缺失[1]，这种缺失可能使得许多人在突发事件发生时难以获得有效救助。《社会救助征求意见稿》增添了《社会救助暂行办法》中所未规定的大规模公共突发事件应急机制，在一定程度上可以解决这一问题。

《社会救助征求意见稿》第37条规定："国家对遭遇突发性、紧迫性、临时性困难，生活陷入困境，其他社会救助制度无法覆盖或者救助之后基本生活仍有困难的家庭或者人员，采取以下方式给予临时救助：（1）发放临时救助金；（2）配发实物；（3）提供必要的服务。对于情况紧急，需要立即采取救助措施的，应当直接实施救助，事后补充说明情况。"该条（特别是第3项）授予了社会救助部门在突发事件发生时进行临时处置的权力，减少审批可能造成的延误，防止事态进一步恶化，使得受到紧急事件影响的群众及时获得救助；也呼应了《关于改革完善社会救助制度的意见》中"强化急难社会救助功能"的要求。

2.《社会救助征求意见稿》所存在的问题

《社会救助征求意见稿》虽然在诸多方面较以往的社会救助法规具有较大提升，也对我国纷繁复杂的社会救助法规进行了统合，使其更加具有体系性，但就其自身立法而言仍旧存在一定不足之处。同我国《老年人权益保障法》

---

[1] 参见王德志、李猛：《论我国社会救助应急法治的完善》，载《法学论坛》2021年第2期。

类似，两部门所制定的《社会救助征求意见稿》作为统筹社会救助工作的法规也存在"宏观有余，微观不足"的问题，即其中的概念性、纲领性、授权性以及鼓励性条文较多，虽然基本明确了社会救助工作的责任主体，但却缺乏实际运行的程序规定，对资格审查、待遇增减、救助时间及社会参与等模块均无明确标准，法律条文的直接执行力较弱。此种条文规定的形式，使得社会救助工作在具体实施时仍旧需要依靠大量的下位法对具体操作进行规制，才能保证救助工作的有章可循、有序展开，降低了立法活动本身能够为社会救助提供的稳定性。

（1）标准内容多具纲领性，认定存在困难

以特困人员的认定为例，《社会救助征求意见稿》中的第 14 条虽然规定了"特困人员"自身或家庭成员属于社会救助的对象，且通过第 16 条规定："本法所称特困人员，指经县级民政部门或者乡镇人民政府、街道办事处审核确认，符合无劳动能力、无生活来源且无法定赡养、抚养、扶养义务人，或者其法定赡养、抚养、扶养义务人无赡养、抚养、扶养能力的老年人、残疾人以及未成年人。"对"特困人员"的概念作出了说明，但其所做出的厘定似乎并不能完全明确受助人员范围。该条所表述的"无劳动能力""无生活来源"等概念，若单纯按照字面意思进行解释，标准未免过于严苛；若做些许扩大理解，细究下来，则亦属于较为宽泛的概念，需要进一步借助《特困人员认定办法》进行明确。需要注意的是，民政部新修订的《特困人员认定办法》也将这两项条件的认定范围作出了进一步扩大和明确，可见，《社会救助征求意见稿》中的内容仍显宽泛与不足。各社会救助管理部门在对社会救助对象进行确认时，还需要制定额外的认定办法，在法律未做出统一要求的情况下，可能发生规章之间的冲突问题。

（2）缺乏时间规定，影响救助的及时性

《社会救助征求意见稿》中，除了第 37 条及第 52 条中对"疾病应急救助程序"与"情况紧急的突发事件临时救助程序"作出"立即救助"的规定以外，其余文段均未对处置时间有所涉及。社会救助机构的事务处理时间是十分重要的内容，其既可以对经办机关的工作起到督促作用，又可以给救助申请人或被取消救助的人一定的时间预期，方便其作出安排；同时，若法律希望能够进一步保障公民取得社会救助的权利，可以对该时间内被救助者所享有的权益做出规定，如最低生活保障的申请人在申请期内虽无法获得最低保障金的支持，但可以考虑通过给予其临时救助的方式，帮其渡过当前的难关。

在涉及社会救助的众多部门规章中均对事务处理时间有所规定。如新修订的《特困人员认定办法》第 13 条，要求乡镇人民政府（街道办事处）应当自受理申请的 15 日内完成各项信息核对，并提出初审意见。所以，在行将颁布的社会救助法中，未对其规定的众多救助措施及相关事务活动作出工作时间上的要求，属于较为严重的程序漏洞，不利于督促经办机构提高工作效率，也可能会对救助活动的及时性造成影响，至少无法在法律层面上对社会救助工作的开展形成有效指导。其他涉及社会救助的法规在参照其进行修改时，也会因缺乏相对确定的标准而产生一定的混乱。

（3）救助类型相对单一，服务型救助较为缺乏

现代社会中，需要接受社会救助的人员陷入生活困顿可能具有多方面原因，其对生活的需求不仅限于一般的物质需要，有时需要一定的服务才得使其摆脱困境；虽然其在表面上表现为经济上的无助，但实质上可能是囿于自身境遇缺乏购买服务的魄力，陷入困境不能自拔。针对这种情形的受助人，如希望对其进行有效的社会救助，非单纯的金钱补贴与实物配给可以完成；还需要通过直接为其提供一定的基础服务的方式，打破其旧有环境，解决其实际困局。

虽然《社会救助征求意见稿》第 27 条规定："实施社会救助，可以通过发放救助金、配发实物等方式，也可以通过提供服务的方式。"对"服务型救助"有所提及，但是仅仅是笼统表述；且在涉及具体救助措施时，也仅在第 29 条（特困人员救助供养）与第 37 条（临时救助）中采用"提供必要的服务"的表述，过于粗略。相比之下，条文中资金上的补贴、费用减免与实物配发等经济支持的内容较多，如第 28 条即规定："国家对最低生活保障对象按月发放最低生活保障金，实施最低生活保障。最低生活保障金可以分档发放，也可以按照共同生活的家庭成员人均收入与当地最低生活保障标准的实际差额发放。对低收入家庭中的重度残疾人、重病患者等特殊困难人员，可以纳入最低生活保障范围，发放最低生活保障金。对领取最低生活保障金后生活仍有特殊困难的老年人、未成年人、重度残疾人、重病患者等，应当采取必要措施给予生活保障。"整体上，《社会救助征求意见稿》仍旧未脱离传

统经济救助的藩篱，在服务救助等方面存在较大补充余地。

（4）救助工作的社会参与方面规制较弱

我国尚处于社会主义初级阶段，经济发展的基础仍然较弱，社会救助工作若完全由政府承担，或将使其长期处于一个较低的水平（甚至不可持续），需要吸引多元主体加入社会救助工作，共同为其作出贡献。且随着市场经济的发展，多元主体共同在市场调节下为某一目标做出努力日渐成为社会工作的常态，在社会救助工作中引入社会主体、推行社会服务也符合世界社会救助工作发展的大势，有必要加强重视。

《社会救助征求意见稿》第10条规定："工会、共产主义青年团、妇女联合会、残疾人联合会、红十字会等组织根据职责或者章程参与社会救助，开展社会帮扶活动。国家鼓励、支持公民、法人和其他组织依法参与社会救助。"可见，受到国家更为直接的影响，获得财政支持的社会团体仍旧是社会救助活动的主力，且国家可以根据其章程进行指导调控，相对更加有序。相比之下，国家进行"鼓励和支持"的其他社会力量参与社会救助活动虽然在本法第55条至63条做出了进一步的规定，但其条文内容仍旧存在一定宏观性，虽然列明"慈善救助""购买服务""社会工作"和"志愿服务"是社会主体参与社会救助工作的主要方式，但是与《慈善法》《政府采购法》具体的衔接机制、优惠政策以及授权给县级以上人民政府的支持、统筹和监管责任仍需要作出进一步的细节规定，才能作为日常工作的指导。

3.《社会救助征求意见稿》对老年人救助的影响

《社会救助征求意见稿》作为未来较长一段时间指导我国开展社会救助工作的法律草案，对老年人救助的影响十分重大。其"梳理法规体系、确立救助原则，明确责任主体、加强服务的便捷性与应急能力"等优势，在法律层面上确认了救助主体对老年人救助的义务和工作方式与职责；特别是"上门摸排"工作的开展，将有利于需要受到救助的老年群体获得更加及时、有效的帮助，对老年人权益保护具有较大裨益。

但同时，文本自身过于宏观的条文内容与对社会参与规范的缺失，以及《社会救助征求意见稿》未将老年人的社会救助作为专章加以规定，使得该法律对救助实施的实际效果，相对于预期可能要大打折扣。

（1）老年人救助应具有其自身的特殊性

如上文所述，作为一个身体健康与心智能力都有所削弱的群体，对于老年人群的救助应针对其自身特点进行专门考量，在有可能的情形下应通过作专章规定的形式，强调其独特性。或许是出于避免规定重复和出现冗杂条文的考量，《社会救助征求意见稿》并未采取此种形式，仅将其与残疾人、未成年人作为某些救助的特殊条款予以规定，算是一种加强保护。但一方面，做出此规定的条文数量相当有限，对老年人的救助并不全面；另一方面，老年人与残疾人似乎缺乏并列关系，且"老、残、幼"三者的具体救助需求并不相同，粗略地将其并列或将降低对其救助的有效性。

（2）救助与老年人法定赡养等义务衔接程度不足

《社会救助征求意见稿》第 24 条的"法定义务优先"条款虽然在实现社会救助更加精准的投送、促进法定义务履行方面具有积极意义，但却并未明确义务人在怠于或明确拒绝履行义务时，处于困顿中的被赡养人是否可以取得救助或取得何种社会救助。且《老年人权益保障法》第 24 条所规定的具有监督、督促义务履行的群众性自治组织、老年人组织与赡养人、扶养人单位，并非《社会救助征求意见稿》中规定的具有社会救助职责的单位。缺乏同社会救助单位之间的信息沟通渠道，可能不利于对此类老年群体的保护。

（3）老年人具有更高的服务救助需求

相比于消费力更强的年轻人，老年群体因其经济条件、身体状况与生活经历可能缺乏购买服务的意识，更加需要基本服务类型的社会救助；特别是有部分接受社会救助的人群社会心理异常沉重，有调查显示，部分贫困老人认为接受社会救助是一件很没有面子的事情，他们并不愿意在救助机构中接受救助；或感到社会的不公正待遇且有沉重的消极心理[1]。对于此种人群，除了保障其最低水平的生活以外，还需要为其提供一定的心理疏导服务；在对其进行现金补贴以改善生活的同时，注意提供上文所提及的文化救助的作用，为其提供各类基本的服务救助[2]。但就现有的《社会救助征求意见稿》

---

〔1〕 参见杨文杰、吕延青：《城市老年贫困社会救助问题分析与完善对策——以河北省五城市调研为例》，载《经济研究参考》2017 年第 32 期。

〔2〕 即便是缺乏个性、较为单调的服务也没关系，关键在于实现"从零到一"的突破，使其因旧有思维模式或习惯造成的困境有初步改观。

而言，一方面，对于服务类的社会救助规定粗疏，缺乏明确的认知；另一方面，对于更有能力提供此类服务的社会力量规范不足，可能会减损服务救助活动的及时性与有效性。而且，法律援助服务是众多服务中十分重要的组成部分，其对不熟悉具体法律规定的老年群体在法治社会中维护自身权利尤为重要，但《社会救助征求意见稿》对其却未作规定，似乎并未将其纳入社会救助体系当中，令人遗憾。

三、老年人维权的状况

（一）涉老风险

第一，消费欺诈风险。

随着老年消费市场的兴起，针对老年消费者的各种欺诈类违法行为越来越多，许多老年人深受其害；而且老年人消费权益受侵害后，维权特别难。大量案例显示，老年人受年龄、健康及其他社会因素影响，更易成为实施消费欺诈乃至诈骗犯罪等违法分子的目标群体。我国有超过 1/3 的老年人在消费过程中曾遭受权益侵害。在权益受到侵害的老年消费者当中，1/3 的老年人认为利益损失额度不高，维权费时费力，维权的结果也可能不满意，所以选择放弃维权；2/3 的老年人表示不知道怎么维权，不知道应该到哪个部门、需要提供什么样的证据材料，更不知道依据哪条法律，向何处投诉维护自身权益。老年人消费权益保障问题突出，老年人因维权意识不足、维权力量不足成为当下消费欺诈的主要对象。

从舆情热度来看，排名前 10 的老年消费维权"热点"分别为：电话诈骗、高收益骗局、不合理低价游、以房养老骗局、免费促销陷阱、神医广告、不安全的老年代步车、投资收藏陷阱、预付卡退费难，有关涉老诈骗话题的热度持续在高位运行。

在消费领域的一些涉老侵权行为通常带有很强的隐蔽性和欺骗性，不易识别，部分老年人容易被一些宣称的优惠福利和免费体验误导。如：利用授课、免费试用、免费试吃、回馈、免费体检、免费旅游等方式进行推销甚至诈骗。这些销售商利用老年人治病和保健心切进行各种质量不过关、功能不具备的产品推销；利用老年人缺少辨识度、缺少亲人关心照顾、生活寂寞的心理佯装体贴，使老年人在销售商的花言巧语下逐渐失于察觉、疏于防范，从而对老年人进行欺诈。例如有的违法分子以"免费旅游"为噱头，吸引老年人参加讲座，趁机向老年人推销几乎没有任何效果的高价保健品，最终导致老年人的退休金、养老金被骗。

在消费领域，涉老侵权风险最高的是保健品消费。保健品领域权利侵害风险较高，主要有几方面原因：

一是老年人健康服务需求较高，意愿强烈。老年人多半患有慢性病，有的长期受病痛折磨，健康保健意识较之年轻人较强，相对高昂的医疗费用和患病后的痛苦感受，使得他们认为平时多保健、增加身体的抵抗力，就可以少生病少跑医院，减少痛苦，同时也省了大笔的医疗费。因此他们大多愿意加倍付出金钱购买保健品，只要对身体有好处的，不管多贵都要买。

二是老年人对虚假信息的辨识能力较弱，健康知识匮乏。一般保健品公司会请一些所谓的专家，义务免费对老年人进行身体健康检查，外加附加赠品、免费疗养等各种方式，灌输一些现代流行的健康理念、高科技的概念，让老年人信以为真，对虚假宣传和忽悠全盘接收。

三是部分老人存在补偿与攀比心理。很多老年消费者希望通过购买保健品来弥补自己过去在身心上的亏欠；也喜欢在社交群体中互相学习借鉴、相互攀比，久而久之将保健品消费视为生活品质与心理安慰的重要因素。

第二，投资理财风险。

近年来，大量 P2P 公司爆雷、跑路，令许多的投资者损失惨重；老年群体因其理财知识匮乏、风险识别能力弱等问题，无法准确识别其中的骗局，往往成为最严重的受害群体之一。2019 年 7 月 30 日，中新网以《投资"连体钞"诈骗老人 52 万元 男子获刑 11 年》为题，报道了郭某诈骗老人马某 52 万余元的消息。2019 年 8 月初，《北京时间》报道，海淀公安分局反电信诈骗中心民警发现住在恩济庄的张大爷遭遇诈骗，准备抵押房产，劝阻无效，张大爷将 567 万存款打入骗子账户，还差点卖了价值 900 万的房子……

自 2015 年至 2019 年，全北京市法院范围内共审理涉老刑事案件，主要为诈骗罪、集资诈骗罪、非法吸收公众存款罪等。值得关注的是，这些案件无一例外均是巧借各种投资理财外衣，采取高息诱惑、承诺保本，通过骗取老年人抵押房屋、签订借款合同、签订投资理财合同等方式，诈骗老年人财产。此类案件是典型的投资欺诈行为，被告人在未发生资金断裂前的拉拢投资行为，均为通过虚假宣传，虚构理财产品、投资项目等，承诺回馈高额投资收益，骗取老年人作出同意出借款项、购买理财产品的意思表示，最终非法占有老年人的财产，令老年人的财产遭受损失。

在金融诈骗中老年人受到侵害最大的就是"以房养老"的骗局。"以房养老"原本是一种住房反向抵押养老保险，一些拥有房屋完全产权的老年人将其房产抵押给保险公司，继续拥有房屋占有、使用、收益和经抵押权人同意的处置权，并按照约定条件领取养老金直至身故；老人身故后，保险公司获得抵押房产处置权，处置所得将优先用于偿付养老保险相关费用。以北京中安民生公司、北京利合济民公司涉嫌非法集资的"以房养老"骗局为代表，借"以房养老"之名行民间借贷之实，一方面以较低的价格将老年人的房产抵押给借款人取得一笔款项，再用此款项购买该投融资公司所谓"理财产品"以获得高额月息，以保证老人每月的养老开支；另一方面又诱导老年人签订不平等条款，让老人在完全放弃自己权利的法律文书上签字，并将房屋全权代办的授权委托书进行公证，从而越过老年人处分房产。往往几个月后，该公司即停止打款不知所踪；老人对借款人构成违约后，全权代理人直接将房屋出售，老年人面临晚年无家可归的情境。

（二）老年人维权障碍

2021年笔者曾经对北京市1000位老人被骗后的维权做问卷调查，本次问卷主要涉及老年人被骗后通常会采取何种维权方式，以及在维权中遇到什么问题，其损害是否能够挽回。数据显示，不到50%的人会选择报警，33.7%的人选择司法途径解决，也有20%多一点的人会选择自认倒霉，16%的人拨打市政服务热线12345或法律援助热线12348，也有10%的人向家人、朋友或街道（乡镇）、居（村）委会求助。

从维权过程中遇到的障碍来看，老人普遍反映维权难，表现在：有关部门之间相互推诿，或者法律程序过于复杂繁琐、自身能力难以办理，缺乏必要的法律援助，有的老人不知道找哪儿解决，有的认为目前我国司法不公，还有的觉得自己在维权中遭受歧视。（见下图）

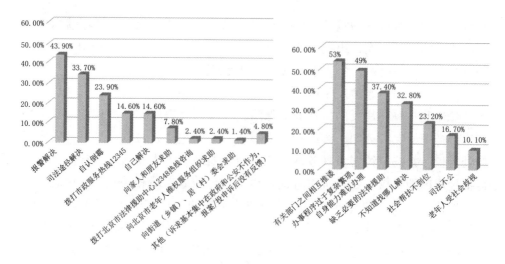

图 1 老年人维权途径及障碍

从上面的两组数据可以看出，权益受到侵害的老年人会积极寻求帮助，进行维权，但是社会没有为老年人提供适当的法律援助及社会救助。由于各种原因，老年人在权益被侵害时往往不知道如何维护自己的合法权益、该向哪一机关提出维权申请。此外，现阶段，针对老年人的 P2P 网贷平台集资诈骗犯罪、保健品诈骗犯罪愈发猖獗，大量的老年人因此受骗，甚至失去了全部财产。在 P2P 网络平台犯罪中，即使最终罪犯被依法定罪量刑，老年人失去的财产也难以追回；而许多老年人因为收入较低，无力聘请律师为自己维权，最终导致求告无门。

我国《老年人权益保障法》第 56 条规定："老年人因其合法权益受侵害提起诉讼交纳诉讼费确有困难的，可以缓交、减交或者免交；需要获得律师帮助，但无力支付律师费用的，可以获得法律援助。鼓励律师事务所、公证处、基层法律服务所和其他法律服务机构为经济困难的老年人提供免费或者优惠服务。"明确了老年人获得法律援助的权益。2010 年发布的《司法部关于深化"法律援助便民服务"主题活动积极推进三项重点工作的意见》（司发〔2010〕4 号）也将老年群体与农民工、残疾人和零就业家庭作为"重点援助对象"，要求针对其不同特点提供个性化、专业化服务。

第一，老年维权机构网络不健全。尽管我国老年维权相关机构达 64 种，但大多由某地区举办。全国性老年维权机构主要有两大类，其中老年维权协调组织共 6.4 万个，全国老年人权益保障法律援助中心 2 万个，但这些单位相对于庞大的老年人群体而言显得微不足道。目前这些单位大多为政府举办且带有公益性质，市场力量举办的老年维权机构相对较少，尚未建立长效可持续的服务机制。

第二，行政管理跨部门，保障机制缺失。民政部门作为老年群体公共服务责任主体，拥有社会组织、养老服务等人力、财力、数据资源；司法部门作为区域公共法律服务体系建设责任主体，掌握法律援助、公证服务、律所律师等法律服务资源。两大部门在老年群体的法律服务领域尚未形成合力，资源匹配不足，相应保障机制缺失。

第三，在公益诉讼方面，目前检察机关重点在生态环境和资源保护、食品药品安全、国有财产保护等领域，在老年维权领域只有个别省有规定或行动。例如《甘肃省深度贫困地区脱贫攻坚实施方案》对有能力却不履行赡养义务，为享受农村低保和扶贫政策而分家立户、遗弃老人的行为将进行公益诉讼；2019 年 2 月，湖南省湘西州检察院印发通知，组织全州检察机关开展了敬老院公益诉讼专项监督活动；《黑龙江省人民代表大会常务委员会关于加强老年人保健产品等消费领域消费者权益保护工作的决议》明确提出人民检察院履行职责中发现老年人保健食品消费领域存在侵害众多消费者权益的行为，在没有适格主体或者适格主体不提起诉讼的情况下，可以向人民法院提起民事公益诉讼；2019 年 6 月 4 日，江西省分宜县检察院联合县市场监督管理局、民政局等 5 部门开展养老机构食品安全公益诉讼专项监督活动，切实保障养老人员的食品安全。同时，政府监管滞后，老年维权监管预防方面尚存在不足。特别是在涉老型经济犯罪方面，例如保健品诈骗、非法集资、低价旅游消费等，存在监管滞后问题。大部分犯罪案件，一般只能是事后由老年人报案，公安机关才会介入。

（三）老年人维权难的原因

随着市场经济与法治社会建设的深入发展，法律与生活的关系日趋密切。社会大众，特别是老年人群体，在生活中遇到法律问题的情形不断发生，其原因大致可以归纳为两个矛盾：第一个矛盾，是老年人自身所持的相对传统的法律观念与现代法治社会发展之间的矛盾；第二个矛盾，则是相对宏观的法律条文与情况多样的社会生活之间的矛盾。

1. 相对传统的观念尚不适应现代法律体系

作为从计划经济时代和改革开放初期走过来的人群，现下处于退休阶段的老年群体，其人生大部分经历似乎并不且很难直接与法律法规相接触；相比于《民法典》与"法治社会"，好像"计划指令"与"走渠道"这些概念更加深入人心；当老年人遇到纠纷时，"找组织""找街道""找领导""找政府""请清廉官员为民做主"等等方法，似乎都比依法谈判、依法维权（狭义上的"依法维权"）在优先级要高上一些。虽然这些途径在矛盾发生之初，对避免矛盾激化、利用基层群众自治组织化解矛盾具有积极意义；但其并非全能，且老年群体参与其中时更多依"情"而非"法"，甚至长期存在"吃亏是福"的想法、过分强调组织的作用，不利于法治思维的树立，易使其长期暴露于法律风险当中。这种情形下，就更遑论让老年人具备在纠纷发生前就发现事件或行为当中蕴含的风险并及时做出防范的能力。过往的人生经历与在其基础上所形成的思维观念，使得大多数老年人对"人治"制度的依赖程度较高，怠于主动认识和运用法律维护自身权益；在社会生活中往往表现为，容易凭借朴素的正义感对可能涉及到的法律问题作出判断并付诸实践，甚至在许多时候，老年人群在作出判断时根本未曾思及可能会涉及到法律的特殊规定。这种法律思维方式实质上是我国传统法制观念在现代延续的具体体现，其或许能够在传统中国的法律中得到支持，但对于应对现代法律体系中的诸多问题，特别是追求形式正义的法律领域中的问题，便显得难以为继。且市场经济的不断发展所催生出的越来越多的技术性法律规定，将使得这一法律思维方式更加无所适从，继续保持旧有的观念只会使得其与日新月异的法律规定的裂隙愈发增大，使法律风险发生的可能性增加，给老年群众带来许多不必要的损失。

2. 宏观的法律条文难以满足社会的多样性发展

法律条文存在固有的不周延性，无法涵盖社会生活的方方面面。我国作为制定法国家，即便立法的技术和科学性不断提升、制定法律条文时充分考量前瞻性等，仍旧难以完全解决社会发展带来的诸多问题，可能造成被调整对象欠缺规制情形的发生。同时，我国老龄化问题显现时间不长，老年立法相较于国外发展较晚，使得国内老年法律体系并不完善。现下，我国专门针对老年人保护的条文内容在法律层级仅有《老年人权益保障法》，且其中纲领性、宣示性、倡导性的条文较多，欠缺与之配套的专门性法律与实施机制。长期来看，或许可以作为整个老年法律体系的纲领；但在当前时期，其条文内容的具体落实还多依赖如《民法典》《反家庭暴力法》等一般性法律法规的条文规定，缺乏对老年人这一群体的特殊照拂，也缺乏专业性。虽然全国各地也陆续出台相关地方性的养老条例，如北京市第十四届人民代表大会第三次会议通过了《北京市居家养老服务条例》，在养老领域作出了进一步细节化、创新性的规定，但其内容中也不乏原则性、倡导性的规定，缺乏对于满足老年群体个性化需求服务的指导，具体操作性方面似乎并不如制定之初预期的那样理想。需要认识到的是，随着我国社会发展和立法工作的不断推进，老年法律体系将更加完善，但这仍旧是一个相对长期的过程。在当前阶段，其对于老年人日常生活的规制与保障还将出现许多问题，使得老年群体处于法律风险当中。

所以，不论是老年人自身普遍缺乏法律思维的主观因素，还是老年人专门法律保障欠缺；但较难应对社会发展多样化的客观因素，均使得老年人在日常生活中遇到某种法律风险的可能性增加，使其深陷"法律困境"当中。这种情况下，需要广大老年群体在日常生活中加强对法律知识的了解，在作出关乎自身重大利益的决定前了解相关法律信息，对可能存在的风险有所考虑与防范。但考虑到年龄的增加使人学习能力的普遍减弱，老年人处理法律问题仍旧需要法律工作者进行帮助；但其传统思维习惯与法律服务相对高昂的服务费用常使老年群体对法律服务的帮助望而却步，也使其对公益类型的法律援助的需求增加。

法律层面上，我国老年人的专门法律只有一部《老年人权益保障法》，且此法存在对老年人特有权益规定不够具体、倡导性规范过多的问题，缺乏可执行性、可操作性弱。例如我国《老年人权益保障法》规定禁止歧视、侮辱、虐待或遗弃老年人，但对于什么是歧视、侮辱、虐待老年人缺乏具体的界定，对于如何禁止这些违法行为、违反法律规定后如何追究违法行为人或者犯罪嫌疑人的法律责任等问题也没有规定，在实际操作上产生不配套的问题。其他法规、规章等存在同样的问题，即缺乏救济的条款。另外有些老年人由于自身条件的限制和认知能力等原因无法说理，难以保障自身权益。

当前，我国已经正式步入"风险社会"，老年人遭遇的诈骗等犯罪的花样层出不穷，诈骗集团、团伙甚至制定了专门针对老年人的套路，比如响一声电话等。这些新类型诈骗很多时候采取了广撒网的方式，甚至就是以老年人仅有的少量财物为目标，然后以多个老年人作为行为客体。一些受骗的老人存在"告状难""维权难"的问题，如有的部门互相推诿、有的司法机关该立案不立案。

四、《法律援助法》的颁布

（一）老年人接受法律援助的状况

2019 年，北京法院共受理涉老（60 岁及以上）的案件约 12.5 万件，占全市案件总数的 12%。涉老案件中，民事一审案件约 8.9 万件，行政一审案件约 0.46 万件，执行约 3.1 万件。在涉老案件中，合同类纠纷占 43.8%，反映了老年人经济与交易行为及风险的日益增多；继承纠纷依然是家庭矛盾的核心，占到 12.9%；物权与侵权责任纠纷也有一定比例。

笔者曾对 2019 年 5 月至 2020 年 5 月北京市老年人接受法律援助的情形做过统计，北京市老年人受到法律援助的仅 97 件，其中近 1/3 是涉诉案件，其余为非诉讼案件；97 件中绝大多数是民事经济纠纷案件。从数据中可以推断出，每年法院受理的涉老案件至少在 10 万以上，但是获得法律援助的仅有 30 多件，即 1 万案件中仅有 3 件能够获得免费的法律援助。笔者分析其原因，我国的《法律援助法》虽然是针对弱势群体，但主要对经济困难的当事人，北京收入相对高，符合法律援助条件的少。《法律援助法》第 31 条规定，对于以下情形不受经济困难条件可以获得法律援助：依法请求国家赔偿；请求给予社会保险待遇或者社会救助；请求发给抚恤金；请求给付赡养费、抚养费、扶养费；请求确认劳动关系或者支付劳动报酬；请求认定公民无民事行为能力或者限制民事行为能力；请求工伤事故、交通事故、食品药品安全事故、医疗事故人身损害赔偿；请求环境污染、生态破坏损害赔偿；法律、法规、规章规定的其他情形。

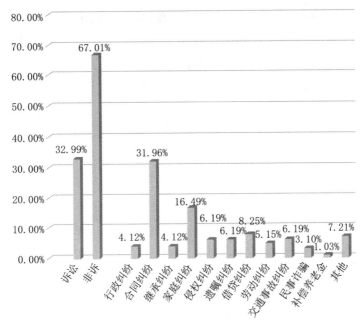

图 2　2019 年 5 月至 2020 年 5 月北京市老年人接受法律援助案件的类型

（二）《法律援助法》的亮点

2021 年 8 月 20 日《法律援助法》的颁布确立了法律援助的基本原则和基本制度，并以制度化的方式为法律援助积极应对新时代社会主要矛盾、满足人民群众日益增长的法律服务需求提供了坚强的保证，开启了我国法律援助制度的"国家法"时代。法律援助是"法律扶贫"，是让法律服务的资源配置实现相对的平衡。国家通过妥善协调各方利益关系、帮助弱势贫困群体接受免费法律服务，从而达到追求社会公平正义的目标，补齐司法公正的最后一块短板。

1. 从政府责任到国家责任

从历史发展看，最初法律援助是一种慈善行为；随着社会的发展，法律援助对象、范围的拓宽，法律援助成为公民的一项社会权利，而保护公民权利则是民主国家的职责所在，只有国家才有能力建立规范的法律援助体系，进行社会救济。2013 年《联合国关于在刑事司法系统中获得法律援助机会的原则和准则》第 15 条规定："国家应当把提供法律援助视为其义务和责任……确保有一个方便使用的、有效的、可持续的和可信的法律援助综合制度……"我国

《法律援助法》没有直接规定法律援助是国家责任，仅采用间接有效确认的方式——体现式，即在条文中体现了国家的责任。国家责任体现在三个方面：一是制定法律援助法。二是通过行政拨款建立和资助法律援助机构，从经济上支持法律援助，法律援助的经费列入本级政府的预算。虽然法律援助资金的来源可以是多渠道的，以国家投入为主，鼓励社会支持，包括企事业单位、各种组织、法律援助志愿者均可依法提供法律援助服务；但其中国家是主要力量，而且社会力量需要国家引导。三是国家对法律援助进行监督和管理。国家责任体现了努力让人民群众在每一个司法环节中感受到公平正义。

2. 体现尊重与保障人权

国家尊重与保障人权原则，2004 年载入我国《宪法》，2012 年修改的《刑事诉讼法》也将此条写入总则的第 2 条。2013 年 11 月，十八届三中全会审议通过的《中共中央关于全面深化改革若干重大问题的决定》在第 9 部分"推进法治中国建设"标题下，作为"完善人权司法保障制度"的具体要求之一，明确提出了"完善法律援助制度"的改革任务。《法律援助法》在第 3 条确立其为基本原则，规定法律援助是公民一项权利的赋予。

获得法律援助是社会弱势群体的一项权利，这是现代法治国家保障人民基本权利的一项有效途径。《法律援助法》字里行间蕴含公民应当享有的该项权利，从总则到附则，从法律援助机构、人员到法律援助范围、程序，从法律援助保障措施到法律责任追究，都凸显着对公民权利的保障。

3. 凸显法律援助案件质量保障与监督

开展法律援助工作的目的是保障受援人的合法利益，让受援人切实感受到社会的公平正义，这主要体现在援助案件的质量和服务的有效性方面。因此，《法律援助法》应确保援助案件的质量和效果。一是应建立健全运作规范、管理严格的法律援助律师自律机制。明确由法律援助中心加强对承办法律援助案件律师的办案过程、办案态度、办案责任心的监督和管理，建立健全措施到位、监管有力的律师队伍监督惩戒机制。二是应建立健全法律援助服务质量检查公布制度、质量跟踪检查制度、质量投诉监督制度；制定案件分类质量标准，定期对案件质量进行集中评查；建立评查备案制度，并与奖惩机制相结合，探索建立法律援助服务质量评估体系，逐步完善有效的法律援助服务质量监督机制，保证法律援助服务质量。三是应整合社会力量，完善外部监督机制。在进一步完善受援人举报制度的基础上，可以试行法律援助监督员制度，邀请法官、检察官、法律服务人员、新闻媒体、有关部门人员和社会群众等组成法律援助监督员队伍，采用旁听案件审理、跟踪办案、审查案件归档材料、征求意见等适当方式，对承办法律援助案件的律师办案进行全方位监督。

（三）《法律援助法》中与老年人有关的条款

《法律援助法》虽然没有专门把对老年人的援助作为单独内容，但是也有条款与老年人密切相关。

1. 代为提出法律援助申请

《法律援助法》第40条规定了代为提出法律援助申请，即无民事行为能力人或者限制民事行为能力人需要法律援助的，可以由其法定代理人代为提出申请。法定代理人侵犯无民事行为能力人、限制民事行为能力人合法权益的，其他法定代理人或者近亲属可以代为提出法律援助申请。

老年人属于无民事行为能力或者限制民事行为能力人，可由其法定代理人提出法律援助申请，此外其近亲属或者社区工作人员也可以代为申请。

2. 为老年人、残疾人提供便捷服务

《法律援助法》第45条规定，法律援助机构为老年人、残疾人提供法律援助服务的，应当根据实际情况提供无障碍设施设备和服务。根据本条的规定，法律援助机构为特定群体提供法律援助时，应当针对特定群体的特殊需求，提供必要的便民服务。其中，本条特别强调，为老年人、残疾人等群体提供法律援助服务时，应当以"便利受援人"为价值导向，提供无障碍设施和服务。

老年人行动不便、理解力相对降低、不善于使用现代技术手段等客观障碍集中凸显，一定程度上影响了这一群体在法律援助服务可及性方面的充分实现。鉴于此，为了保障老年人群体在法律援助服务方面的可获得性、可接近性与可接受性，本条明确规定，应当为老年人群体提供无障碍化法律援助服务。无障碍化法律援助服务是指从老年人所可能面临的实际情况与客观障碍出发，为其提供量身定制的"适老化"法律援助服务，确保这一群体能够获得及时且有效的法律援助服务。例如，针对行动不便的老年人，一方面，法律援助机构可以设置绿色通道，尽可能地减少不必要的服务手续，确保法律援助服务的便捷性；另一方面，对于卧病在床、不便出行的老年人，还可以通过上门提供一对一、面对面法律援助服务的方式，最大程度地消除距离、环境等障碍。此外，2021年《政府工作报告》指出，推进智能化服务要适应老年人需求，并做到不让智能技术给老年人日常生活造成障碍。因此，针对当下老龄化与数字化交汇所形成的"老年人数字鸿沟"问题，在保留必要的传统援助方式（如纸质方式）的同时，法律援助机构还可以结合2020年《关于切实解决老年人运用智能技术困难的实施方案》，2021年《国家人权行动计划（2021—2025年）》"适老智慧服务"相关要求，探索提供触手可及、便于操作的法律援助设施设备，推动老年人群体能够享受到智能化法律援助服务，努力克服技术性障碍。同时，在为老年人群体提供法律服务过程中，应当尽量安排善解人意、善于沟通、了解老年人心理的法律援助人员或者辅助人员，使得老年受援人能够在此过程中感受到温馨、获得尊严感，消除可能存在的沟通障碍。[1]

此外，《法律援助法》第45条第2款：法律法规对向特定群体提供法律援助有特别规定的，依照其规定。即针对老年人等特殊群体，法律援助机构应当优先遵循相关法律法规的特别规定，该条实际上规定了《法律援助法》与其他法律的衔接。如前所述，老年人普遍面临行动不便、理解力下降、贫困等诸多现实困境，《老年人权益保障法》在保障老年人群体一般性权利的同时，在其第56条第1款还就老年人法律援助作了特别规定，即"老年人因其合法权益受侵害提起诉讼交纳诉讼费确有困难的，可以缓交、减交或者免交；需要获得律师帮助，但无力支付律师费用的，可以获得法律援助。"从上述老年人因交纳诉讼费困难而可以缓交、减交甚至免交的规定来看，需要把"老年人因无力支付律师费用而可以获得法律援助"中的"可以"理解为一种这样的立法价值导向：对于老年人，尽管其无力支付律师费用不属于应当法律援助的情形，但是，立法倡导要尽可能地保障该情形下的老年人获得法律援助的权利。[2]

3. 法律援助范围的扩大

《法律援助法》第32条规定，对于符合法定情形的，不受经济困难条件

---

〔1〕 参见吴宏耀等：《法律援助法注释书》，中国政法大学出版社2022年版，第380页。

〔2〕 参见吴宏耀等：《法律援助法注释书》，中国政法大学出版社2022年版，第385页。

的限制。〔1〕即法律援助机构接到申请后，不再进行经济困难标准审查，直接作出予以援助的决定。《法律援助法》扩大了法律援助的范围，在同等的条件下，法律援助机构应当优先安排、重点保证本条列明的援助事项。这4项中有可能是老年人，特别是第3项：遭受虐待、遗弃或者家庭暴力的受害人，有一部分都是老年人。

依据《刑法》第234条、第260条、第261条以及《刑事诉讼法》第101条、《最高人民法院关于适用〈中华人民共和国刑事诉讼法〉的解释》第318条等条文规定，当事人有权就家庭暴力行为、遗弃行为所涉嫌的犯罪提起刑事附带民事诉讼，要求侵害人承担相关民事责任；有权就虐待行为提起刑事自诉、附带民事诉讼，要求侵害人承担刑事责任及相关民事责任；另一方面，依据《民法典》第1067条，当事人有权就虐待、遗弃行为主张抚养费或赡养费；依据《民法典》第1079条第3款第2项规定，当事人有权就家庭暴力行为或者虐待、遗弃行为提起离婚诉讼。当事人以家庭暴力为由主张相关权益包括以下情形：申请人身保护令、因家庭暴力起诉离婚或民事赔偿、家庭暴力构成犯罪的。

法律援助服务主要包括两种形式：一是为受害人提供有关家庭暴力的法律咨询，告知家庭暴力受害人依法可以通过哪些途径获得法律保护，引导其依法向有关单位投诉、反映或求助，向公安机关报案或向法院起诉。二是家庭暴力受害人决定依法通过诉讼手段主张相关权益时，法律援助机构为其提供诉讼代理服务。

4. 免于经济困难状况的核查

《法律援助法》第42条〔2〕是关于免于经济困难状况核查的规定。2015年，司法部、全国老龄工作委员会办公室印发了《关于深入开展老年人法律服务和法律援助工作的通知》，对老年人法律援助工作作出进一步部署。2016年全国老

---

〔1〕《法律援助法》第32条规定："有下列情形之一，当事人申请法律援助的，不受经济困难条件的限制：（1）英雄烈士近亲属为维护英雄烈士的人格权益；（2）因见义勇为行为主张相关民事权益；（3）再审改判无罪请求国家赔偿；（4）遭受虐待、遗弃或者家庭暴力的受害人主张相关权益；（5）法律、法规、规章规定的其他情形。"

〔2〕《法律援助法》第42条规定："法律援助申请人有材料证明属于下列人员之一的，免予核查经济困难状况：（1）无固定生活来源的未成年人、老年人、残疾人等特定群体；（2）社会救助、司法救助或者优抚对象；（3）申请支付劳动报酬或者请求工伤事故人身损害赔偿的进城务工人员；（4）法律、法规、规章规定的其他人员。"

龄工作委员会办公室、最高人民法院、最高人民检察院等印发的《关于进一步加强老年法律维权工作的意见》要求，"各级司法行政机关要把老年人作为法律援助工作的重点人群，推动进一步降低门槛，扩大老年人法律援助事项范围，逐步将法律援助对象扩展到低收入、高龄、空巢、失能等老年人。完善法律援助便民服务机制，简化手续、程序，加快办理速度。"北京市司法局也积极开展老年人公共法律服务专项维权活动，对"三无"老人（无劳动能力、无生活来源、无赡养人和扶养人）和享受低保待遇、特困供养待遇的老人以及因家庭暴力、虐待、遗弃主张权利申请法律援助的老年人，免予经济困难状况核查；各法律援助机构对于符合法律援助条件的老年人应当日受理、当日审批、优先指派。

此外，为完善法律援助与司法救助、社会救助工作衔接机制，2015年国务院办公厅、中共中央办公厅《关于完善法律援助制度的意见》明确规定"对城乡低保对象、特困供养人员等正在接受社会救助的对象"，免除经济困难审查，以加强民生领域法律援助服务，切实发挥法律援助保基本、兜底线作用。司法救助、社会救助及优抚对象也有老年人，对于此类申请应依法免于经济困难状况的核查。

我国老年人的生活来源主要集中在家庭其他成员供养、离退休养老金以及劳动收入三项，最低生活保障金和财产性收入的占比较低。2010~2015年，我国城镇老年人生活来源中离退休养老金的占比超过50%，而农村老年人的生活来源主要是家庭其他成员供养和劳动收入。但是随着"民改居"的推进，越来越多的农村老年人成为城镇居民，他们的收入来源从以前的依靠劳动收入或家庭其他成员供养为主，转变为以离退休养老金为主。因此，对于老年人是否"有固定生活来源"，总体上应当适用以离退休养老金为主，以家庭其他成员供养、劳动收入及财产性收入等为辅的判断标准。值得借鉴的是，2021年民政部印发的《特困人员认定办法》第6条规定："收入低于当地最低生活保障标准，且财产符合当地特困人员财产状况规定的，应当认定为本办法所称的无生活来源。前款所称收入包括工资性收入、经营净收入、财产净收入、转移净收入等各类收入。中央确定的城乡居民基本养老保险基础养老金、基本医疗保险等社会保险和优待抚恤金、高龄津贴不计入在内。"[1]

---

〔1〕 参见吴宏耀等：《法律援助法注释书》，中国政法大学出版社2022年版，第354~355页。

后　记

截至 2023 年底，我国 60 岁以上的老人达到了 2.97 亿，占总人口的比重为 21.1%，65 岁以上的老年人口 2.17 亿，占总人口的比重为 15.4%。预计到 2050 年前后，我国老年人口数将达到峰值 4.87 亿，占总人口的 34.9%。我国的老龄化具有老年人口规模巨大、老龄化进程速度快、应对人口老龄化任务重三个显著特征。面对我国人口老龄化的严峻形式，2019 年，我国已经把积极应对人口老龄化上升为国家战略。

立法先行，是各社会保障政策、措施得以落地生根的首要条件。党的十九届五中全会提出实施积极应对人口老龄化国家战略，引领了老龄社会法治的发展方向。积极探索符合我国现实的老龄化社会治理方案，寻求多主体间融合协作，形成多层次老龄化社会共治格局，加强软环境和硬环境治理，通过加强法制建设实现健康老龄化提供保障，是我们未来需要长期攻克的重大挑战。但目前我国还没有制定出与养老制度相配套的全方位的法律规定，老龄法律体系尚未建成。养老制度是关系到全体国民切身利益和国家经济稳定的大事，涉及民政、财政、税收、国土、城建、卫生、质检等多个部门的综合性的服务制度，需要建立科学、有效的养老保障制度。一个国家的养老保障是靠法律来支撑的，养老保障制度的完善得益于养老法律制度的建立和相关政策的完善。

2019 年年底本课题组接受中国老年会与老年医学学会的委托，承担《老龄法治建设研究》课题，于 2020 年 9 月完成，形成 10 万字的报告并通过专家的评审。但本课题组并没有就此结束项目，鉴于老龄立法研究的薄弱，课题组继续进行深入研究，最终形成了 25 万字的书稿，并于 2023 年 9 月付梓。本书具体分工如下：

绪论：程滔、陈洪忠

第一章：徐妍、程滔

第二章：程滔

第三章、第四章：陈洪忠

第五章：李娟

第六章、第七章：徐妍

第八章：李娟

第九章：程滔

本书的顺利完成需要向多方表达感谢。首先，感谢中国政法大学方支持，使得本书得到了中央高校基本科研业务费专项资金资助。其次，感谢课题组的各位成员，本书写作期间正值疫情三年，大家克服重重困难，查找资料，认真撰写书稿；本书的作者之一陈洪忠律师很早开始关注老龄社会法治研究，并且组建了国内第一个老龄法律研究平台，推动老龄法律的研究。再次，感谢中国老年会与老年医学学会刘维林会长，对本书给予了肯定与建议，并欣然作序；最后，感谢中国政法大学出版社的编辑刘晶晶等，他们非常耐心细致地对本书进行校对审核，力求保证数据及引用的准确度。由于作者水平有限，本书难免会有纰漏，希望读者不吝赐教。

程　滔

2024 年 3 月 11 日于学院路校区